Sammlung der Zeitzeugen

Hannelore Grimm
Armin Mruck

Zwei deutsche Lebenswege
zwischen Diktatur und Demokratie

Hannelore Grimm, geborene Lange, geb. 1924 in Magdeburg. Nach Abitur und anschließender Ausbildung Krankenschwester im Kriegseinsatz. Nach 1945 pädagogische Ausbildung und Fachlehrerprüfung für Musik. Arbeit als Musiklehrerin in Schulen. Nach 60 Jahren fand sie ihren letzten Patienten wieder, der heute in den USA lebt. Schrieb mit ihm gemeinsam dieses Buch. Lebt in Möser bei Magdeburg, ist verwitwet und hat drei Kinder.

Prof. Dr. Armin Mruck, geb. 1925 in Osterode im ehemaligen Ostpreußen. Nach dem Abitur 1943 bis zum Ende des Zweiten Weltkrieges bei der Wehrmacht, an der Ostfront, mehrfach verwundet. Bei Kriegsende als Patient im Reservelazarett Lübeck, dort lernte er die Krankenschwester Hanneleore Lange (später verheiratete Grimm) kennen, die ihn pflegte. Studium von Geschichte, Englischer Philologie und Geographie in Marburg und Göttingen. Seit 1953 Dozent in den USA, seit 1967 an der Towson University, Maryland. Hauptforschungsgebiet ist der deutsche Anti-Hitler-Widerstand. Seit 1987 maßgeblich an der Gründung und Entwicklung der Partnerschaft der Towson University und der Carl von Ossietzky Universität Oldenburg beteiligt.
Lebt seit 1967 in Reisterstown in Maryland, USA. Ist verheiratet und hat drei Kinder.

Sammlung der Zeitzeugen

Hannelore Grimm / Armin Mruck

Zwei deutsche Lebenswege zwischen Diktatur und Demokratie

Herausgegeben von Helmut Freiwald,
Klaus Finke, Gebhard Moldenhauer,
Hans-Joachim Wätjen

Zeitgut Verlag

Die im Buch veröffentlichten Abbildungen und Dokumente stammen aus dem Privatbesitz der beiden Autoren.

Bibliografische Information der Deutschen Bibliothek
Die Deutsche Bibliothek verzeichnet diese Publikation in der Deutschen Nationalbibliografie; detaillierte bibliografische Daten sind im Internet über http://dnb.ddb.de abrufbar.

© 2014 by Zeitgut Verlag GmbH, Berlin
Sammlung der Zeitzeugen, Band 79
Verlag: Zeitgut Verlag GmbH, Berlin
Klausenpass 14, 12107 Berlin
Telefon 030 - 70 20 93 0, Telefax 030 - 70 20 93 22
E-Mail: info@zeitgut.de
Herausgeber des Bandes: Helmut Freiwald, Klaus Finke, Gebhard Moldenhauer, Hans-Joachim Wätjen
Herausgeber der Reihe: Jürgen Kleindienst
Satz: Dr. Helga Miesch, Perleberg
Umschlaggestaltung: Daniel Kreisel
Printed in Poland
ISBN 978-3-86614-228-2

www.zeitgut.de

Inhaltsverzeichnis

Vita der Autoren 2
Zum Geleit von Helmut Freiwald 7

Einführungen
Möser bei Magdeburg, Deutschland 12
Reisterstown, Maryland, USA 21

Kurze Nachgedanken
Reisterstown / Möser 286
Biografien 287

Zum Geleit

Hannelore Grimm und Armin Mruck: Hier sind Zwei, in Ost und West, die nach vielen Jahren miteinander reden. Die wir ein halbes Jahrhundert lang in je eigenen Welten, östlich und westlich, einander fremd geworden, gelebt haben, sprechen wir noch über uns damals? Reicht es vielleicht gerade zur Erinnerung an die Häßlichkeit von Grenzkontrollen? Denn wissen wir nicht längst, was jeweils drüben wichtig gewesen ist, wie die Menschen dort wirklich gelebt haben? Vordergründig sei das, meinen und sagen andere. Aus solch falschem Denken seien die deutschen Stereotypen der Nachwendezeit „Ossi" und „Wessi" hervorgegangen, dieser, ein anmaßender Nichtwisser und falscher Freiheitsbringer, der jenem seine wirtschaftlichen Grundlagen „platt" gemacht habe. Die Zwei, die in diesem Buch und auch sonst miteinander reden, halten sich mit Vorwürfen dieser Art nicht auf, sie fechten sie nicht an.

Das Sichausbreiten spezifisch ostdeutsch-westdeutschen Mißverstehens, vielleicht sogar dessen Überhandnehmen, und zugleich der Mangel an vernünftiger zwischenmenschlicher Verständigung über die tieferen Gründe des je eigenen (und anderen) Verhaltens, zumal der enttäuschten Erwartungen und Hoffnungen, hat offenbar Roman Herzog beunruhigt. Gewiß nicht nur ihn, aber gerade auch ihn, den gesamtdeutschen Bundespräsidenten. Wenn er auf die künftig zu bewältigenden politischen Problemberge seiner Deutschen blickte, auf die seiner Moderation guten Willens und vernünftigen Gemeinsinns anvertrauten Landsleute, die in nicht vorhersehbare heftige Konfrontationen geraten waren, mochte ihn ihre zuweilen schrille oder auch resignative Erbitterung mit großer Sorge erfüllen. Hin und wieder war nämlich aus der Publizistik zu hören, der Bundespräsident habe den Gedanken geäußert, wir nach Ost und West geteilt gewesenen Deutschen sollten (oder müßten) uns gegenseitig unsere Geschichten erzählen. Gemeint waren wohl die ganz persönlichen Erfahrungen, Politisches und Alltägliches aus unserer je eigenen Lebenswelt. Gerade dieses Geschichtliche in und an uns selbst könne erklären helfen, warum wir in deutschen Landen Ost und West so verschieden geprägt worden sind.

Das Geschichtliche, das man hier nachlesen kann, liegt im Lebensweg der Hannelore Grimm und des Armin Mruck beschlossen. Sie gehören mit vielen anderen zu der großen, aber heute kaum noch wahrgenommenen Gruppe von Menschen, aus der nach dem epochalen Wendejahr so etwas wie ein Ossi oder ein Wessi nicht hervorgehen konnte. Aus guten und begreiflichen Gründen, an die hier erinnert sei. Für jene zahlreichen, aber nicht nachzählbaren Personen in Ost und West brach 1989/90 keinesfalls das Jahr Null ihrer gegenseitigen Zuwendung an, weder was ihre fortwährende Beschäftigung mit den politischen und menschlichen Problemen „drüben" – jeweils jenseits der einschneidenden Grenze – anging, – noch was ihre immer wieder neuen Mühen um mögliche legale Besuchsreisen nach „drüben" zu Verwandten, Freunden, Kollegen, auch um Studienreisen, betraf, – noch was sie bereit gemacht hatte zum Austausch vieler Briefe und anderer Post mit Partnern nach „drüben". Aus vielen Informationen im einzelnen, die verglichen wurden und wiederum gegeneinander korrigierend wirkten, aber auch durch das Vermeiden von ideologischen Feindfixierungen, war für die Beteiligten dieses mitunter recht stillen Sichbegegnens über Jahre hinweg ein Mosaik realistischer Kenntnisgewinnung entstanden. Daher konnten die Lehrerin Hannelore Grimm, der ihr Staat Loyalität abverlangte, wie auch andere Bürger der DDR der Fehlwahrnehmung westdeutscher Wirklichkeit durch bloße Fernsehinformationen von „drüben" entgehen. Im Kalten Krieg und in den vielerlei Ost-West-Konflikten besonnen und sensibel geblieben zu sein, zeichnete sie und ihresgleichen aus. Hingegen bewegt bis dramatisch, aber nicht weniger klug und bedachtsam, ging es bei dem deutschen Neuamerikaner und Transatlantiker Armin Mruck zu, wenn er seine amerikanischen Studenten nach Ostberlin lotste und ihnen dort, auch unterstützt von Verwandten – Bürgern der DDR –, zu unerwarteten Nah- und Fernsichten verhalf. Der Hochschullehrer arbeitete nebenher für „Internationes", fand noch Zeit zum Aufbau einer Universitätspartnerschaft von Maryland zum Oldenburger Land und richtete seinen Blick weiter östlich über die DDR hinaus zu künftigen polnischen Europanachbarn in seiner altpreußischen Heimat.

Als in dem – hier so bezeichneten – epochalen Wendejahr die revolutionäre Erschütterung der DDR begann und mit dem Wiedervereinigungsprozeß sich dort rasch eine Veränderung aller Lebensverhältnisse mit bisher nicht gekannter Arbeitslosigkeit ausbreitete, zeigten sich nach und nach seelische Verwerfungen, in Ost aber auch in West, die trotz erfolgreicher, nunmehr gesamtdeutscher Außenpolitik andauernde Störungen vernünftiger innerdeutscher Verständigung zur Folge hatten. Diesen versuchte Roman Herzog zu wehren. Doch wir können nun deutlicher sehen, daß er hierbei nicht wenige Verbündete besaß. Nur eben laut artikulierten sie sich nicht. Eher leise gegenüber denen, die sich in Jahrzehnten um die menschlichen Probleme der Teilung Europas nicht sonderlich geschert hatten und jetzt deren Folgen im Wiedervereinigungsprozeß eher ignorant, besserwisserisch oder auch als schreckliche Vereinfacher kommentierten. Merkwürdig, daß ihr Erscheinungsbild in Ost und West sich auffallend ähnlich war. Die leisen Verbündeten Roman Herzogs bedurften seiner Ermunterung nicht. Ihrer geschichtlich geprägten Schicksale sind sie immer wieder in ihren Begegnungen innegeworden. Bestenfalls hatten sie sich davon auch erzählen können. Hannelore Grimm und Armin Mruck stehen beispielhaft für diese große, weitestgehend namenlos bleibende Menschengruppe aus fünf unverwechselbaren Jahrzehnten deutscher und europäischer Geschichte. Sie sind, darf man sagen, gleichwohl Beispiele, da sie, lebenszeitlich betrachtet, ihr persönliches Gespräch erst nach sehr langer Unterbrechung wieder aufnehmen konnten. Freilich war nach immerhin mehr als 50 Jahren der hierzu notwendige Wille allemal kräftig vorhanden. So repräsentieren beide auch menschliche Kontinuität, die vom letzten Jahr jenes Krieges bis in die Gegenwart unseres, des neuen, Jahrhunderts reicht. Offenbar, so darf der Schreiber dieses Geleits an seinem Wahrnehmungsort anmerken, sind sie nicht allein namhaft zu machen für das Kontinuum mitmenschlicher Zuwendung, das aus den Jahren des Dennoch gegen den Kalten Krieg und die deutsche

Teilung hervorkommt: Noch immer besuchen Mitglieder der evangelischen Gemeinde Sandkrug im Oldenburger Land die vormals zur DDR gehörende Partnergemeinde Hänichen der schlesischen evangelischen Kirche des Gebietes Görlitz und empfangen von dort den Gegenbesuch.

Noch einmal versenke ich mich in das bewegende Tagebuch Hannelore Grimms als Kriegskrankenschwester „Wie sie starben". Und ich merke, daß meiner Skizzierung ihrer und anderer Menschen Rolle als Zeitgenossen im großen Ost-West-Konflikt ein wichtiges Moment fehlt, vielleicht sogar das wichtigste in den zwischenmenschlichen Beziehungen der Jahre des Kampfes der politischen Systeme. Den schwersten Dienst, den es für sie gab, versah die Schwester Hannelore in Verantwortung vor den Todwunden. Wie andere war sie zum Kriegsdienst verpflichtet, aber ihre mitmenschliche Hilfe kam aus ihrem verantwortlich fühlenden inneren Wesen. Sie brauchte weder eine Anordnung noch einen Befehl für ihr Tun. Fortan hat sie es auch so gehalten.

Der Kampf der Systeme in Europa wäre nicht friedlich ausgegangen, würde nicht das Handeln aus Vernunft und Verantwortlichkeit die Oberhand behalten haben. Indes, der Bedarf an diesen beiden politikpraktischen Tugenden ist im Europa der neuen Nachbarschaften allerdings geblieben. Er wird sogar nicht selten als dringlich empfunden. Armin Mruck gehört nicht zu den Personen, deren Blick man eigens darauf richten müßte. Als Amerikaner ist er im Grunde Preuße, Deutscher und Europäer geblieben, gleichsam „in eins". So etwas gibt es. Mit anderen früheren Schülern des deutschen Gymnasiums im ostpreußischen Osterode ist er von der jetzigen polnischen Schule zum Jubiläum des 100.sten Gründungsjahres der einstmals preußischen Bildungsstätte eingeladen und gebeten worden, in Ostroda zur Festversammlung zu reden. Armin Mruck in einem preußisch-deutsch-polnisch-europäischen Kontinuum! „Zwischenzeitlich" moderiert er die Beziehungen zwischen den Universitäten Towson in Maryland und Oldenburg in Niedersachsen. Seine Gespräche sind solche von Kontinent zu Kontinent, aber auch solche von Nation zu Nation. Es ist wohl so, daß Hannelore Grimm und Armin Mruck sehr früh in ihrem Leben gelernt haben, verantwortlich sein zu müssen. Sie haben es aber auch niemals wieder vergessen.

Schließen möchte ich mit der Mitteilung eines Quellenfundes. Als die ersten Vorbereitungen für das Gemeinschaftswerk Grimm/Mruck begannen, erinnerte ich als Mitherausgeber mich der oben erwähnten Publizistik, die das deutsche Staatsoberhaupt zitiert hatte. Was daran war zutreffend? In der Rede des Bundespräsidenten Roman Herzog am 3. Oktober 1998, gehalten in Gegenwart des tschechischen Staatspräsidenten Havel zum Tag der Deutschen Einheit in Hannover, lassen sich dann doch folgende Sätze finden: „...Das heißt nun allerdings nicht, daß wir überhaupt keinen Vorrat an Gemeinsamkeiten und politischer Übereinstimmung brauchten. Nationen sind schließlich mehr als vorübergehende Wohngemeinschaften. Worin also müssen wir einig sein? Vom Zusammengehörigkeitsgefühl habe ich schon gesprochen. Es ist zwischen Ost und West vorhanden, gewiß. Aber ich wünschte mir mehr davon, und es wird nur wachsen, wenn wir noch mehr ins Gespräch miteinander kommen. Ich sage es, sooft ich kann, und ich sage es infolgedessen auch hier: Erzählen wir uns wechselseitig unsere Biographien, um daraus Unterschiede und Gemeinsamkeiten zu erkennen! Vergleichen wir, wie wir die Jahre der Teilung erlebt haben! Es ist wichtig, daß sich aus den zwei Geschichten jener Jahrzehnte eine ehrliche Gesamtschau entwickelt, die wir uns gemeinsam zu eigen machen könnten."

Dank auch an Frau Sabine Kessler im Bundespräsidialamt für die freundliche Postbearbeitung!

Oldenburg (Oldb.), im April 2007
Helmut Freiwald

Möser bei Magdeburg

Es ist Winter, Ende 1944, ich bin als Krankenschwester in einem Lazarett im Osten. Die Front rückt hörbar näher; der Lebensrhythmus besteht aus wenigen Stunden bewusstlosen Schlafes, falls er nicht durch Fliegeralarm unterbrochen wird und einer Art Wettlauf mit dem Tod. Die Soldaten in den Betten haben für uns selten einen Namen; er steht zwar an der Tafel am Bettende, aber für uns sind sie: der Bauchschuss, der Kopfschuss, die Amputation, die Verbrennung. Wie eine schwere Last trage ich das mit mir herum.

Bei Einzelnen verbindet sich das Leiden mit seinem Namen und brennt in meiner Seele. Gleich im ersten Bett in einem Zehnbettzimmer liegt „Greff", 19 Jahre alt. Er hat einen Bauchschuss. Wenn wir ihn verbinden und frisch betten, sehen mich seine Augen unverwandt an; er gibt keinen Laut von sich. Ich muss immer an das Märchen von Andersen denken, in dem es heißt: „...und er hat Augen so groß wie Teetassen...". Diese Augen erzählen, sie lassen mich nicht los und ein Stück weit nähere ich mich diesem Menschen „Greff", der nur noch still wartet, bis es zu Ende geht.

Ihm gegenüber liegt „Karopka", ein wilder, handfester Bursche, Mitte zwanzig. Er wurde mit Gasbrand eingeliefert und der Arm musste ihm am Schultergelenk amputiert werden. Er tobte und schrie, wollte sein Schicksal nicht annehmen, er setzte sich auf seine Weise zur Wehr und schlug sich den Schädel an der Heizung ein. Ich war gerade 20 Jahre alt geworden, es gab keine Gedanken an Vergangenheit, keine an Zukunft, es gab nur dieses unglaubliche Funktionieren zwischen Tag und Nacht.

Die schweren Panzerverbrennungen lagen völlig eingegipst in einem separaten Zimmer. An Augen, Nase und Mund waren Öffnungen herausgeschnitten, ebenso für die Ausscheidungen. Es gab nicht einmal Augenkontakt, sie lagen so tief in den Löchern. An der Namenstafel stand Lettland. Dieser Namenlose stöhnte nur hin und wieder. Was fühlst du, was denkst du, wenn du ihn fütterst, wenn du ihn bettest? Die

Maden quellen überall aus dem Gips hervor und voller Ekel möchtest du dich abwenden, aber das kannst du nicht, die Tränen kommen dir und jede Verrichtung ist wie ein stummes Gebet.

In das kleine Einzelzimmer mag ich gar nicht hineingehen. Da liegt ein schwer verwundeter junger Leutnant, Ritterkreuzträger, der alles Verfügbare den Helfern entgegenwirft. Seine letzte Kraft ist Gegenwehr, wie bei „Karopka". Als es mit ihm zu Ende geht, schreit er: „Schwester, ich sterbe nicht, ich verrecke!" Er ist voller Hass und Bitterkeit. Einem jungen Soldaten, der mit Gasbrand eingeliefert wird, werden beide Beine amputiert. Ich habe Bettwache und muss ihn bei seinem Erwachen begleiten. Was will ich, was kann ich diesem Jungen sagen, wenn er die Augen aufmacht und erkennt, dass er keine Beine mehr hat? Ich weiß es nicht, in mir ist es leer und ich muss mich übergeben, einfach so. Es ist so, als ob mein Körper streikt. Ich sitze und warte und wünsche mir, diesem Jungen nah zu sein, ein Stück seines Menschseins zu erfassen, zu fühlen: Ich begleite dich! Er sagt zu mir: „Ich weiß es, ich habe keine Beine mehr." Er ist ganz still, ganz gefasst, es ist, als wolle er sagen: „Für mich ist all das nun vorbei", ja, fast ein Stück Erlösung ist in dieser Stille.

Zu dieser Zeit gibt es noch eine feststehende Ordnung, der Bauchschuss liegt vorn rechts, die Verbrennungen liegen extra. Auf einmal ändert sich alles! Die Front rückt näher, der Fahrstuhl fährt auf und ab und bringt Verwundete, Verwundete. Es gibt kein: „Alle Betten sind belegt! Wir können nicht aufnehmen!" Überall werden Betten dazwischen geschoben, Nebenräume werden belegt, zuletzt die Gänge. Ich bin nicht mehr eine Schwester, die einen Namen hat, es wird gerufen, geschrieen, gestöhnt „Schwester!" Der geordnete Versorgungsablauf bricht zusammen, es geht nunmehr um die Erstversorgung der Neuen. Sie kommen fast alle mit Gasbrand, es wird amputiert, amputiert, die im OP können es kaum bewältigen. Ein Verwundeter will mir etwas ins Ohr flüstern, er sagt: „Meine Mutter sagte immer ‚Butzerchen' zu mir." Ich nenne ihn „mein Butzerchen", er lächelt und stirbt so, wie die Verwundeten reduziert sind auf ihre Verletzungen; so sind wir auf den einen Begriff „Schwester" reduziert. Ich fühle

1942, mitten im Krieg, machte ich das Abitur. Nach Ableisten des Reichsarbeitsdienstes und des Kriegshilfsdienstes begann ich auf Wunsch meines Vaters eine Ausbildung zur Krankenschwester.

mich wie ein Handlanger zwischen Hölle und Himmel. Es wird immer chaotischer und dann kommt der Aufruf zur Flucht.

Der letzte Zug soll uns und eine Wöchnerinnenstation aufnehmen. Wir helfen beim Transport aller Verwundeten zum Bahnhof. Dort wird der Zug von der Zivilbevölkerung belagert, jeder will die Stadt verlassen. Trotz militärischer Abschirmung geht dies nicht kampflos ab, Menschen schreien,

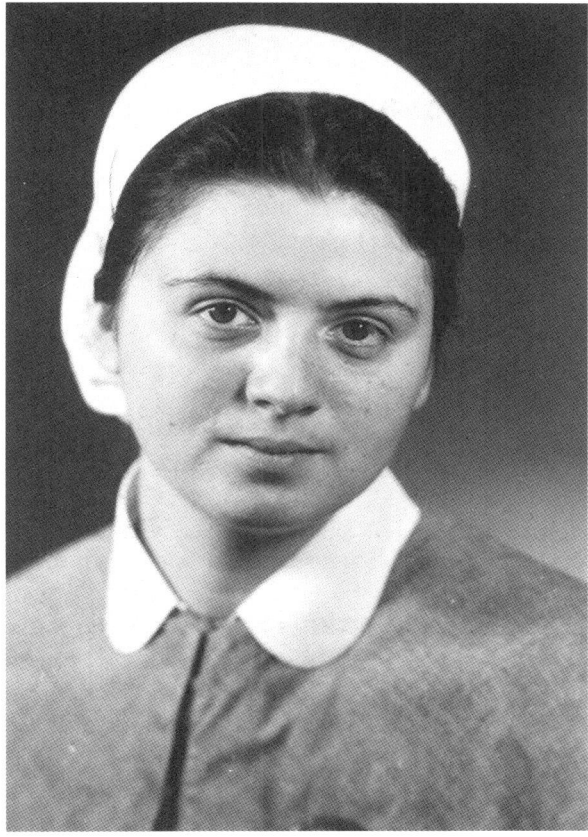

Meinen Kriegshilfsdienst leistete ich in Posen ab, wo ich Ende 1944, als die Front im Osten näher rückte, auch Krankenschwester in einem Lazarett war.

fallen, werden zertrampelt. Nur mit aufgepflanztem Bajonett abgeschirmt gelingt uns das Einsteigen. Wütend hat die Menge einen Teil der Waggonfenster zerschlagen. Wir schreiben 1945, es ist Januar und wir haben 28° C Kälte; sieben Tage sind wir mit diesem Zug unterwegs, mehrmals unter Tieffliegerbeschuss. In Pritzwalk laden wir die Toten aus. Wir hungern und frieren. Als wir in Bad Kleinen ankommen, steht das Rote

Kreuz am Bahnsteig mit einem Kessel dampfender Erbsensuppe. Wir schlürfen diese Suppe aus Pappbechern. Ich kann nicht beschreiben, wie das schmeckt!

Wir kommen nach Lübeck zum Einsatz. Gemessen an unseren Erfahrungen herrscht dort noch eine himmlische Ordnung. Es ist zwar auch eine zerbombte Stadt, es fehlt an Hilfskräften, es gibt viele Mängel, aber es funktioniert noch. Das Kriegsende ist in Sicht. Einmal werde ich zum Nachtdienst eingeteilt, muss zusätzlich noch eine neue Station übernehmen und stehe vor einem Krankenbett mit einem jungen Soldaten, dem es sehr schlecht geht. Nach der Zeit, die hinter mir liegt, gehen bei mir alle Alarmsirenen an und ich kann nur mit aller Entschiedenheit denken: „Nein, nicht schon wieder, nein!" Die letzten Ereignisse geschahen immer in einer Art kollektiver Verantwortung, jetzt habe ich plötzlich eine lastenschwere Eigenverantwortung. Der diensthabende Nachtarzt ist nicht zu erreichen und ich fühle mich in einer Ausnahmesituation. Das ist so, als ob sich dein ganzes Sein auf einen Punkt konzentriert, du entwickelst Kraft und Entschlossenheit. Der junge Soldat ist in Westpreußen verwundet worden und ist auf dem Seeweg nach Lübeck gekommen. Er ist auch innerlich reduziert auf die Hoffnung, zu überleben. Die Intensität dieser menschlichen Begegnung ist ein einmaliges Erlebnis für die weitere Entwicklung. Jeder für sich ist durch eine Hölle gegangen, die weit über das seelische Fassungsvermögen eines jungen Menschen hinausgeht. Neben der bedrückenden Erkenntnisschwere gibt es auch diese Ratlosigkeit, diese Hoffnungslosigkeit, diese Mutlosigkeit. Diese Verfassung teilen wir miteinander und ich darf aktiv an seiner allmählichen Genesung teilhaben. Durch das Radio hören wir am 30. April 1945 gemeinsam: „Der Führer, heldenhaft gegen die Rotarmisten kämpfend, ist gefallen." Das ist wie eine Erlösung. Den Namen dieses Soldaten vergesse ich nicht, er heißt Armin Mruck. Ich halte inne und ich mache eine Zeitreise.

Wir schreiben das Jahr 2004. Ich bin 80 Jahre alt und sitze mit Kindern und Enkeln um einen Tisch und wir erzählen von früheren Zeiten. Ich erzähle ihnen gerade diese Geschichte, nenne diesen Namen. Da steht mein Sohn auf und geht an den Computer. Nach einer Weile kommt er wieder und sagt: „In Deutschland gibt es 78 Menschen mit diesem Namen, aber keiner hat den Vornamen Armin. „Schade", denke ich, „es war ein Versuch." Das Ergebnis lässt meinem Sohn jedoch keine Ruhe und er surft im Internet, dann kommt er freudig erregt: „Ich glaube, ich hab ihn! Professor Dr. Armin Mruck, Baltimore, USA, Reisterstown. Ob er das sein könnte?" Mein Sohn sagt: „Schick ihm eine E-Mail und frage ihn, dann weißt du es." Das sagt sich so einfach. Mein Herz klopft und ich habe das Bild dieses kranken jungen Soldaten vor mir. Es gab da eine unglaubliche Nähe, das völlige Offensein des Hilfesuchenden auf seiner Seite und das hingebungsvolle Helfenwollen auf meiner Seite, wir waren auf einer Stufe unseres Menschseins angelangt, die uns das Leben selten bietet. Ich zögerte, war er es oder war er es nicht? Schließlich mailte ich:

Sehr geehrter Herr Professor Mruck,

ich weiß nicht, ob Sie derjenige sind, den ich in Ihnen vermute, ich nehme es einmal an und so schreibe ich Ihnen Folgendes: Lieber Armin, waren Sie 1945 als verwundeter Soldat im Lazarett in Lübeck? Ich war dort im Kriegseinsatz als Krankenschwester und zum Zeitpunkt, als es Ihnen so schlecht ging Nachtschwester. Es sind so viele Verwundete durch meine Hände gegangen; kaum einen Namen habe ich behalten. Aber Ihr Name hat sich eingeprägt, weil ich es so intensiv empfunden habe, dass da ein junger Mensch, der so alt ist wie ich, am Ende dieses grausamen Krieges noch sterben sollte. Sie erzählten mir, dass Sie gerne studieren wollten. Ich besorgte Ihnen ein Zimmer in der Ochsenkoppel. Sie erzählten mir von Ihren ostpreußischen Angehörigen, die alle auf der Flucht waren und von deren Ergehen Sie nichts wussten. Auf einer abenteuerlichen Fahrt in meine mitteldeutsche Heimat traf ich auf einem Bahnhof auf eine Flüchtlingsgruppe aus Ostpreußen. Ich gab denen Ihre Adresse mit für den Zufall, dass sie Ihre Angehörigen finden könnten. Dieser Zufall erfüllte sich. Sie haben mich zwei Jahre später über das Einwohnermelde-

Nachdem das Schicksal mich und den verwundeten Soldaten Armin Mruck 1945 im Lazarett zusammengeführt hatte, kam es 2004 in Berlin zu einem Wiedersehen. In der Bildmitte links ich, Hannelore Grimm und rechts Armin Mruck, vorn links Marlene Mruck, vorn rechts Schwiegertochter Bärbel Grimm.

amt in Burg bei Magdeburg ausfindig gemacht und mir berichtet, dass Sie gesund sind und durch meinen Hinweis Ihre Eltern und die Jugendfreundin wieder gefunden haben. Dann verging ein Leben. Wiederum durch Zufall beim Erzählen von früheren Zeiten erwähnte ich Ihren Namen. Mein Sohn, der in der Computerbranche tätig ist, ermittelte mir Ihre Anschrift. Falls Sie der Armin Mruck sind, auf den diese Begebenheit zutrifft, würde ich mich von Herzen freuen, von Ihnen zu hören, es grüßt Sie

*Frau Hannelore Grimm,
ehemals Schwester Hannelore Lange*

Es verging eine bange Stunde, in der ich hin- und hergerissen war von Gefühlen und die Vergangenheit stand wieder vor mir auf. Da kam eine Antwort aus dem Äther, auf die ich in der Tiefe meiner Seele ein Leben lang gewartet hatte:

Liebe Schwester Hannelore,

es ist hier in Reisterstown bei Baltimore im Staate Maryland ein schneegrauer, ziemlich dunkler Nachmittag. Ich gehe an meinen PC heran, um die Mails zu erledigen und lese eine völlig unerwartete Nachricht von einem Menschen, dem ich viel zu verdanken habe, nämlich Ihre Pflege und Ihre tief empfundene Menschlichkeit. So habe ich Sie natürlich nie vergessen, habe ziemlich oft von Ihnen gesprochen. In meiner Bibliothek ist ein kleines Buch aus Ihrer Bibliothek, Kleists „Michael Kohlhaas". Ich bin noch ganz überwältigt von einer wiedergewonnenen Verbindung. Mein Leben hat mich nach den USA geführt, wo ich Frau und Kinder und Enkel habe. Seit 1953 lehrte ich in New York, an der New York University, dann Morgan State University in Baltimore, und seit 1967 bin ich Professor (Historiker) an der Towson University, der zweitgrößten im Staate Maryland. Auch habe ich seit einigen Jahren einen Lehrauftrag an der Carl von Ossietzky Universität Oldenburg, mit der ich gemeinsam mit Prof. Dr. Michael Daxner, dem damaligen Präsidenten der Universität, seit 1987 eine enge Partnerschaft aufgebaut habe. Meine Frau ist gebürtige Amerikanerin, deren Eltern aus Solingen stammen. Schwiegereltern und Eltern leben nicht mehr. Zunächst nur einmal so viel. Ich würde mich sehr freuen über eine weitere Verbindung.

Ihr Armin

Es war ein Tor aufgegangen und wir konnten miteinander sprechen, als hätten wir uns gestern verabschiedet. Aber neben dieser Nähe und dem verlässlichen Gefühl des Sich-Kennens gab es die Fragen: „Wer bist du, wo kommst du her, was macht dich aus?" Wir hatten beide das Bedürfnis, uns diese Fragen zu beantworten und uns einander aus unserem Leben zu erzählen in der Weise eines transatlantischen Dialogs. Und so schreiben wir uns.

Möser

Lieber Armin,

das Schicksal führte uns 1945 an einem Wendepunkt der deutschen Geschichte, an einem Wendepunkt unseres eigenen Lebens zusammen. Wir waren beide im 21. Lebensjahr, hatten beide das Abitur im Tausendjährigen Reich abgelegt, und unsere Lebensträume waren mit dem Fanal des Zweiten Weltkriegs in alle Winde verstreut. Ich musste, wie alle jungen Leute, nach dem Abitur in den Reichsarbeitsdienst, anschließend in den Kriegshilfsdienst, den ich in einer Munitionsfabrik im Raum Posen abzuleisten hatte. In eisiger Kälte überprüfte ich dort Granaten für den Fronteinsatz und verpackte Teilkartuschen für den „Endsieg des Vaterlandes". Der Traum vom anschließenden Musikstudium scheiterte nicht nur am Kriegsgeschehen, sondern auch an der preußischen Einsatzbereitschaft meines Vaters für das Vaterland, die er mir abverlangte. Er schickte mich in eine Ausbildung zur Krankenschwester und verband damit insgeheim den Wunsch, dass ich mich dort zum Medizinstudium entschließen würde, um die väterliche Praxis zu übernehmen. Aber der Krieg diktierte von nun an jeden meiner Schritte. Der Einsatz und die zielgerichtete Einstimmung auf das Kriegsgeschehen fanden Ausdruck in den Liedzeilen:

Heilig Vaterland in Gefahren
Deine Söhne sich um Dich scharen
eh der Fremde Dir Deine Krone raubt
Deutschland fallen wir Haupt bei Haupt.

Doch wie hatten uns jene letzten Kriegsjahre geprägt, bevor wir einander gegenüberstanden?

Reisterstown, Maryland

Liebe Hanne,

konnten wir ahnen, dass Ideale so missbraucht werden würden? Wir wollten eine bessere Welt, die über die Grenzen hinausging. In meiner persönlichen Umgebung bestand ein Gegengewicht gegen den Nationalsozialismus, mein Vater. Er warnte uns vor der Zukunft. Wenn mein Bruder und ich ihm zu widersprechen versuchten, meinte er nur: „Wartet mal ab, euch werden eines Tages schon die Augen aufgehen."

Obwohl Großvater und Vater Mruck durch das Preußische, das Gehorsam betonende Lehrerbildende Ausbildungssystem, der sogenannten Präparandenanstalt gehen mussten, um letztendlich preußisch/deutsche Lehrer zu werden, waren sie durchweg vaterländisch ausgerichtete Demokraten. Großvater Mruck sandte eine ihm verliehene preußische Auszeichnung an die Urheber zurück mit dem Kommentar, dass er diese öffentliche Belobigung ablehne. Wichtiger sei es, Lehrer besser zu besolden und bessere Unterrichtsverhältnisse zu schaffen. Vater Otto Mruck, Soldat im Ersten und Zweiten Weltkrieg, waren die „Braunen", so nannte er die Nationalsozialisten, zuwider. Die ihm angebotene Beförderung zum Rektor schlug er aus, da er nicht der NSDAP beitreten wollte. Demokratische Gewohnheiten pflegte er durch seine Präsidentschaft des Männergesangvereins Osterode/Ostpreußen. Persönlich erinnere ich mich lautstarker Auseinandersetzungen politischer Art zwischen ihm und seinen Geschwistern im Herrenzimmer unserer Wohnung in der Dohnastraße, einer gutbürgerlichen Umgebung. Fünf von acht Familienvätern in diesem Wohnhaus waren Studienräte und Lehrer. Meines Vaters erste Lehrerstelle war in einer polnisch/deutschen Schule mit 240 Kindern, von denen nur vier Schüler deutsch sprachen. In den von meinem Vater geschriebenen Erinnerungen fand ich keinerlei Anzeichen deutscher Überheblichkeit gegenüber Polen. Im Gegenteil, er stellt fest, wie bewundernswert er es fand, wie schnell polnisch sprechende

Schüler deutsch sprechen und schreiben lernten. Meines Vaters erste Freundin war polnisch.

Mutter Mruck, geborene Bogdanski, stammt aus einer wohlhabenden gutbürgerlichen Kaufmannsfamilie in der ostpreußischen Kleinstadt Gilgenburg. Früh lernte sie im väterlichen Geschäft zu helfen. Eine in schwierigen politischen und wirtschaftlichen Zeiten kurz nach dem Ersten Weltkrieg geschlossene Ehe hatte festen Bestand für mehr als sechzig Jahre. In diesen Zeiten hatten sie eine Inflation, eine Depression, die NS-Diktatur, den Verlust des ältesten begabten und geliebten Sohnes im Zweiten Weltkrieg und den Verlust ihrer geliebten ostpreußischen Heimat zu überstehen.

Wie sehr mein Vater Recht hatte mit seiner Haltung gegenüber dem Nationalsozialismus wurde mir langsam aber sicher klar, als im September 1939 der Krieg begann. Unser Vetter, der ein junger Leutnant in einer Fahrradkompanie war, besuchte uns um Mitternacht und teilte uns mit, dass sie am frühen Morgen in Polen einrücken würden. Wir waren aufgeregt, hatten wir doch keine Ahnung, was Krieg wirklich bedeutete, obwohl wir aus dem besorgten Gesicht der Mutter herauslesen sollten, welch eine Tragik Krieg bedeutete. Vater Mruck war bereits seit Mitte August eingezogen worden. Da wir in Osterode nur wenige Kilometer von der polnischen Grenze entfernt wohnten, dauerte es nur wenige Tage, bis die ersten Verwundetentransporte am Bahnhof anhielten, wo wir schnell einen realistischen Begriff vom Krieg vermittelt erhielten. Blutgetränkte Verbände an jungen Soldaten machten die Schrecken des Krieges schnell deutlich. Aufregend war, dass die Schule zunächst einmal geschlossen war und wir als Pennäler Ernteeinsatz machten. Zusammen mit Mädchen ging es auf die Kartoffelfelder, um diese wertvolle Frucht einzusammeln. Mit Mädchen zusammenzuarbeiten war etwas Besonderes, da die Geschlechter getrennt zur Schule gingen. Nach wenigen Wochen nahm uns der Alltag wieder in seine Arme, Schule, HJ-Dienst, Tanzstunde, Ferien. Der Polenfeldzug ging schnell zu Ende. Wir hofften, dass der Krieg bald vorüber sein würde.

Möser

Es gab Einschränkungen, die alle, ohne zu murren, hinnahmen. Die ersten Kriegshandlungen 1939, lauthals als Siegeszug deklariert, entfachten eher Begeisterung bei den Menschen als Niedergeschlagenheit, ein Gefühl: „Der Hitler wird es schon richten." kam bei vielen auf. Es entstand ein Gemeinschaftsgefühl nach dem Motto: „Wir sitzen alle im gleichen Boot." Die propagierte und viel gepriesene Volksgemeinschaft gehörte zum gewollten Patriotismus. Zunächst gewannen wir nur Eindrücke durch die Nachrichten und die Wochenschauen. Wenn die Stukas, die Sturzkampfflieger, auf die feindlichen Städte mit schrecklichem Geheul zurasten, gab es Beifall vom Publikum. Das Feindgefühl wurde geschürt und die Notwendigkeit des Krieges den Menschen suggeriert. Zu Hause gab es auch Veränderungen: Es gab Einquartierungen. Vater hatte ein Zimmer freigegeben, später wurden Zimmer einfach beschlagnahmt. So wohnten dort häufig wechselnd Offiziere. Ein Onkel aus dem Ruhrgebiet schickte uns einige Möbel und seinen Flügel, um sie vor möglichen Bombenangriffen zu schützen. Die Breslauer und Königsberger Verwandten stellten Koffer bei uns ab und selbst mein Onkel Walter, der inzwischen General geworden war und bei Albert Speer arbeitete, deponierte Zivilkleidung in unserem Keller. Dies wurde von uns als reine Vorsichtsmaßnahme gewertet. In den Zeitungen lasen wir die ersten Todesmeldungen, da hieß es dann immer: „Für Führer, Volk und Vaterland gefallen." Für uns ging das Schulleben weiter; einige Lehrer wurden eingezogen und die restlichen Lehrer mussten Überstunden machen. Unser Schulleiter, ein hoch gebildeter Mann, war seinerzeit von den Nazis aus Breslau zu uns strafversetzt worden, weil er der SPD angehörte. Wenn Wochenappell unter der gehissten Fahne war, musste er als Schulleiter den Arm zum Deutschen Gruß heben. Dies tat er mit einer unnachahmlichen Geste. Er hob schweigend den Arm, sprach den Gruß nie aus und machte ein Gesicht, als ginge ihn das Ganze nichts an. Er war es auch, der uns ein reiches Maß an Bildung vermittelte,

Beim Kindergeburtstag wurde zu Beginn der dreißiger Jahre begeistert der sogenannte deutsche Gruß geübt.

als müsse er für jeden Einzelnen einen Tornister packen für die geistige Wehrhaftigkeit. Ich bin mit großer Dankbarkeit erfüllt, wenn ich an ihn denke. Das Kriegsgeschehen nahm immer härtere Formen an und es kam zu den schrecklichen Bombenangriffen, vor allem im Ruhrgebiet. Da Verwandte dort wohnten, kamen diese zu uns, weil sie sich in einer Kleinstadt, ohne bemerkenswerte Industrie, sicherer fühlten. Wir mussten also näher zusammenrücken. Kriegsweihnacht nahte, und wie jedes Jahr wurde mit einem Pferdegespann ein großer Tannenbaum aus dem Wald geholt. Der maß schon seine drei Meter. Er musste mit Hilfe einer Leiter geschmückt werden. Dies tat die Mutter mit Hingabe und künstlerischem Geschick. Die Eltern hatten sich geeinigt, dass trotz des schrecklichen Kriegsgeschehens ein Lichterbaum erstrahlen sollte, um allen Trost und Mut zu spenden. Noch waren zwei größere Räume nicht zweckentfremdet belegt; das Musikzimmer und das sogenannte gute Esszimmer befanden sich noch in ihrem Originalzustand. Im Musikzimmer stand lediglich

Wie die meisten Mädchen gehörte ich dem Bund Deutscher Mädchen an. Die Aufnahme zeigt mich in Jungmädeluniform mit meinem Bruder Reiner.

noch zusätzlich der Flügel vom Onkel aus dem Ruhrgebiet. Das Esszimmer war das „Weihnachtszimmer", dort stand der Lichterbaum, und auf dem nach beiden Seiten ausgezogenen Esstisch wurden die bunten Teller mit den Gaben aufgebaut. Hierbei war zu merken, dass Krieg war; unsere Tante hatte für die bunten Teller Backwunder vollbracht und für jeden gab es ein kleines, nützliches Geschenk. Auch die bunten Teller der Hausmädchen standen auf dem Gabentisch. Alle zogen sich festlich an, tatsächlich war noch eine Ente im Bratofen und alle waren voller Erwartung, bloß der Hausherr machte noch Patientenbesuche. Das war jedes Jahr so. Nachdem das Essen fast verbrutzelt war, erschien mein Vater ziemlich abgekämpft. Überlandfahrten bei Eis und Schnee waren oft sehr mühsam. Umziehen musste sein, die Mutter bestand darauf und ehe nun mein Vater endlich am Flügel saß, verging noch eine Weile. Über allem schwebte immer der Gedanke: Hoffentlich klingelt das Telefon nicht! Endlich versammelten sich alle festlich gekleidet; die große Flügeltür, die beide Zimmer verband, wurde geöffnet, wir gruppierten uns alle so, dass jeder den Baum sehen konnte. Vater nahm am Flügel Platz und dann sangen wir die Weihnachtslieder, und Vater fügte bei jedem Lied ein eigens komponiertes Zwischenspiel hinzu. Zu diesem Weihnachtsfest hatte er ein ganzes Lied mit eigenem Text komponiert, das will ich dir, lieber Armin, aufschreiben:

O wundervolle Weihnachtszeit,
voll Lieb und voller Freuden, herrscht
auch der Winter weit und breit,
einst wird er von Euch scheiden.
Der Himmel ist so fern und weit,
die Sterne einsam funkeln,
die Welt ist voller Hass und Neid
und stirbt und friert im Dunkeln.

Reisterstown

Zu Weihnachten 1940 kam Bruder Dieter als Fähnrich zur See auf Urlaub und mit ihm ein alter Freund des Vaters, ein Oberstleutnant der Luftwaffe. Wie war ich stolz, alle drei Wehrmachtsteile vertreten zu sehen im Familien- und Freundeskreis. Es war die große Hoffnung da, dass nun der Krieg bald zu Ende sein würde, zumal Dänemark, Norwegen, Holland, Belgien und Frankreich in wenigen Monaten besiegt waren. Selbst der anti-nazistische und realistische Vater war voller Hoffnung, die jedoch nur kurze Zeit anhielt.

In meinem Besitz befindet sich ein Foto mit meinem Vater, freudigen Gesichts. Auf der Rückseite des Bildes die Worte: „Meinem Sohn zum Tag des Einmarschs der deutschen Truppen in Paris". Mit dem Beginn des Krieges gegen die Sowjetunion sah er für sich ganz klar, dass Adolf Hitler Deutschlands Unglück war, dass Deutschland auch diesen Krieg verlieren würde. Obwohl er immer noch die Uniform eines deutschen Offiziers trug, waren ihm der „Führer" und das Nazisystem zutiefst zuwider. Es dauerte seine Zeit, dass die Realitäten des aggressiven und menschenverachtenden Nazismus bei uns einsanken, doch es geschah. Mein Vater hatte Recht, Hitler und der Nationalsozialismus wurden zu Deutschlands und der Welt Unglück. Die vielen Verwundeten rückten in unser Blickfeld, die Zahl der Todesanzeigen in der Osteroder Zeitung nahm beängstigend zu, mein Vetter Horst fiel im Herbst im Kaukasusgebiet der Sowjetunion.

Im Winter 1941/42 hatten wir Soldaten in unserer Wohnung zum Weihnachtsfest. Sie litten an Erfrierungen, verloren Finger und Zehen, Arme und Beine. Als ich meinem Bruder Dieter vom Tod unseres Vetters berichtete, fragte er nur: „Wer wird das nächste Opfer in unserer Familie sein?" Ob er ahnte, dass er an der Reihe war? Dennoch gab es in der kleinen ostpreußischen Stadt ein Minimum an Normalität. Der Schulbetrieb lief ohne größere Unterbrechungen, Zeugnisse blieben weiterhin wichtig, auch die Mädchen vom Lyzeum. Es gab genug zu essen, es gab keine Luftangriffe. Der Vater

Meine Familie 1940: Von links ich, mein Vater Otto, meine Mutter Käthe und mein Bruder Dieter.

kam auf Urlaub, ließ sich in die nahe gelegene Regierungsbezirksstadt Allenstein versetzen, von wo er jedes Wochenende nach Hause kommen konnte. Bruder Dieter avancierte zum Oberfähnrich und schließlich zum Leutnant zur See.

Möser

In meiner Eigenschaft als Singscharleiterin wurde ich zu einer Kulturtagung nach Wörlitz einberufen. In dem herrlichen Parkgelände trafen sich sogenannte Kulturfunktionäre aus allen Gebieten. Zeitgemäßes neues Liedgut, Gestaltung von Gedenkfeiern und jugendliche Zusammenkünfte standen auf dem Veranstaltungsplan. Man konnte die Anreisenden gleich in zwei Kategorien einteilen. Da waren die fanatisch Besessenen, die sich wichtigtuerisch, kämpferisch in Szene setzten und ziemlich parolengefestigt waren und da waren die Stillen, Unauffälligen, die inhaltlich etwas zu sagen hatten. Zu jenen gehörte der damalige Bannführer von Zerbst. Er bekleidete in der Jugendbewegung ein hohes Amt, vermittelte aber mit seinem Auftreten nicht den Eindruck, vielmehr zog er erst beim Sprechen durch seine starke Ausstrahlungskraft die Hörer in seinen Bann. Da kam kein überflüssiges Wort, keine propagandistische Floskel, er versuchte echte, nachzuempfindende Inhalte zu vermitteln, er regte kreative Kräfte an und tat dies ohne Unterordnung einer vorgegebenen Ideologie. Ich war hell begeistert. Das war es, was ich suchte! Wir kamen ins Gespräch und hatten das Gefühl, uns schon 100 Jahre zu kennen. Uns verband von Stund an eine feste Freundschaft. Er hieß Jürgen und ich habe später meinen jüngsten Sohn im Gedenken an ihn benannt. Er erzählte mir, dass er den Schriftsteller Ernst Wichert getroffen hätte und schenkte mir Durchschläge von zwei Reden, die Wichert 1933 vor der Studentenschaft in München gehalten hatte. Da hieß es: „Und so, meine lieben Freunde, stehe ich heute wie vor zwei Jahren vor Ihnen, unverändert in meiner Sorge um Ihren Weg, unverändert aber auch in meinem Glauben an Ihre Berufung zu einem besseren Weg. So bitte und beschwöre ich Sie heute, sich nicht verführen zu lassen, nur Glanz und Glück zu sehen, wo viel Leid sich an uns wendet und niemals sich dahin bringen zu lassen, zu schweigen, wenn das Gewissen zu reden beginnt. Ich weiß nicht, ob ich in zwei Jahren vor Ihnen werde sprechen dürfen. Ich weiß auch nicht, was ich dann sagen muss." So weitsichtig und so weitfühlend war Jürgen. Er nannte einige der Tagungsteilnehmer „Blut- und Bodenreferenten" und setzte sich spürbar von der Nazi-Ideologie ab. Wie vereinbarte er das mit seinem Rang? Er hatte eine Art, bei dieser Frage zu schweigen und sah dabei aus wie ein alter Mann. Als beim Abschluss der Tagung ein Jugendlied mit jenem makabren Refrain gesungen wurde: „Wir marschieren für Hitler durch Nacht und durch Not mit der Fahne der Jugend für Freiheit und Brot", verschloss sich sein Gesicht immer mehr.

Am häuslichen Mittagstisch wurde nicht mehr so freimütig gesprochen. Als mein Vater einmal etwas erzählen wollte, zischte ihn die Mutter in englischer Sprache an: „Nicht vor den Kindern!" Mein Bruder hatte zu dem Zeitpunkt gerade Latein und ich Französisch. So konnten wir Mutter nicht verstehen und mein Bruder sagte zu mir: „Lass man, des lernste ooch noch!" Was sie sich zu sagen hatten, war durchaus nicht erheiternd, wie wir später erfuhren: Da wurden in einem städtischen Gebäude Polen als Arbeitskräfte zum Kauf angeboten. Das war Sklavenhandel! Anders konnte man dies nicht bezeichnen. Die Eltern diskutierten darüber, ob man eines der Mädchen aufnehmen solle, da es es bei uns gut hätte. Vater wehrte sich gegen den Gedanken und meinte, man mache sich da der Mithilfe schuldig. Mutter siegte aber mit dem Argument, dass auf diese Weise wenigstens ein Mensch vor Ausbeutung und Machtmissbrauch bewahrt bliebe. Und so zog Swetlana bei uns ein, ein schüchternes Mädchen aus dem südöstlichen Polen, das schon einmal zwangsumgesiedelt worden war. Sie sprach kein Wort Deutsch. Die Tante nahm sich ihrer an und beschäftigte sie im Haushalt. Sie sah aus wie ein vierzehnjähriges Kind, sie war aber schon Mitte zwanzig. Familienanschluss fand sie bei uns nicht, aber wenigstens ein Stück Sicherheit und Ordnung. Es blieb ein bedrückendes Gefühl zurück, was ich bis heute nicht losgeworden bin. Die Tanzstunde ging dem Ende entgegen. Tante hatte ein Ballkleid gezaubert, an dem noch herumgestichelt wurde, als mein Jugendfreund schon mit Blumenstrauß im Flur stand. Mit Korkenzieherlocken, in zartem Rosé schwebte ich dahin und mein Jugendfreund strahlte mich bewundernd an. Ein Stück

Unbeschwertheit für Stunden. Die unerbittliche Kriegszeit holte uns bald ein. Es kamen Einberufungsbefehle für die Jungs, die noch die Schulbank drückten. Das bedeutete auch Abschied von meiner Jugendliebe. Wir wollten so gern noch einmal ohne erdrückende Aufsicht zusammen sein. Bei der nächsten Klavierstunde ging ich nicht ins Unterrichtszimmer, sondern verschwand in der elterlichen Wohnung meiner Jugendliebe. Der Klavierlehrer wartete vergeblich auf mich. Meine abgeschnittenen langen Zöpfe, die mein Freund so liebte, schenkte ich ihm zum Abschied. Es war ein tränenreiches Lebewohl. Die Lebensmittelversorgung war eingeschränkt, wir hatten Lebensmittelkarten. Mein Vater brachte von den Patientenbesuchen auf dem Lande oft heimlich Geschlachtetes mit, und so brachte es unsere Tante immer fertig, alle satt zu kriegen. Unten in der Waschküche wurde aus Rüben Sirup gekocht. Das war der Brotaufstrich für die nächsten Jahre. Statt Bohnenkaffee gab es Kornfrank Kaffee, anstelle von Kartoffeln, Fleisch und Gemüse gab es nahrhafte Suppen, gewürzt mit gesammelten Kräutern. Das Stadtbild war durch viele Uniformierte geprägt. Es waren nicht nur die Soldaten. Uniformierte Parteileute und organisierte Jugendliche, Mädchen in der Uniform der Luftnachrichtenhelferinnen, Arbeitsdienstler und differenzierte Dienstgrade vom Gau. Die Propagandamaschine lief auf vollen Touren, überall wurde der Krieg gerechtfertigt, es wurden Schauergeschichten vom sogenannten Feind erzählt, die Volkshelden wurden gekürt. Ob es der tolle Flieger Mölders war oder der Kapitänleutnant zur See Prien, die Jugendlichen schwärmten für sie, und manche ließen sich von einer falschen Vorstellung faszinieren. Die Verwandten kamen oft vorbei und waren glücklich, wenn sie einen Sack Kartoffeln oder Mohrrüben mitnehmen konnten. Die Cousine aus Königsberg kam in den Ferien. Dort herrschte noch die Ruhe vor dem Sturm. Sie half bei allen Einsätzen, die wir machen mussten und jeden Samstag scheuerte sie mit mir, lauthals singend, die Parkettböden der väterlichen Praxis. Das hatte mein Vater so angeordnet, jeder sollte zum Gelingen der Haushaltsführung beitragen, außerdem sollte jeder erfahren, was körperliche Arbeit bedeutete. Strich bei Strich wurde das Parkettmuster auf Knien gescheuert, mit

Es ging in den Krieg! Ich kam 1944 an die Ostfront, mein Bruder Reiner mit geschenktem Abitur zur Flak.

Terpentin. Das war sehr anstrengend und anschließend stanken wir wie ein Tanker. Meine Cousine hieß bei uns Goldstück und sie verdiente diesen Namen. Mein Onkel Kurt weilte zu dieser Zeit in Essen mit seiner Familie. Die beiden großen Söhne, Ulli und Werner, waren auch vor ihrem Abitur eingezogen worden und kämpften bereits an der Front. Der Kleinste, Günter, ging noch zur Schule. Da im Ruhrgebiet so häufig Bombenangriffe waren, wurde seine gesamte Schulklasse in die sogenannte Kinderlandverschickung auf den Weg gebracht. Diese ganze Gruppe verschwand bei einem Tieffliegerangriff und es gab keinerlei Aufklärung über ihr Ende. Kurz danach kam die Meldung, dass Ulli gefallen ist. Wie eine Lähmung lag dies über uns und die Welt veränderte sich für jeden von uns. Die Berliner Verwandten wohnten hauptsächlich in ihrem Sommersitz vor Berlin, weil die Hauptstadt zu häufig von Bombenangriffen heimgesucht wurde. Trotzdem musste der Familienvater täglich aus beruflichen Gründen in die Stadt fahren. Bei einer dieser Fahrten konnte er nicht mehr rechtzeitig den Luftschutzkeller erreichen und wurde von einer Splitterbombe getötet. Mein lieber, sangesfreudiger und stets gut aufgelegter Onkel Fritz! Einfach nicht mehr da! Sein Sohn, mein Vetter Dieter, war auch schon eingezogen. Das bedeutete einen herben Verlust für unser häusliches musizierfreudiges Trio am Wochenende. Es fehlte der dritte Mann. Trotzdem kam der leitende Professor des städtischen Krankenhauses meiner Heimatstadt an jedem Wochenende mit seiner echten Amati unter dem Arm, mit zwei Hunden als Begleitung, die Acis und Galathea hießen. Er war Junggeselle und er liebte dieses turbulente Familienleben bei uns. Er hatte einen rechten Schalk im Nacken, und als ich anlässlich eines Einsatzes mit meiner Klasse im Krankenhaus Tupfer drehen musste, rauschte er mit der Weißen Wolke Visite machend vorbei, zog mich plötzlich innehaltend am Ohr und fragte: „Wie ist das Frotteehandtuch entstanden?" Hochrot stammelte ich: „Das weiß ich nicht!" „Durch einen Webfehler", brüllte er lachend und zog mit der Weißen Wolke davon. Alle Menschen lebten in großer Anspannung. Die anfängliche Euphorie hatte schon lange einer stagnierenden Duldungshaltung Platz gemacht. Wer sich gegen den Krieg äußerte, wurde sofort abgeführt.

Reisterstown

Im späten November 1942 sah ich meinen geliebten Bruder Dieter am Eibsee bei Garmisch-Partenkirchen. Er war dort auf Genesungsurlaub nach dem Absturz seiner Maschine. Dänische Fischer hatten ihn aus den kalten Gewässern der Ostsee gerettet und an Land gebracht. Wegen seiner erlittenen Verletzungen hätte er nicht mehr zum Fronteinsatz zurückkehren müssen. Doch da er sich selbst dazu für fähig hielt, sagte ihm sein preußisch-soldatisches Gewissen, dass er da sein müsse, wo seine Kameraden sind, nämlich an der Front. Meines Bruders Genesungsurlaub war eine Eignungsprüfung als Pilot, Aufklärer oder Fallschirmjäger in Berlin vorausgegangen, und das gab mir die Gelegenheit, von Berlin über München nach Garmisch-Partenkirchen zu fahren. Beim Umsteigen in München sah ich zum ersten Mal Anti-Nazi-Graffiti: „NIEDER MIT HITLER", „HITLER IST DEUTSCHLANDS UNGLÜCK" war auf der Männertoilette zu lesen. Als ich in Garmisch ankam, wo mich meine in München studierende Cousine Lilo Dreyfeldt erwartete, befragte ich sie über diese Graffiti. Ihre Antwort war: „Sprechen wir nicht davon." Sie wollte mich nicht zum Mitwisser werden lassen über Anti-Nazi-Entwicklungen in der Universität. Mitwisserschaft war strafbar. Als ich mit vier anderen Oberprimanern das Abi bestand, erhielten wir die unerwartete Nachricht von Dieters Tod. Bei einem Start zum Aufklärungsflug in Nord-Norwegen, Tromsoe, stürzte das Flugzeug ab. Seine Leiche wurde niemals geborgen und er fand sein Grab in den kalten Gewässern Nord-Norwegens. Als ich die Todesanzeige für die Osteroder Zeitung aufgab, bestand meine Familie darauf, dass die Formel „Für Führer, Volk und Vaterland" nicht benutzt wurde, sondern „für seine geliebte Heimat".

Der Geschwaderkommandeur beendete seinen persönlichen Kondolenzbrief an die Familie mit den Worten: „Wir aber werden verbissener weiter gegen den Feind fliegen, Heil Hitler." Als ein Parteimensch meiner Mutter die Nachricht vom „Heldentod" ihres Sohnes brachte, wies sie ihm die Tür. Das

Gefühl der Verachtung für das Naziregime wurde zunehmend intensiver, besonders als man die Versklavung der sogenannten Ostvölker und den Verlust des so begabten ältesten Sohnes hinnehmen musste.

Möser

Ich lernte inzwischen fleißig für das Abitur. Da ich in Mathematik eine totale Niete war, erhielt ich Nachhilfeunterricht bei „Schappel". Schappel war der Spitzname eines Mathelehrers vom Gymnasium. Er war ein Original, blitzgescheit, einmalig in seiner bulligen Sprechweise, stets mit Armen und Beinen in heftiger Bewegung. Dieser Mensch verstand es wirklich, mir Mathe zu erklären. Und das wollte was heißen! Wenn sein Lineal haarscharf an meinem Kopf vorbeisauste, schrie er: „Femina longa, der Hahn soll dich zerhacken!" Aber das Ergebnis seiner Bemühungen konnte sich sehen lassen. Unser Schulleiter, der auch mein Klassenlehrer war, plante zum Abitur eine besondere Aufführung. Wir durften wählen und wir entschieden uns, den Kaiserwalzer von Strauß in Originalkostümen zu tanzen. Die Kostüme ließ er aus dem Theater Görlitz kommen und ich weiß noch, wie aufgeregt wir waren, als eines Tages eine große Kiste angeliefert wurde. Ich durfte die Choreographie machen und bei dieser Gelegenheit stellte ich zum ersten Mal meine gestalterische Begabung fest. Das Umsetzen von Musik lag mir mehr als das Ausüben von Musik und das sollte für meine Berufsarbeit mal sehr bestimmend werden. Von Jürgen erhielt ich einen Brief: „Bin zur Waffen SS eingezogen, können wir uns noch einmal sprechen?" Erstaunlicherweise erhielt ich von meinen Eltern die Erlaubnis, Jürgen zu empfangen. Er wurde sogar von Mutter zum Mittagessen eingeladen. Er berichtete mir von seiner Einberufung. Wegen seines hohen Ranges als Bannführer hatte man ihm zwingend nahegelegt, dem Führer auf diese Weise zu dienen. – Wie sollte er ablehnen? Er schilderte mir seine innere Not und fand keinen Weg zur Lösung dieses Problems. Schweren Herzens fuhr er davon. Neben Sprachen und Naturwissenschaften und den üblichen Fächern hatten wir auch Handarbeit und Kochunterricht. Scherzhaft nannten die Gymnasiasten unser Abitur das „Puddingabitur".

Als wir eines Tages Handarbeitsunterricht hatten und wir, um besseres Licht zu haben, an den Fenstern saßen, entdeckte ich plötzlich auf der angrenzenden Hauptstraße meine Jugendliebe in Soldatenuniform als Urlauber. Mit einem Aufschrei stürzte ich aus dem Klassenzimmer, stürmte auf die Straße und fiel ihm in die Arme. Die Lehrerin fand keine Worte und die restlichen acht Musen kicherten vor Vergnügen, obgleich sie es auch ziemlich unmöglich fanden. Mein Schulleiter, der entweder im Unterricht oder aber in seinem Amtszimmer war, hatte just an diesem Vormittag in der Stadt zu tun und kam auf uns zu. Er zog seinen Hut und ging wortlos an uns vorbei. Was war denn das? Jetzt war ich aber verwirrt. Als ich mit zittrigen Knien in die Schule zurückkehrte, sollte ich mich umgehend beim Schulleiter melden. Oh, hatte ich Angst! Er bot mir freundlich einen Stuhl an. Er fragte mich: „Sind Sie verliebt?" Was für eine Frage! Ich nickte nur, die Augen auf den Boden gesenkt. „Sie sind sehr spontan", meinte er. Ich nickte wiederum. „Werten Sie Ihre Handlungsweise einmal disziplinarisch, machen Sie mir einen Vorschlag, wie ich das bestrafen soll." Ich konnte darauf nichts sagen. Er erlöste mich aus dieser Situation und meinte freundlich schmunzelnd: „Merken Sie sich das und lernen Sie daraus." Ich ging betreten aus dem Zimmer und wurde grölend von den acht Musen empfangen. Dieses Gespräch hat bei mir mehr gefruchtet als jede Erziehungsmaßnahme. Meine Eltern haben davon nie etwas erfahren. Mit viel Begeisterung arbeiteten wir an der Gestaltung des Kaiserwalzers. Für mich war es eine beglückende Erfahrung, weil es mir zufiel, Musik in Bewegung umzusetzen. Das Abitur rückte immer näher, ich las und las, man ahnte ja nicht, mit welchem Stoff man drankam. In den Auswahlfächern Deutsch und Musik hatte ich keine Bedenken, aber Mathe und Physik lagen schwer im Magen. Außerdem fürchtete ich mich vor der Mathe-Lehrerin. Sie war ein zynischer Mensch, Jungfrau, frustgebeutelt mit einem sadistischen Zug um den Mund, führte mich oft an der Tafel vor als Beispiel für unlogisches Denken. Bei nur neun Schülern kam man oft dran. Aber nun hatte ja Schappel mich gut getrimmt und ich konnte gewappnet in die Prüfung gehen. Aber alle meine Befürchtungen waren umsonst. Nachdem ich eingehend über Franz Schubert mit Musikbeispielen befragt worden war, kam Goethe, sozusagen meine Spezialstrecke. Das absolvierte ich sicher und umfangreicher als verlangt, und dann verzichtete man auf eine weitere Befragung. Alle neun Musen kamen mühelos durch. Vor dem Prüfungsraum warteten schon die Schüler, die uns einen Lorbeerkranz aufs Haupt drückten. So geschmückt zogen wir fröhlich durch die Stadt und von allen Seiten wurden uns Glückwünsche zugerufen. Da ich Klassensprecherin war, musste ich die Abiturientenrede zur Abschlussfeier halten, außerdem fand ja noch unsere Darbietung statt. Ich muss sagen, ich habe sehr viel Wehmut empfunden dabei, denn ich bin gerne zur Schule gegangen und habe einige meiner Lehrer verehrt und geliebt.

Kurz danach, 1942, erhielt ich die Einberufung zum Arbeitsdienst, den wir alle absolvieren mussten. Im letzten Schuljahr war eine Befragung hierüber erfolgt und nach Freiwilligen für den „Deutschen Osten" gesucht worden. Ich hatte mich sofort gemeldet, weil ich unbedingt in den Lebensraum meiner Vorfahren wollte. In dem Brief wurde ein polnisches Dorf genannt, welches Bojanowo hieß, eingedeutscht nach dem „Siegeszug" hieß es Schmückert. Dort hatte ich mich einzufinden.

Neben seinem intensiven Klavierspiel beschäftigte sich mein Vater viel mit Glaubensfragen. Seine Zugehörigkeit zur Deutschen Glaubensgemeinschaft hatte er stillschweigend aufgegeben. Aber er setzte sich ständig auseinander mit religiösen Fragen, wetterte gegen Karl Barth, der damals viele Artikel veröffentlichte, wandte sich gegen Pfarrer Niemöller und suchte in jedem von uns einen Gesprächspartner. Es war sehr schwierig, sich mit ihm zu unterhalten. In seinen Formulierungen war er nicht präzise, umständlich redete er um den Sachverhalt herum, kam zu keinem fassbaren Schluss. Dieses ausgeprägte seelische Suchen vereinbarte sich für mein Gefühl überhaupt nicht mit seiner strammen Haltung zum Führer. Für mich war das stets ein Widerspruch. In dieser geistigen Befindlichkeit ließ ich mein Elternhaus zurück. Der Tag der Abreise war gekommen und irgendwie war ich auch froh, all diesen Konflikten einmal entkommen zu können und Neuland zu betreten.

Reisterstown

Das Kriegstier zog auch mich 1943 in seine Krallen. Zuerst waren drei Monate Arbeitsdienst abzudienen. Einziehungsort war Schröttersburg/Plock – Westpreußen/Polen. Nach der Grundausbildung ging es auf ein sogenanntes Staatsgut, wo wir gemeinsam mit Polen arbeiteten. Besonders anstrengend war die Arbeit im Moorbruch. Mit dem Spaten wurden ziegelgroße Quader aus dem feuchten Moor geschaufelt. Diese Quader wurden auf Loren verladen und dann in hausartigen Gebäuden gestapelt, sodass die Quader trocknen konnten, um letztendlich als Brennmaterial verwendet zu werden. Unser Vorarbeiter war Volksdeutscher, der Polnisch besser sprach als Deutsch. Und es gab keine Trennung von Polen und Deutschen. Am frühen Morgen ging ich in den Stall, wo ein polnisches Mädchen die Kühe melkte und mir kuhfrische Milch zu trinken gab. In der Scheune standen auf beiden Seiten von mir junge Polen, die wesentlich besser verstanden, das Getreide abzuladen als ich. Da gab es keine Gedanken an Rassenüberlegenheit. Unser Vorarbeiter verstand sich besser mit den Polen als mit uns. Am Abend sanken wir todmüde auf den Strohboden und sangen sentimentale Heimatlieder, die uns Tränen in die Augen brachten. Heimat – deine Sterne...

Möser

Ich hatte im Frühjahr 1942 keinerlei Vorstellungen von dem, was mich erwarten würde. Es war eine lange Fahrt über Gnesen und Posen bis ins nordöstliche Polen beziehungsweise erobertes Gebiet. Unterwegs waren immer wieder Gruppen schnatternder Mädchen zugestiegen, die alle das gleiche Ziel hatten. Die meisten kamen aus Norddeutschland und dem Ruhrgebiet. Wie ich dann im Lager feststellte, waren da auch noch Baltendeutsche und einige sogenannte Volksdeutsche aus dem östlichen Polen, die zum Teil wenig Deutsch konnten. Es war eine merkwürdige Mischung. Wir waren nun nicht mehr Mädchen, sondern Maiden, was uns köstlich amüsierte. Unsere Zivilkleidung mussten wir abgeben und erhielten dafür eine grünbraune Uniform, ein blaues Leinenkleid, ein rotes Kopftuch, diverse Unterwäsche, Schuhe und Makkostrümpfe beziehungsweise gestrickte Socken. Kleidsam war nur das blaue Leinenkleid, alles andere war sehr gewöhnungsbedürftig. Die Unterwäsche erregte Heiterkeitsstürme, da waren Schlüpfer aus einem Gewebe, das man Barchent benannte, wahre Ungetüme, die von einigen kessen Mädchen als Liebestöter deklariert wurden. Die Nachthemden waren Militärnachthemden für Männer. Das gab viel Spaß beim Anprobieren. Im Lager waren 72 Maiden, diese Gruppe wurde aufgeteilt in sechs sogenannte Kameradschaften. Je sechs Maiden lagen auf einem Zimmer. Es gab drei Doppelstockbetten und für jede einen Spind, das war ein schmaler, schmuckloser Blechschrank. Die Matratzen waren aus Sackleinen mit Stroh gefüllt, dazu gab es bunt karierte Bezüge. Jede Kameradschaft hatte eine Kameradschaftsälteste, die schon im Vorjahr gedient hatte und die für die Anleitung der neuen Maiden verantwortlich war. Dem Ganzen standen eine Maidenoberführerin vor und mehrere Unterführerinnen, die für verschiedene Bereiche zuständig waren. Es gab kultivierte, begabte Mädchen, es war sogar eine Baroness dabei, es gab ein gutes Mittelfeld tüchtiger, entwicklungsfähiger Mädchen und dann gab es noch eine Gruppe debiler Mädchen, die selbst einfachste Erfordernisse, besonders im Bereich der Hygiene, nicht kannten. Diese zusammengewürfelte Gruppe zu einem funktionstüchtigen Ganzen zu machen, war die Aufgabe von MOF, wie wir die Maidenoberführerin nannten. MOF war eine Pfarrerstochter aus Wiesbaden, eine vollbusige, respektgebietende Persönlichkeit, die erstaunliche Fähigkeiten besaß. In kürzester Zeit bildeten wir eine disziplinierte Gemeinschaft. Mit den einfachsten Grundregeln über Ordnung hatte ich Schwierigkeiten. Die Betten mussten nicht gemacht werden, sie wurden gebaut. Da musste der Strohsack schön gerade gezupft werden und dann Laken, Decke und Kopfkissen zentimetergenau, möglichst dem Würfelmuster entsprechend, gerichtet werden. Jedes Bett hatte eine Nummer und täglich wurden alle Betten kontrolliert. War eines nicht zufriedenstellend, wurde es aufgerissen und der Übeltäter wurde namentlich beim täglichen Appell verlesen. Ich gehörte zu den häufigsten Sündern. Ich sah es einfach nicht ein, dass solche Genauigkeit beziehungsweise Pedanterie vonnöten war. Schlimmer noch war es mit dem Spind. Bei den Kontrollen wurden die Wäschestücke, die nicht genau übereinanderlagen, herausgerissen. Das passierte mir auch häufiger. Aber in meiner Kameradschaft erbarmte sich oft jemand und stapelte alles befehlsgemäß ein.

Zunächst waren wir nur im Lager und wurden zu diversen Arbeiten in Haus und Garten eingeteilt. Abends war Fahnenappell, zu dem wir uns alle gestriegelt einfinden mussten. In kürzester Zeit hatte MOF es geschafft, aus uns einen dreistimmigen Chor zu machen. So sangen wir beim abendlichen Appell deutsche Volkslieder und eher selten neues Liedgut. Täglich hatten wir Schulungsabende, an denen wir über das Tagesgeschehen unterrichtet wurden. Kaum einer hörte ernsthaft zu, obgleich MOF eine nahezu suggestive Einflussnahme besaß. Sie benutzte aber jede abendliche Zusammenkunft zum Singen und hatte eine ausgesprochene Begabung zur Gestaltung von Chormusik. Sie besaß auch die Fähigkeit, die Unwilligsten zum Singen zu bewegen, wählte weitgehend schönes Liedgut aus und wagte sich sogar an Liedsätze von Heinrich Schütz. Nach der ersten Eingewöhnungszeit wurden wir zum Außendienst geschickt. Wir mussten frühmorgens mit dem Fahrrad zu einer zugewiesenen Arbeitsstelle fahren. Das waren sehr unterschiedliche Stellen. Hatte man Glück, kam man auf einen größeren Bauernhof, der gut organisiert war, der eine tüchtige Bäuerin hatte, bei der man etwas lernen konnte. Zu den Glücklichen gehörte ich nicht.

Ich kam zu einer kinderreichen, bitterarmen Volksdeutschen Familie. Vielleicht muss ich an dieser Stelle die Bezeichnung „volksdeutsch" erklären. Das waren Menschen, die als Deutschstämmige in Polen gelebt hatten, oft war ein Ehepartner Pole. Nach dem „Siegeszug" bekannten sie sich zum Deutschtum. Oftmals beherrschten sie die deutsche Sprache nicht. Der Familienvater war als „Hilfswilliger" eingezogen, die Frau stand mit fünf Kindern und einem polnischen Knecht allein da. Sie besaß nur wenig Land und ein wenig Federvieh. Davon musste die Familie leben. Ich war als Haushaltshilfe eingesetzt. Gesehen habe ich in dieser Zeit nur die rußgeschwärzte Küche mit den nassen Windeln über dem Herd. Als Einrichtung gab es einen gescheuerten Holztisch mit ein paar Schemeln. Die Küchengeräte hingen an der Wand über dem Herd und die Lebensmittel standen in kleinen Säcken auf dem Flur. Im Haushalt gab es für mich keine Arbeit zu verrichten, das heißt, ich hätte schon gerne mal aufgeräumt, aber die Bäuerin meinte, dass alles so bleiben solle. Als ich auf die Kinder aufpassen wollte, beziehungsweise mich mit ihnen richtig beschäftigen wollte, wehrte sie ab: „Die werden alleine groß!" Sie schickte mich mit dem polnischen Knecht auf den Acker. Da wurde gehackt und gejätet, gepflügt und Saat gelegt bis zum Umfallen. Mittags gab es ein Pfannengericht, das mitten auf dem Tisch stand; jeder bekam einen Löffel und gemeinsam langten alle in die Pfanne. Erst am späten Nachmittag radelte ich wieder ins Lager zurück. Es gab nur eine kurze Zeit für Waschen und Umziehen, dann mussten alle zum Appell. Da wurde Post ausgeteilt, Anordnungen verlesen und die nächsten Veranstaltungen bekannt gegeben. Wir durften das Lager außerhalb des Dienstes nicht verlassen. Bojanowo war ein kleines, einsames Dorf, da gab es nichts zu besichtigen und Spaziergänge durch die Felder und Wälder waren wegen der Partisanen verboten. Eine Abwechslung, die mir Freude bereitete, gab es an Sonntagen. Es fanden immer

Strenge Ordnung herrschte im Reichsarbeitslager. Sogar die Mäntel mussten auf „Richt Euch" gebracht werden.

kleine Feierstunden statt und MOF hatte mir die Gestaltung übertragen. Die Baroness aus Estland spielte sehr gut Violine. Im Lager gab es ein Klavier und so spielten wir Musik von Händel und Gluck, rezitierten aus deutscher Klassik und wurden nicht ideologisch zurechtgerückt. MOF ließ uns gewähren. Durchschaubar war sie nicht. Sie war jedoch ein auffallend disziplinierter Mensch, der seine ganze Kraft dem Nazi-Staat widmete. Ich erhielt einen Brief. Mein Onkel war in Essen durch Bomben umgekommen. In dieser Familie waren es nun schon drei Menschen. Das Wort „gefallen" löste bei mir ein krampfhaftes, wehes Gefühl aus. Dieser Schmerz zog durch mich hindurch; ich musste innehalten und dachte nur: „Halte es aus, halte es aus!" Nach dem Abitur wurdest auch du eingezogen. Welches Gefühl Eltern bewegte, die gerade einen hoffnungsvollen Sohn verloren hatten und nun erleben mussten, wie ihr letztes, nun einziges Kind, auch in den Krieg ziehen musste, das kann unsere heutige Generation nur schwerlich nachvollziehen.

Ich hatte Goethes Faust und Gedichte von Rilke, Gottfried Benn und Hermann Hesse mitgenommen, bloß kam ich nicht dazu, sie zu lesen. Ich war nie allein und abends wurde das

Licht ausgemacht, sodass man nicht lesen konnte. Ich schlief nach dem Tagewerk auch gleich ein. Allmählich bekam ich einen Hunger nach Literatur, nach Musik, nach Stille und Besinnung. Über all die Jahre hinweg war dies mein Begleiter, mein Trost gewesen und nun vermisste ich dies quälend. Krank sein gab es nicht, bloß mit Fieber kam man in die Heil-stube. Was tun? Ich erlag der Versuchung und manipulierte ein Fieberthermometer. Nun kam ich in die Heilstube. Mit meinen Büchern zog ich glücklich ein und nach drei Tagen war ich wieder im seelischen Gleichgewicht und zu allem bereit. Bloß hatte ich die Rechnung ohne den Wirt gemacht, wie es in einer alten Spruchweisheit heißt. Meine Bettnachbarin hatte dies alles mitbekommen und erstattete Meldung. Über die Tragweite hatte ich mir vorher keine Gedanken gemacht und als ich in das Zimmer von MOF beordert wurde, glaubte ich, mit einem Rüffel davonzukommen. Aber da eröffnete sich mir eine neue Welt! MOF bezeichnete meine Handlungsweise als „Arbeitsverweigerung". Damit nahm das Ganze eine Dimension an, bei der man sich einiges ausrechnen konnte. Sie eröffnete mir, dass alle Vergehen im deutschen Osten nach Berlin zum Reichsarbeitsführer gemeldet werden müssten und dass Arbeitsverweigerung im Krieg ein schwerwiegendes Verbrechen sei. Ich konnte das nicht fassen! Von Stund an wurde ich von einigen Maiden gemieden, ich wurde auch im Appell vorgeführt, aber einige hielten fest und freundschaftlich zu mir. Mein Vater erhielt eine Mitteilung darüber, begleitet von einem persönlichen Anschreiben von MOF. Sie begründete die Schwere der Tat und stellte eine hohe Bestrafung in Aussicht. Mein Vater antwortete ihr, dass er jegliche Strafe als gerechtfertigt empfinden würde. Mit der Benachrichtigung aus Berlin zog es sich in die Länge; Wochen vergingen, und das erste Halbjahr Arbeitsdienst war fast vorbei und der Kriegshilfsdienst zeigte sich an.

Da kam der Bescheid aus Berlin! MOF verlas dies beim Appell, darin hieß es, dass die Arbeitsmaid Hannelore Lange in die Staatliche Haftanstalt nach Hohensalza zu überführen sei und dort als Sträfling zu behandeln sei. Von MOF wurde ich eisig-distanziert behandelt, von den Unterführerinnen ebenfalls, die Baroness meinte spöttisch: „So sind die Reichsgermanen." Meine Freundinnen nahmen mich in die Arme und nahmen zugleich Abschied von mir, denn sie hatten schon ihre Einberufung zum Kriegshilfsdienst. So waren nur noch wenige Maiden im Lager, als ich die Fahrt nach Hohensalza in Begleitung einer Unterführerin antreten musste. Es war eine lange Bahnfahrt, bei der die Führerin mit mir kein Wort wechselte. Diese Leute waren alle so getrimmt auf Disziplin und hatten einen Schmalspurgehorsam, der ihnen keinen Raum für eigene Gedanken und Meinungen ließ. Sie unterwarfen sich bedingungslos den Forderungen, verrichteten ohne nachzudenken die Anordnungen und entwickelten noch einen gewissen Stolz dabei. Eine gefährliche Mischung, Mensch! In Hohensalza angekommen, standen wir vor einem großen Gebäude, der Strafvollzugsanstalt. Ich wurde abgegeben mit militärisch anmutender Meldung und fühlte mich wie eine Sache. Als „Sache" bekam ich beim Aushändigen der Sträflingskleidung auch eine Nummer, die ich bei jeder Ansprache heruntersagen musste. Bevor ich eine Zelle zugewiesen bekam, musste ich zum Anstaltsleiter. Vor dessen Tür musste ich mit dem Gesicht zur Wand, mit auf dem Rücken verschränkten Armen warten, bis ich hereingerufen wurde. Drinnen musste ich mich melden mit meiner Nummer und musste mich selbst als „Strafgefangene" bezeichnen. Der Anstaltsleiter begrüßte mich sachlich und meinte: „Für gestrauchelte Arbeitsmaiden, die nur einige Tage bei uns weilen, haben wir keine Sonderregelungen. Ich rate Ihnen gut, fügen Sie sich unserer Hausordnung."

Damit war ich eine Strafgefangene. Neben der gestreiften Sträflingskleidung gab es Holzpantinen, die auf dem Steinfußboden schrecklich klapperten. In der Zelle gab es einen Klapptisch, einen Hocker, ein Bett, welches hochgeklappt an der Wand mit einer Kette befestigt war. Dieses Bett durfte tagsüber nicht benutzt werden, es wurde nur nach Klingelzeichen abends heruntergelassen und morgens wieder befestigt. Nach diesem Klingelzeichen rasselte es im ganzen Hause durch die Eisenketten, die als Aufhängung dienten. Nun hatte ich meine Stille! Aber diese währte nicht lange. Dauernd klapperte ein Schlüsselbund, die Tür wurde geöffnet, und wenn ich nicht gleich aufsprang, um Meldung zu machen, wurde mir dies in barschem Ton befohlen. Dann erfolgte mein erster Hofgang. Im ganzen Gebäude schepperten die Holzpantinen und die Schlüssel klapperten. Nachdem die Zelle geöffnet war, musste man erst warten, bis der Befehl zum Verlassen der Zelle gegeben war. Vor der geöffneten Tür musste man stehen bleiben, bis der Wärter sie wieder geschlossen hatte. Jetzt sah ich erst einmal, wie lang der Flur war und wie viele Gefangene vor den Zellen standen, um auf den Hof zu gehen. Schweigend ging es die Stahltreppen hinunter, wobei eine Unterhaltung, die übrigens verboten war, vom Klappern der Pantinen übertönt wurde.

Für den Hofgang war eine polnische Hilfswillige zuständig. Jedes Mal, wenn man an ihr vorbeikam, schrie sie: „Mach deutsche Gruß!" Da der Hof nicht besonders groß war und wir im Kreis herumgehen mussten, kamen wir oft an ihr vorbei. Dieses erzwungene Grüßen bereitete mir Probleme. Niedere Beweggründe gemischt mit Machtbewusstsein sind eine Bedrohung. Wenn du dem ausgeliefert bist, ohne dich wehren zu können, zerbricht etwas in dir. Die normale Reaktion ist Auflehnung, aber wenn du das nicht zum Ausdruck bringen kannst, fühlst du dich geknebelt und hilflos. Untätiges Herumsitzen war nicht angesagt, jeder sollte arbeiten. Man brachte mir meterlange Plastikschnüre in die Zelle. Daraus sollte ich Zöpfe flechten und diese Zöpfe sollten dann zu Einkaufstaschen verarbeitet werden. Zuerst dachte ich: „Das ist ja ein Kinderspiel". Dann merkte ich aber, dass die Kanten der Plastikschnüre messerscharf waren und in die Haut einschnitten, sodass man nach wenigen Metern vor Schmerzen nicht weiterflechten konnte. Der Wärter war sehr ungehalten. Nach kurzem Report kam er wieder und brachte mich samt Arbeitsmaterial in eine andere Zelle, in der eine junge Frau inhaftiert war. Sie sollte mir zeigen, wie man die Arbeit tut, ohne sich so zu verletzen. Zuerst fragte sie mich: „Weswegen sitzt du?" Ich antwortete ihr wahrheitsgemäß. Daraufhin brach sie in schallendes Gelächter aus, schlug sich auf die Schenkel vor Vergnügen und meinte: „Mir ist ja schon ne Menge untergekommen, aber so eine blöde Ausrede habe ich noch nie gehört!" Sie hatte wegen Diebstahls und schweren Raubes zwei Jahre abzusitzen. Sie glaubte mir kein Wort und hielt mich für besonders durchtrieben, sie glaubte mir auch nicht, dass ich eine Arbeitsmaid war, vielmehr hielt sie dies für eine nachahmenswerte, geschickte Tarnung bei Nachfragen von Neugierigen. Mit flinken Händen flocht sie die Plastikschnüre, hatte lediglich Hornhaut an den Fingern. Ich konnte mich bemühen noch und noch, meine Hände fingen an zu bluten, es war nicht möglich. Ich wurde zum Gefängnisarzt gebracht. Das war für mich eine besonders schmerzliche Demütigung. Wäre ich unter normalen Umständen als Tochter meines Vaters zu einem Kollegen gebracht worden, so hätte dies in einer sehr netten, entspannten Atmosphäre stattgefunden, so aber war ich eine Strafgefangene mit Nummer. Die distanzierte, gleichgültige Abfertigung löste Weinkrämpfe bei mir aus. Ich begriff, auf welcher niedrigen Stufe der Wahrnehmung durch andere ich mich befand. Das war eine Erfahrung, die tief in mein Innerstes drang. Vor allen Dingen gewann ich schmerzlich eine Erkenntnis: „Nie etwas zu sein oder sein zu wollen durch andere. Nie die Tochter von..., die Schwester von..., die Frau von..., zu sein, sondern stets ich selbst zu sein, eigenverantwortlich und selbstbewusst." Ich hatte zwei bandagierte Hände, ich saß, ohne Buch, auf dem Hocker und lauschte in mich hinein. Bisher wusste ich nicht, dass man eine ganze Sonate in sich ablaufen lassen kann, dass man ganze Monologe aus dem Faust in sich nacherleben kann. Es war für mich eine beglückende Erfahrung. So vergingen die Tage schnell, und als ich meine Uniform wiederbekam und das große Tor für mich geöffnet wurde, hatte ich das Gefühl, Jahre hinter mir zu haben.

Vor dem Tor standen drei Arbeitsmaiden, mit denen ich befreundet war. Sie hatten Zutaten gesammelt und einen Kuchen gebacken, um mich zu erfreuen. Weinend fielen wir uns in die Arme. Dann setzten wir uns auf eine Bank und wollten den Kuchen verzehren, aber keiner brachte einen Bissen herunter. Das Lager war Ende 1942 fast leer und es wurden schon die ersten Vorbereitungen getroffen für die Neuen. Ich hatte eine Unterredung mit MOF, wobei sie mir erklärte, dass ich nicht, wie ursprünglich vorgesehen, als Schulhelferin im Osten eingesetzt würde, sondern dass ich meinen Kriegshilfsdienst in einer Munitionsfabrik in Posen abzuleisten hätte. Meine Strafzeit war also nicht beendet, was sich in der deutlich distanzierten Haltung von MOF auch bemerkbar machte. Posen, die Stadt meiner Vorväter! Das hätte ich nie gedacht, sozusagen „strafversetzt" nach Posen zu kommen. Ich musste mich in einem großen Schulgebäude melden, wo ich gleich mit den Worten empfangen wurde: „Ach so, Sie sind die Dienststrafe!" Ich wurde in ein Klassenzimmer geführt, in dem etwa zwanzig Doppelstockbetten standen. Entlang der Fensterfront stand ein umgedrehter Schwebebalken aus der Turnhalle mit zwanzig Emailleschüsseln. Seine Habseligkeiten konnte man davor stapeln. Das ging aber nicht: „Richt Euch!" Abends fiel eine schnatternde Mädchenhorde ein. Ich bekam einen Schreck, als ich die Typen sah. Aus allen Lagern der Umgebung hatte man aussortiert, nach welchen Kriterien weiß ich nicht, aber es war offensichtlich.

Eine Maidenunterführerin stand dem Ganzen vor. Es war eher eine schüchterne junge Frau, die diesen Mädchen in keiner Weise gewachsen war. Es war zwischen uns Sympathie auf den ersten Blick. Sie holte mich schon am ersten Abend in ihr Dienstzimmer, was ausdrücklich verboten war. Sie öffnete mir ihr Herz und bot mir ihre Freundschaft an. Ich weiß nicht, wenn ich Irmgard Petersen aus Hamburg nicht gehabt hätte, wie ich mit allem Kommenden fertig geworden wäre. Man durfte abends die Schule nicht verlassen, aber mindestens die Hälfte der Mädchen setzte sich ab. Sie kletterten aus den Fenstern, verschwanden durch die Kellertür und trieben sich nachts in der Stadt herum. Auf dem gleichen Wege kamen sie in der Frühe oftmals angetrunken nach Hause und prahlten lauthals mit ihren Erlebnissen. Irmgard Petersen hatte es aufgegeben, etwas dagegen zu tun. Von höherer Stelle war man mit Sicherheit unterrichtet, aber man schwieg dazu, hatte man doch auf diese Weise Einsatzkräfte für die Munitionsfabrik. Diese Fabrik lag in Posen-Ost. Man konnte sie mit einem Vorortzug erreichen und musste dann noch etwa vier Kilometer Landstraße laufen. Um fünf Uhr morgens fuhr der Zug ab. Auf dem Bahnsteig standen mehr Polen als Deutsche. Die Polen trugen auf ihrer Kleidung ein gelbes aufgenähtes Stoffstück mit einem lila „P". Es war uns verboten, mit den Polen in die gleichen Waggons zu steigen. Es gab eine Gruppe kreischender, alberner Mädchen, die auf dem Marsch zur Fabrik auch mit den Polen flirteten und die den uns begleitenden Soldaten herausfordernde Worte zuriefen. Die Mehrheit schritt schweigend einher.

In der Fabrik gab es mehrere Feuerwerker, die alles beaufsichtigten und die Arbeitskräfte anleiteten. Ich kam zu einem Urberliner, der wegen einer Verwundung hier eingesetzt war. Kurt Boye sagte immer: „Ick mach euch Beene, det könnta mich globn." Im Grunde hatte er das Herz an dem richtigen Fleck, bloß er ließ nicht mit sich spaßen. Ich kam in die Granatenabteilung. Da war ein langgestrecktes Schuppengebäude mit zwei großen Schiebetüren auf den gegenüberliegenden Seiten. Auf der einen Seite wurden die angelieferten Granaten überprüft auf ihre Funktionstüchtigkeit, auf der anderen Seite wurden sie fronttauglich verpackt. Die kontrollierten Granaten rollten über ein Laufband von einer Seite zur anderen. Es war eisig kalter Winter, wir standen frierend vor dem geöffneten Schuppen. Wir hatten zwar dicke Fausthandschuhe, Filzstiefel und Wattejacken und eine bis zur Erde reichende Lederschürze, aber wir bewegten uns nicht genug, es waren sehr gleichförmige, einseitige Bewegungen und man dachte, die Gliedmaßen sterben einem ab. Von der Angst will ich gar nicht reden. Kurt Boye beruhigte: „Det knallt so schnell nich!" Wenn Fliegeralarm war, saßen wir vor Angst schlotternd in einem eigens dafür eingerichteten Bunker. Boye meinte: „Det überlejcht sich der Tommy jenau, hier sin zu ville Poln." Vielleicht retteten uns ja die Polen tatsächlich vor einem Bombenangriff! Mittags bekamen wir eine heiße Suppe, die wir im Stehen vor dem Schuppen zu uns nahmen. Nachdem uns die Polen eine tote Maus hineingelegt hatten, drehte sich mir der Magen um und ich verzichtete auf die Mahlzeit. Wenn wir abends in die Schule zurückkamen, gab es Abendbrot und manchmal eine Schulung, bei der die Hälfte einschlief: Nach dem Essen verschwand ich in Petersens Zimmer. Bei heißem Tee und Keksen redeten wir uns gegenseitig Kummer von der Seele. Petersens Mutter und Schwester hatten in Hamburg ein feines Wäschegeschäft betrieben. Sie waren ausgebombt und auch dabei umgekommen, so stand sie allein auf der Welt ohne Zukunftsperspektive. Sie hasste die Nazis und offenbarte mir dies auch ohne jegliche Vorsicht.

Von da an bildeten wir eine fest verschworene Gemeinschaft. Das Stehen im eisigen Luftzug, das ständige Frieren, das unzureichende Essen, die primitive Unterbringung bei mangelnden hygienischen Verhältnissen, all das führte bei mir zu einer Erkrankung. Ich bekam hohes Fieber, wagte aber nicht, mich krankzumelden. Ohne Petersens energisches Eingreifen hätte es schlimm ausgehen können. Vorsichtshalber meldete sie dies der übergeordneten Dienststelle und eine höhere Führerin erschien mit einem Arzt. Nun bekam ich die Heilstube verordnet und meine geliebte Petersen hatte die Aufsicht über mich. Sie versorgte mich mit Büchern, päppelte mich auf, und nach vierzehn Tagen war ich fieberfrei. Genau in diese Situation hinein platzte eines Tages Mutter. Sie war doch nicht etwa wegen meiner Erkrankung gekommen, ich hatte ja darüber nichts verlauten lassen. Sie war wegen meiner Dienststrafe gekommen. Zu Hause hatten alle sie gedrängt, sich an Ort und Stelle von meinem Befinden zu überzeugen. Sie wusste gar nicht, dass ich meine Dienststrafe bereits abgesessen hatte. Sie hatte einen Auftritt bei der höchsten Dienststelle in Posen, aber man nahm ihr sogleich den Wind aus den Segeln und verwies sie auf Berlin. Als sie das Wort Reichsarbeitsführer hörte, verstummte sie freiwillig und fuhr kleinlaut wieder nach Hause. Mein Vater nahm stillschweigend zur Kenntnis, dass er sich recht weit aus dem Fenster gelehnt hatte, als er sich für eine harte Bestrafung meinerseits äußerte. Dieser Auftritt blieb ohne jede Wirkung. Beim nächsten Kontrollbesuch der übergeordneten Dienststelle fragte mich die Führerin: „Bekleidet Ihr Vater ein höheres Amt?" Ich verstand die Frage nicht; viel später sollte ich dafür eine Erklärung finden. Als ich wieder mit in die Fabrik fuhr, meinte Boye: „Na, Kleene, nu setz ick dir zu de Kartuschen." Gott sei Dank nicht mehr Granaten. Aber was waren Kartuschen? Ich wurde vor eine Präzisionswaage gesetzt und musste ganz klein gestanzte Bleistückchen abwiegen. Die gewogene Menge kam in kleine seidige Schläuche, und jeweils sechs Schläuche wurden in eine runde Büchse gelegt. Das waren die sogenannten Teilkartuschen. Viele der Mädchen legten ihre Adressen in die Büchsen in der Hoffnung, auf diese Weise vielleicht eine Bekanntschaft zu machen. Als ich sah, wie eine Polin einen Zettel hineinlegte, sagte sie zu mir: „Machen Glick in Teilkartuschenbüchse!"

Reisterstown

Nach drei Monaten Arbeitsdienst gab es kurzen Urlaub in Osterode. Im August 1943 kam dann die erwartete Einberufung zur Luftwaffe. Zunächst einmal ging es zur Trommlerkaserne in Königsberg, wo wir eingekleidet wurden und dann tagelang herumlungerten. Dann ging es im Eisenbahntransport nach Eger im Sudetenland. Die lange Fahrt von Königsberg nach Eger zeigte uns bei herrlichem Wetter die Schönheit deutscher Städte und Dörfer und ihrer sie umgebenden Landschaften. Wir waren aufgeregt und erfüllt von Erwartungen, wie es uns als Luftwaffensoldaten ergehen würde. Nach einem Monat in Eger beförderte uns die Eisenbahn nach Beziers im Süden Frankreichs. Obwohl wir in Güterwagen transportiert wurden, war das alles aufregend, hatten wir doch sonst nicht die Gelegenheit, ins Ausland zu kommen. Und wieder lernten wir uns bisher unbekannte, schöne deutsche und auch französische Landschaften kennen. In Beziers fand die Grundausbildung statt, die wegen des warmen Klimas und dem hier harten Boden, der mit Disteln bewachsen war, hart war. Doch am Wochenende durften wir ausgehen, einmal sogar zu einem Stierkampf. Uns wurde gesagt, dass wir beim Abspielen der Marseillaise, der französischen Nationalhymne, die militärische Ehrenbezeugung durch Aufstehen und Hand an der Mütze zu ehren hatten. Hatten wir Angst vor Partisanen? Die Antwort ist ein klares „Nein". Was ich eher beobachten konnte, war, dass vor allen Dingen unsere Offiziere, die in Hotels wohnten, mit attraktiven Französinnen Partys feierten. Ich wünschte, ich hätte mein Fotoalbum noch, wo ich Bilder finden würde von solchen Partys. Da ich Französisch im Gymnasium gelernt hatte, durfte ich in solchen Hotels Stabswache schieben oder auch dann später mit dem Fourier im Lande bis zur spanischen Grenze herunterfahren, um einzukaufen, darunter Schokolade, Seidenstrümpfe und so weiter. Vielleicht war ich naiv, doch ich kann mich wenig an feindlich aussehende Franzosen erinnern. Wir fuhren allein und ohne Waffen zum nahe gelegenen Mittelmeer zum

Im August 1943 wurde ich zur Luftwaffe einberufen. Das Foto zeigt mich während eines Urlaubs als Luftwaffensoldat.

Baden. Wir gebrauchten öffentliche Verkehrsmittel. Eine lustige Geschichte bleibt mir in der Erinnerung. Da Wasser in der Kaserne knapp war, dachte ich, dass ich mein Haar im Meer waschen könnte. Doch, oh Schreck, oh Graus, die Seife blieb im Haar stecken und konnte erst nach Tagen mit regelrechtem Wasser herausgewaschen werden. Ich hatte nicht daran gedacht, dass das Mittelmeerwasser so salzreich war.

Früher hatte ich entweder im salzlosen Drewenzsee in Osterode oder der salzarmen Ostsee gebadet.

Ein anderes Erlebnis aus dieser Zeit haftet in meinem Gedächtnis. Es war Wochenende. Ich hatte Heimweh. So ging ich in die Kantine und ertränkte mein Heimweh in gutem französischem Rotwein. Der Erfolg blieb nicht aus. Kameraden trugen mich auf die Bude. Zogen mich splitternackt aus und verfrachteten mich auf den dritten Stock des Bettgestells. Als dem Unteroffizier vom Dienst um Mitternacht Meldung gemacht wurde, dass alle Stubenkameraden anwesend waren, konnte ich nicht, wie es üblich war, auf- und geradestehen. Kein Befehl konnte das ändern. So musste ich mich am kommenden Montag in voller Uniform beim Kompaniechef wegen Befehlsverweigerung melden. Doch der Chef hörte sich meinen Bericht an, lächelte und entließ mich mit der Mahnung, dieses Ereignis nicht zu wiederholen. Nach der Grundausbildung ging es nach Pas de Calais, wo wir Baustellen der Vergeltungswaffen V1 und V2 zu bewachen hatten. Einquartiert wurden wir in einem kleinen Dorf in Bauernhäusern. In meinem Fall, da ich auch hier wieder wegen meiner Sprachkenntnisse eine Sonderstellung, nämlich die eines Postmenschen und Kuriers erhielt, durfte ich in einem kleinen Bauernhaus wohnen. Ein Kamerad und ich bewohnten ein Schlafzimmer im Haus. Neben uns schliefen Großeltern und Michelle, ein achtjähriges Mädchen. Abends saßen wir um den in der Mitte der Küche stehenden Ofen herum und rösteten Toast und sprachen miteinander. An einem Abend fragte ich Grandpère, was er über uns als deutsche Soldaten hier im französischen Land dachte. Seine Antwort: Er wüsste, dass, genauso wie viele andere Soldaten verschiedener Nationen, die in seinem Haus gewohnt hätten, wir auch lieber zu Hause und in Frieden leben würden.

Er hätte keinerlei Hassgefühle gegen uns. Auch wir hatten keine Hassgefühle gegen unsere „Gastgeber". Schon damals fand ich, dass es auch in Kriegszeiten möglich war, Brücken zwischen Menschen verschiedener Nationen zu bauen. Die nächstgelegene Stadt war St. Omer, wo wir regelmäßig in einem Estaminet aßen, wo die Eigentümerin manchmal sagte, dass es nicht lange dauern würde, dass die Amerikaner und

Engländer da sein würden und dass wir dann herausgeworfen werden würden, worüber wir lachten. Niemand hätte daran gedacht, diese Frau anzuzeigen. Und wieder nach einem halben Jahr, im Pas de Calais, ging es in den Süden Frankreichs, dieses Mal in die Charant Gegend, wo Cognac herkommt. Dort wurden wir in ein Château einquartiert. An Wochenenden durften wir die Fußwege im Schlossgarten harken. Die Besitzer wohnten in einem Nebenhaus und fraternisierten mit den Offizieren. Unsere Aufgabe war, die viermotorigen Heinkel 222 Flugzeuge zu bewachen, von denen man erwartete, dass sie eines Tages nach New York würden fliegen können, was niemals geschah.

Möser

Lieber Armin,

in Ostpreußen war es bis Oktober 1944 noch ruhig und niemand ahnte, was auf diesen Landstrich zurollen würde! Es gab noch die Oase des menschlichen Umgangs miteinander, frei von Völkerhass und überzogenem Deutschbewusstsein. Dein Vater prägte dich durch sein Verhalten, und als du in den Krieg ziehen musstest, war durch den Tod Dieters und die gelebte Toleranz deines Vaters ein Grundstein für deine spätere Entwicklung gelegt. Ich war inzwischen nach Hause zurückgekehrt. Arbeitsdienst und Kriegshilfsdienst lagen hinter mir, aber an den Beginn eines Studiums war nicht zu denken. Zwei von uns neun Musen studierten bereits. Sie hatten durch eifriges Bemühen ihrer beziehungsreichen Väter eine Befreiung vom Arbeitsdienst erlangt. Bei meinem von der Nazi-Ideologie geprägten Vater mit preußischem Pflichtbewusstsein wäre dies nie in Frage gekommen. So hatte er meine weitere Zukunft schon in seinem Sinne geplant und er stellte mich vor vollendete Tatsachen. Er hatte sich an einen ehemaligen Studienfreund gewandt, der in Posen Chefarzt eines großen Krankenhauses war. Diesem Krankenhaus war eine staatlich anerkannte Krankenpflegeschule angeschlossen. Dort wollte er mich unterbringen. Einmal verband er damit die Hoffnung, dass ich mich durch Kennenlernen der Materie späterhin doch noch zu einem Medizinstudium entschließen könnte, zum Zweiten fand er Zucht und Ordnung einer solchen Schule für mich in diesem Kriegsgeschehen als angemessen. Ich bekam gar nicht die Möglichkeit, eigene Vorstellungen zu äußern, die Autorität der Eltern funktionierte noch weitgehend. Während ich früher mein Zuhause als eine Stätte gutbürgerlicher Ordnung bezeichnen konnte, glich das Haus jetzt eher einer Herberge. Die Verwandten waren geblieben, weil die Bombenangriffe im Ruhrgebiet nicht aufhörten, die wechselnden Militäreinquartierungen hatten zugenommen, Besuch von deren Angehörigen wurde vorm Fronteinsatz privat erbeten, Ausgebombte wurden vorübergehend untergebracht, Verwandte kamen auf der Durchreise zur Front oder zu irgendeinem Einsatz, Hilfesuchende wurden weitervermittelt oder bei uns aufgenommen. Die Tante arbeitete bis zur Erschöpfung. Mein Bruder hatte sein Quartier oben auf dem Boden im Bügelzimmer aufgeschlagen, es gab Provisorien, die es früher nicht gegeben hatte. Am großen Mittagstisch saßen oft die verschiedensten Gäste und Tante zauberte immer wieder etwas auf den Tisch. Beim Gang durch die Stadt traf ich so viele Menschen in tiefer Trauer. Ich erfuhr, dass die meisten Jungs aus unserer Tanzstunde gefallen waren, von meiner Jugendliebe gab es keine Nachricht, ein lieber Musizierfreund hatte sich durch Fallschirmabsprung retten können, war aber in einem Moor gelandet und elend umgekommen. Eine Welle von menschlichem Leid kam auf mich zu und ließ mich nicht los. Es gab wieder jenen krampfartigen Schmerz, der durch den ganzen Körper flutete, für den es keine Auflösung gab. Ein Gefühl, als ob man nicht mehr atmen könne, als müsse alles stillstehen. Es gab Einschränkungen verschiedenster Art, so wurden zum Beispiel Autos, die nicht für volkswirtschaftliche Zwecke oder Notfälle gebraucht wurden, konfisziert. So wanderte unser schöner Sport-Mercedes in diese Sammelaktion. Das war aber erst der Anfang solcher Beschlagnahmungen. Mein Vater hatte schriftlich eine Einladung zu einer Auktion bekommen. Er fuhr mit Mutter nach Berlin und kurz nachdem sie wiederkamen, wurden verschiedene Kostbarkeiten angeliefert. Es war ein großer Intarsiienschrank von beachtlichem Wert, zwei Ölgemälde mit prunkvollen Rahmen, ein Service für 24 Personen, das dazugehörige Silber und ein siebenarmiger Leuchter, die Menora, ein jüdischer Kultgegenstand. Ich hatte keine Ahnung, was das bedeutete, erst als es zu immer wiederkehrenden Diskussionen zwischen den Eltern kam, wurde ich hellhörig. Bei dieser Auktion war jüdisches Eigentum versteigert worden, wobei betont worden war, dass dies von Ausreisewilligen stamme. Zu dieser Auktion waren nur Parteigenossen zugelassen. Bei beiden herrschte ein ungutes Gefühl, welches sie immer wieder beschwichtigten mit der Feststellung: „Wenn wir es nicht nehmen, nimmt es ein anderer!" Ich hatte noch keine Meinung dazu, mich bewegten zu dieser Zeit ganz andere Probleme, aber es gab so ein unbestimmbares Unwohlsein wie beim Kauf von Swetlana. Es gab grenzwertige Gewissensentscheidungen, die allgemein beschwichtigt wurden und die eine Auflockerung der Moral beinhalteten, über die niemand nachdachte. Mein Bruder war im Gegensatz zu mir, was die erzieherischen Schwierigkeiten anbelangte, unauffällig. Außer typischen Jugendsünden, dem trotzigen Verhalten in der Pubertät und einer sagenhaften Faulheit, gab es da nichts. Ich hingegen war das Sorgenkind. Durch die Dienststrafe hatte sich ja bestätigt, dass nicht nur die Eltern zu einem negativen Urteil gekommen waren, sondern völlig neutrale Personen außerhalb der Familie. Ich hatte einen Stempel, der mich nie wieder verließ. Von Jürgen war 1943 ein Brief aus Finnland gekommen. Er schilderte begeistert, dass er den Komponisten Jean Sibelius aufgesucht hatte und ein längeres Gespräch mit ihm haben durfte, und er beschrieb die Schönheit der finnischen Seenlandschaft so intensiv und erwähnte mit keinem Wort seinen Einsatz bei der Waffen SS. Gerade diese völlige Enthaltsamkeit des Berichtens ließ mich aufhorchen. Soweit kannte ich ihn. Dieses Schweigen war ein innerer Notruf. Viel später sollte ich erfahren, dass ich es richtig bewertet hatte. Ich hatte inzwischen mein Bündel geschnürt und war nach Posen gefahren. Nun sah ich diese Stadt endlich einmal richtig. Im Krankenhaus mit anschließendem Schwesternhaus wurde ich freundlich empfangen. Das Krankenhaus war ein schöner Bau in tadellosem Zustand und das Schwesternhaus war eine Überraschung. Ein neues Gebäude, auf das Modernste und Schönste eingerichtet. Im unteren Bereich gab es wunderschöne Aufenthaltsräume mit hellen Teppichböden, gediegenen Möbeln, geschmackvoller Raumgestaltung. Es war ein rundes Musikzimmer da mit einem neuen Markenflügel. Im oberen Bereich waren Einzelzimmer, jeweils mit Dusche und WC für die alten Schwestern, die hier ihren Lebensabend verbrachten. Ganz oben gab es hübsche Mansarden, die sich jeweils drei Schwestern teilen mussten. Alles war äußerst gepflegt. Leiterin des Heimes und der Schwesternschaft war Freifrau v. S. Daneben gab es eine Unterrichtsschwester und eine Hausschwester. Die Leitung der Schule oblag den Ärzten. Der Geist in der Schwesternschaft war nahezu preußisch-monarchistisch. Die alten Damen konnten ja alle unsere Großmütter sein! Bei Frau Oberin mussten wir knicksen wie in Kindertagen, mussten in devoter Haltung, in drei Meter Abstand vor ihrem Schreibtisch stehen zum täglichen Rapport. Die Hausschwester war für die Ordnung im Haus und für unsere Kleidung verantwortlich. Die Schwesternschaft war dem Roten Kreuz angeschlossen, hatte aber noch die Tracht einer evangelischen Ordensgruppe aus dem Ersten Weltkrieg. So trugen wir knöchellange graue Kleider mit gesteiften weißen Kragen und Hauben. Für Feiertage gab es eine vornehme, dunkelblaue Tracht. Im Sommer trugen wir eine Pelerine und einen dunkelblauen Haubenschleier, im Winter einen knöchellangen, blauen Mantel mit Kapuze. Fast täglich wurde unsere Kleidung einer Kontrolle durch die Hausschwester unterzogen, wobei es streng untersagt war, die Kleider auch nur einen Zentimeter zu kürzen. Wie im Arbeitsdienst wurde täglich die Ordnung im Zimmer kontrolliert, wobei alle Mängel auf einem Zettel vermerkt wurden, der auf dem Bett lag. Die Wäsche im Schrank musste hier nicht zentimetergenau gestapelt werden, sondern millimetergenau. Die Unterrichtsschwester war eine äußerst gebildete Frau von unnahbarer Strenge. Mein Zimmer teilte ich mit zwei Berlinerinnen, Christiane und Marie, mit denen ich in der nächsten Zeit durch dick und dünn gehen sollte. Der Unterricht machte mir viel Spaß, ich hatte da gar keine Probleme. Es machte sich natürlich bemerkbar, dass ich im Arzthaushalt aufgewachsen war und in unserem häuslichen Leben immer eine enge Praxisnähe bestanden hatte. Wir mussten alle Fachstationen durchlaufen, unter Anleitung der jeweiligen Stationsschwester, und jede Einzelne von uns wurde gewissenhaft angeleitet, geschult, geprüft und wieder geprüft. Die Zeit im OP machte mir besondere Freude, mir machte es absolut nichts aus, bei den Operationen zuzusehen und es gab Augenblicke, in denen ich ein späteres Medizinstudium in Erwägung zog. Obgleich der Krieg um uns tobte, war die Front noch weit und die Siegeszuversicht noch nicht geschwunden. Frau Oberin machte immer ein vielversprechendes Gesicht, wenn sie von „des Führers Wunderwaffe", der V2, sprach. Im Krankenhaus gab es noch keinen einzigen Verwundeten, wir waren noch ein reines Zivilkrankenhaus. Außerhalb der Stadt gab es ein Luftwaffenlazarett, aber davon merkte man nichts. Es gab noch Privatpatienten erster Klasse. Da war zum Beispiel ein hochrangiger Parteimensch, der sich über mich beschwerte, weil ich das Krankenzimmer nicht mit „Heil Hitler" betrat. Ich wurde daraufhin zu Frau Oberin zitiert und sie fragte mich: „Warum wenden Sie den Deutschen Gruß nicht an?" Ich erwiderte, dass ich einem kranken Menschen lieber einen guten Morgen wünschen würde. Darauf meinte sie: „Dann wünschen Sie dem Patienten einen guten Morgen und anschließend sagen Sie: 'Heil Hitler'!" Ich fand es nahezu lachhaft, an einem Krankenbett zu stehen, den Arm hochzureißen und jenen Gruß zu sagen. Nach den Erfahrungen in Hohensalza war mir das restlos vergangen. Eine erfreuliche Patientin war die Primaballerina vom Posener Opernhaus. Sie war liiert mit dem Dirigenten und schenkte mir aus Dankbarkeit Opernkarten. Ich sah Richard-Strauß-Opern, Ariadne auf Naxos, Elektra, den Rosenkavalier und die Salome, außerdem gab es eine Matinee mit Strauß-Liedern. Ich hatte mit Werken von Richard Strauß noch keine Berührung gehabt, und es wurde zu einer großen Bereicherung meines musikalischen Empfindens, eine Erweiterung meines musikalischen Fühlens. In den Freistunden eroberte ich mir Stück für Stück die Stadt meiner Ahnen. Ich fand in der Fischerstraße noch das vom Großvater erbaute Haus und ich fand auf dem Friedhof noch das Grab einer Großtante. Auch die Schulen standen noch. Es bedeutete mir sehr viel, hier zu sein. Obgleich die verlorene Schlacht um Stalingrad alle Menschen bewegte und bedrückte, kamen immer wieder optimistische Sondermeldungen von einzelnen Frontabschnitten. Es gab schon einige Menschen, die im stillen Kämmerlein den so oft gepriesenen Endsieg Hitlers bezweifelten. Es war lebensgefährlich, dies zu äußern. Das galt als „Volksverhetzung". Es gab aber besonders viele junge Menschen, die ihrem Führer bedingungslos glaubten und mit diesem Glauben auch die Opferbereitschaft verbanden, für ihn und das „heilig Vaterland" ihr Leben zu lassen.

Mein Bruder war inzwischen von der Schulbank weg, mit „geschenktem" Abitur als Luftwaffenhelfer eingezogen worden. Vorher hatte man ihm noch den Posten des Spielscharführers entzogen, es hieß, er hätte mangelndes rassisches Bewusstsein. Dies bezog sich auf den Halbjuden, den er in seinem Orchester hatte. Alles Nazi-Gedankengut, was in der Anfangszeit so nebenher gelaufen war, wurde von vielen Menschen verinnerlicht und zum Lebensgrundsatz erhoben. So wurde es sehr gefährlich, abweichende Vorstellungen zu äußern oder gar ein Andersdenkender zu sein. In meinem Elternhaus musste Swetlana aus dem Zimmer der beiden deutschen Hausmädchen entfernt werden, weil es verboten war, aus rassischem Bewusstsein das Zimmer mit einer Polin zu teilen. Offiziell wurde ein Bett auf dem Hausboden aufgestellt, aber in Wirklichkeit teilte Swetlana nach wie vor das Zimmer mit den beiden Mädchen. Was mich bei allem so irritierte, war eine gewisse Inkonsequenz meines Vaters. Auf der einen Seite war er für Hitler, auf der anderen Seite arbeitete er dagegen, ohne sich dessen bewusst zu sein. Genauso, wie er in seiner Haltung mir gegenüber als Vater eine für mich unverständliche Haltung einnahm, weil sie rein emotional gesteuert war, genauso wenig nachvollziehbar war seine Verhaltensweise in dieser Hinsicht. In Posen waren die ersten Verwundeten ins Zivilkrankenhaus eingeliefert worden. Zuerst wurde blauäugig gesagt: „Da räumen wir ein Zimmer", daraus wurde dann ganz schnell eine Station, und aus der Station wurde das Krankenhaus. Es wurde Schlag auf Schlag belegt mit Verwundeten. Dann wurden die Gänge und Nebenräume belegt. Es gab Engpässe bei der Versorgung mit Verbandstoff und schmerzstillenden Medikamenten. Aufgestellte, unantastbare Regeln wurden über den Haufen geworfen. Zu diesem Zeitpunkt bekam ich einen Brief aus Berlin. Mein Vetter Konrad war auf der Straße von einer Splitterbombe tödlich getroffen worden, als er aus der Bratschenstunde kam. Jetzt waren schon zwei aus dieser sangesfreudigen Familie von uns gegangen. Dieter fuhr zur See und wusste noch gar nichts von dem Verlust seines Bruders. Seine Mutter stand hilflos, wehrlos mit ihrem Schmerz im zerbombten Berlin. Ich erhielt drei Tage Sonderurlaub, um an der Beisetzung teilnehmen zu können. Es war im Winter 1944 ein Problem, von Posen nach Berlin mit dem Zug zu fahren. Aus Richtung Osten kamen mit Soldaten vollgepferchte Züge an, die ein Einsteigen unmöglich machten. Einige fröhliche Landser zogen mich durch das Fenster in den Zug, in dem wir wie die Sardinen in der Büchse standen. Unterwegs waren die Züge ständig Tieffliegerangriffen ausgesetzt. Trotz dieser Probleme gab es scherzhafte Bemerkungen von allen Seiten, der sprichwörtliche Galgenhumor gewann die Oberhand, und am Ende stieg jeder in Berlin mit gestärktem Gemüt aus. Wie sich nun zurecht finden in einer so ausgebombten Stadt? Ganze Verkehrsstrecken fielen aus und mancher Urberliner kam ins Grübeln, wenn er nach einer Wegstrecke gefragt wurde. Da gab es wieder diesen unsterblichen, unnachahmlichen Berliner Humor: „Haste een Kompass, da kiekste nach, welche Hümmelsrichtung du willst, und denn immer druff los mitten mang de Trümmer!" Ich landete tatsächlich in der S-Bahn-Haltestelle Rahnsdorf/Erkner und fand den Weg zum Woltersdorfer Friedhof. Dort traf ich meine Berliner Tante und meine Eltern sowie meinen Breslauer Vetter, der auf der Militärärztlichen Akademie tätig war. Mit tiefem Schmerz nahmen wir Abschied von diesem sonnigen, vielversprechenden Jungen. Die Ostfront rückte bedenklich näher und mein Vater wusste, dass ich bei meiner Rückfahrt nach Posen genau in den Schlamassel hineinfuhr, aber er zuckte nicht mit der Wimper beim Abschied. Für ihn war es klar, jeder musste an seinem ihm zugewiesenen Platz seine Pflicht erfüllen. Ende der Durchsage.

Reisterstown

Es war hier im schönen südfranzösischen Jarnac/Charente, dass wir den Beginn der Invasion am 6. Juni 1944 erlebten. Die Invasion kam für uns unerwartet. Da der 6. Juni ein Sonntag war und da es in unserer Einheit üblich war, an seinem Geburtstag frei zu bekommen, habe ich mich gefreut, in einem guten französischen Restaurant zu essen. Doch die Alliierten verdarben mir diesen Spaß. Ich musste auf gutem Kartonpapier mit farbiger Tinte eine Zeichnung anfertigen, wie das Schloss verteidigt werden könnte: vier Maschinengewehre auf jeder Ecke des Schlosses. Aber die Einheit besaß kein einziges Maschinengewehr! Man schickte uns nicht an die Invasionsfront, sondern nach wenigen Wochen zur Flugzeugführerdoppelschule A 125 nach Neukuhren an der Ostsee. Hier ging das Schulleben weiter. Bei schönem Wetter ging es zum nahe gelegenen Strand. Man sonnte sich, schwamm, flirtete mit Nachrichtenhelferinnen oder anderen Mädchen. Königsberg erlitt einen schweren britischen Bombenangriff. Doch wir erfuhren kaum etwas vom Ausmaß der Zerstörungen und der menschlichen Verluste. An Fliegen war nicht zu denken. Der knappe Brennstoff reichte nicht einmal mehr für die Luftwaffe, die im Einsatz war, oder für andere motorisierte Einheiten. Ich erlebte hier den 20. Juli 1944. So um sechs Uhr abends hieß es Alarm, Alarm, Alarm. Die Einheit sollte sofort auf dem Exerzierplatz antreten, und zwar in voller Uniform. In wenigen Worten berichtete der Kommandeur, was im Führerhauptquartier geschehen sei. Ein Attentat sei auf den Führer verübt worden. Da wir nur etwa 150 Kilometer vom Führerhauptquartier entfernt lagen, sollten wir uns für einen eventuellen Sondereinsatz zm Schutz des Führers bereithalten. Mit diesen Worten wurden wir entlassen. Niemand von uns sagte ein Wort. Niemand verurteilte die Tat. Vielleicht dachte mancher von uns, wenn der Führer diesem Attentat zum Opfer gefallen wäre, dass der Krieg dann zu Ende sein würde und wir endlich wieder ein normales Leben haben würden. Das Schulleben ging weiter.

Es waren die Ereignisse um den 20.Juli 1944, die mich einige Jahre nach dem Krieg motivierten, mich gründlich mit allen Aspekten des deutschen Anti-Nazi/Hitler Widerstandes auseinanderzusetzen. Dies schien mir als besonders wichtig, da gerade in den ersten Jahren nach dem Zweiten Weltkrieg für viele US-Amerikaner das Thema deutscher Anti-Nazi-Widerstand wenig bedeutete. Als Hochschullehrer in Baltimore, etwa eine gute Autostunde von Washington, DC gelegen, hatte ich Zugang zu den Quellen, die den deutschen Widerstand angingen. Das US Office of Strategic Services war gut über den deutschen Widerstand informiert. Berichte von Allen Welsh Dulles, dem Chef de OSS in Europa, flossen regelmäßig nach Washington. Meine Forschungen auf diesem wichtigen Gebiet führten später zu öffentlichen Vorträgen und Publikationen in den USA, Deutschland, Frankreich und Polen. Noch heute beschäftige ich mich mit diesem wichtigen Ereignis in der deutschen Geschichte des zwanzigsten Jahrhunderts.

Als die Sowjetarmee sich den Grenzen Ostpreußens näherte, schickte man uns Neunzehnjährige nach Burg bei Magdeburg. Anscheinend betrachtete man uns immer noch als wertvolles „Menschenmaterial", das man erhalten müsse. Während meiner Magdeburger Zeit wurde ein Teil der Stadt Magdeburg durch Bomben zerstört. In einem sogenannten Schutzgraben sitzend, sah ich etwa tausend silbergraue Bombenflugzeuge nach Magdeburg fliegen. Trotz der Entfernung war die Luft von einem starken Zischen erfüllt. Die Stadt war schwer getroffen. Nicht ein einziges deutsches Flugzeug war am Himmel zu erblicken. Ende August oder Anfang September gab man die Gedanken der Erhaltung unseres Lebens auf und machte uns zu Feldartilleristen oder Infanteristen. Es dauerte nicht lange, dass ich mich im Großkampfeinsatz, wie man das damals nannte, an der Ostfront bei Schlossberg/Ebenrode/Ostpreußen wiederfand. Wir sollten die ostpreußische Heimat gegen die Sowjetarmee verteidigen. Tatsächlich gelang es nach dreiwöchigen Kämpfen, den Sowjetangriff zum Stehen zu bringen. Am letzten Tag dieser Schlacht wurde ich im Nahkampf mit einer usbekischen Einheit verwundet. Ich verlor einen Teil des Gesäßes. Glück war an meiner Seite.

Hätte ich dem usbekischen Rotarmisten meine Vorderseite zugewandt, dann hätte ich einen tödlichen Bauchschuss erlitten. Nie werde ich das bärtige Gesicht des usbekischen Soldaten vergessen. Er war genauso verängstigt wie ich. Und „verängstigt" ist wahrscheinlich ein zu schwacher Ausdruck. Ich fand den Weg zurück zum Hauptverbandsplatz, in dem Hunderte von Verwundeten in einem Keller auf Erste Hilfe warteten, ohne sie wahrscheinlich zu erhalten. So hinkte ich mit Hilfe von zwei Kameraden weiter in das Gebiet hinter der Front, wobei uns schließlich ein Lastkraftwagen zu einem funktionierenden Verbandsplatz beförderte, wo ich medizinisch versorgt und bald danach in ein Lazarett transportiert wurde. Wenn ich auch schon früher am Sinn des Krieges zweifelte, so wurde die kriegerische Begegnung mit dem Sowjetsoldaten von Usbekistan, der dem deutschen Soldaten gegenüberstand, zu einem Schlüsselereignis meines Lebens. Beide kannten einander nicht. Beide waren in eine Rolle gezwungen, die sie wirklich nicht spielen wollten. Beide wollten leben und nicht sterben. Beide wollten zu Hause sein und nicht in der Fremde. Instinktiv setzte sich in meinem Herzen und Kopf der Gedanke fest, dass, falls ich den Krieg überleben sollte, ich menschliche Brücken bauen würde und mich für den Frieden einsetzen würde. Doch bis ich das in die Tat umsetzen konnte, sollten noch einige Monate, einige Jahre vergehen. Nach Wochen von Angst, Müdigkeit und Schmutz erschien die Genesungszeit mit guter Verpflegung, guter Betreuung, frischem Wasser und weißen Betten wie ein Paradies. Weida und Auma in Thüringen sollten für die Wochen bis Anfang Januar 1945 Orte einer friedlichen Unterbrechung des Kriegseinsatzes sein. Gelbsucht verlängerte meine Genesung. Doch auch hier hatte ich Glück im Unglück in der Person der Schwester Elisabeth, die sich rührend um mich kümmerte und mir half, wieder auf die Beine zu kommen, um ganz fit zu werden und dann an die Front zu kommen. Die Mutter hätte lange auf ihren Sohn gewartet, doch sie konnte nicht länger warten. Sie war im Januar 1945 von meiner Cousine Ilse, die mit ihrem Treck durch Osterode fuhr, mitgenommen worden. So wie Tausende von Flüchtlingen zogen meine Mutter und die Cousine Ilse mit ihren drei kleinen

Kindern, von den sie in der Zwischenzeit durch unglückliche Umstände getrennt wurde und die sie glücklicherweise nach einigen Tagen voller Ungewissheit und Bangen wieder fand, Richtung Westen, um nicht in die Hände der gefürchteten Rotarmisten zu fallen. Einen Schreckensruf gab es damals im Denken und Fühlen vieler Deutscher: „Der Iwan kommt!" Dies flößte große Furcht ein. Die Nachrichten über unbeschreibliche Gräueltaten der Sowjetsoldaten hatten ihre Wirkung. Ilses Mann Karl, Gutsbesitzer von Großkarlshof bei Neidenburg, wurde von den sowjetischen Truppen überholt. Ein Sowjetsoldat erschoss ihn, nur weil er Besitzer eines Gutes war. Ilse landete letztendlich mit ihren drei Kindern und meiner Mutter im nördlichen Hessen, wo sie von Freunden aufgenommen wurde. US-Soldaten besetzten dieses Gebiet. Ilse brachte ihre Kinder in den schweren Zeiten durch. Sie kochte für amerikanische Offiziere.

Möser

Wieder in Posen Ende 1944 angekommen, war nichts mehr wie vorher. Das Krankenhaus glich eher einem Heerlager. Die Verwundeten hatten fast alle Gasbrand, das bedeutete, möglichst hoch über der Wunde zu amputieren. Die Ärzte im OP konnten gar nicht nachkommen und arbeiteten bis zur Erschöpfung. Besonders schlimm waren die Einsätze als Narkoseschwester. Alle Operationen wurden noch mit Äthernarkose durchgeführt und die Patienten reagierten sehr unterschiedlich darauf. So konnte es passieren, dass man den Patienten nicht in den richtigen Tiefschlaf bekam. Am schlimmsten waren alIkoholgewohnte Soldaten. Ich zitterte oft vor dieser Aufgabe und es fiel mir ein Stein vom Herzen, wenn alles störungsfrei über die Bühne gegangen war. Der Schlaf war kurz und fest, wenn nicht Fliegeralarm heulte. Dann mussten wir rennen, um alle Verwundeten in die Keller zu bringen. Jeder Handgriff war geübt und es war eine Meisterleistung, wie schnell wir alle ohne Hektik und Lärm in die Keller bugsierten. Eines Tages hörten wir Geschützdonner. Dieses fortwährende Grummeln war unheimlich. Manche sagten: „Das bildet ihr euch nur ein, so nah kann doch die Front nicht sein!" Und nun geschah das, was ich eingangs meines Buches schilderte, es kam zur Flucht. Frau Oberin hatte noch in einer letzten Ansprache gesagt: „Nehmen Sie nur das Nötigste mit!" Das Nötigste waren meine Bücher. – Die letzten Tage und die Flucht habe ich dir anfangs geschildert. Es war ein Vorgefühl von Apokalypse. Da war ein unbeschreibbarer Endpunkt erreicht. Über eine Strecke kann man noch mechanisch reagieren, es läuft erstaunlich ab. Du stehst neben dir und erlebst, dass alles trotzdem funktioniert.

Reisterstown

Trotz der äußerst bedrohlichen Lage schickte man mich auf Genesungsurlaub zu der Heimatstadt Osterode, wo ich am 20. Januar 1945 in den frühen Morgenstunden per Bahn ankam. Osterode war im Zustand der Auflösung; Meine Eltern waren nicht mehr in ihrer Wohnung in der Dohnastraße 9. Fremde Menschen, Flüchtlinge von anderen Teilen Ostpreußens waren in der Wohnung meiner Eltern, meinem Zuhause, wo ich einen guten Teil meiner Jugend verbracht hatte. Meine Mutter hatte meinen Besuch erwartet. Im Kinderzimmer stand frisch gebackener Kuchen auf dem Schrank, von dem ich einen Teil schnell verschlang. Über dem Klavier im Esszimmer hing ein großes Bild von meinem Bruder. Da ich Angst hatte, dass, wenn die Rotarmisten die Wohnung besetzten, sie auf dieses Bild schießen würden, versteckte ich das Bild hinter dem Klavier. Letztendlich jedoch wurde „unser" Haus zuerst geplündert und schließlich zerstört. In meinem Zuhause war keine Bleibe. So machte ich mich auf den Weg, um mich in der Infanteriekaserne zu melden und eventuell eine Umschreibung meines Genesungsurlaubs nach Zoppot, wo wir gute Freunde hatten, zu erreichen. Auf dem Weg zur Kaserne traf ich auf Dr. Kowalski, meinen ehemaligen Geographielehrer, der mich fragte, wo ich denn hin wolle. Er war in der Uniform eines Majors. Er riet mir, nicht in die Kaserne zu gehen, sondern zu meinem Onkel, der Kommandeur des Volkssturms war und sein „Hauptquartier" in der Kreisleitung hatte. Ich folgte seinem Rat. Ich fand Onkel Walter und auch seinen jüngeren Bruder Onkel Gustav in einer sonderbaren Aufbruchstimmung mit viel Essen und Trinken in der Kreisleitung. Mit allen möglichen Stempeln und Scheinen versehen, brachte er mich auf einem Bus unter, der mit Senioren besetzt war. Diese Senioren waren nicht besonders zufrieden, als sie einen uniformierten Soldaten aufnehmen mussten. Doch als sie erfuhren, dass ich kürzlich verwundet war und mich auf Genesungsurlaub befand, beruhigten sie sich. Sie hatten Angst, dass, falls dieser Bus von sowjetischen Soldaten überrascht worden wäre, sie alle hätten leiden müssen. Nur ganz langsam fuhr der Bus auf eisigen, von anderen Flüchtlingen verstopften Straßen nach Mohrungen, wo ich meinen Vater wähnte, der dort mit einem Teil der Standortverwaltung zunächst unterkommen sollte. Tatsächlich fand ich meinen Vater in einer großen Kaserne wie durch einen Zufall. Wir verbrachten den Rest der Nacht in einem Bett. Wir gaben vor zu schlafen. Tatsächlich waren wir wach und dachten an die völlig unsichere Zukunft, die uns bevorstand. Die größere Möglichkeit war, dass wir uns niemals wiedersehen würden. In den frühen Morgenstunden versuchten wir, wieder auf einer Bürostelle meinen Urlaubsschein umschreiben zu lassen. Doch der diensttuende Oberfeldwebel wollte mich hier in eine Alarmeinheit stecken, was mit Selbstmord gleichzustellen war. Ich erhielt meinen Genesungsurlaubsschein zurück, verabschiedete mich von meinem Vater am 21.1.1945 auf einer Straße in Mohrungen. Die Sowjets waren in schnellem Vormarsch auf die Ostsee zu und damit war dann Ostpreußen völlig vom „Reich" abgeschlossen. Die nächsten Tage ging ich zumeist zu Fuß, manchmal nahm mich ein LKW der Wehrmacht mit in Richtung Westen. Ich erinnere mich an die Stadt Elbing mit vielen Flüchtlingen, sitzend auf ihrem wenigen Hab und Gut vor dem Bahnhofsgebäude. Manche wussten zu erzählen, dass die Sowjettanks bereits in Elbing gewesen wären und dass deutschsprechende Rotarmisten sagten, dass sie keine Furcht vor den Sowjetsoldaten haben sollten. Die Sowjetarmee hatte unter ihren Soldaten deutsche Kommunisten, die bei der Eroberung Deutschlands dabei sein wollten. Von Elbing wanderte ich nach Marienburg, wo man mich in eine Alarmeinheit steckte, darunter Luftwaffen- und Marine-Soldaten, die vom Handwerk des Frontsoldaten keine Ahnung hatten. Man gab uns Gewehre, die zum Teil Beutegewehre waren mit wenig Munition und verteilte uns auf die Festungen außerhalb Marienburgs. Innerhalb des Burghofs der Marienburg versicherte man uns durch einen sogenannten NS-Führungssoffizier des gewissen Endsieges, der unser sei, solange wir tapfer für Führer, Volk und Vaterland kämpfen würden. Es dauerte gar nicht lange, dass die Sowjetarmee mit überwältigenden Kräften uns in alle

Winde trieb. Die sogenannten Alarmeinheiten lösten sich auf, was übrig blieb, waren kleine Haufen von Soldaten, die sich weiter auf den Weg nach Norden und Westen machten. Gefahren bestanden für diese Haufen nicht nur von der Sowjetarmee, sondern auch von den Feldpolizisten, die man „Kettenhunde" nannte. Gefahr bestand auch von fanatisierten SS Soldaten, die ohne viele Fragen jemanden schnell zum Deserteur erklärten und dann standrechtlich erschossen. Unser Haufen hätte beinahe dieses Schicksal erlitten, wenn wir nicht auf dem Wege liegen gebliebene Gewehre aufgehoben hätten und statt einem Gewehr pro Soldat mehrere Gewehre hatten. Dieses überzeugte eine Gruppe von SS-Soldaten, die uns in einem Bauernhaus übernachtend vorfanden, dass wir keine Deserteure, sondern nur versprengte, aber gute Soldaten waren. Nahe gingen wir am Tod vorbei, nicht von Rotarmisten, sondern von deutschen Soldaten der SS. Unser Haufen zog weiter und landete zunächst in einer Dirschauer Kaserne, wo wir wieder Teil einer neuen Alarmeinheit wurden. Für zwei Wochen brachte man uns in polnischen Bauernhäusern unter. Eine Polin musste für die nächsten Tage mit einer Gruppe deutscher Soldaten ihr kleines Haus teilen. Der Älteste von uns, ein gedienter Obergefreiter, nahm sich der Polin an und verliebte sich und verbrachte einige, wie soll ich sagen, angenehme Tage. „Es sehnt mein Herz nach Liebe sich...", wie es in dem Wolgalied so schön klingt. Schnell gingen diese Tage im Februar 1945 zu Ende. Wieder ging es zum Fronteinsatz in der Gegend des westpreußischen Pelplin, wo wir uns auf den Höhen um Pelplin herum eingraben sollten. Doch der Boden war hart gefroren. So war es unmöglich, sich einzugraben. Es war eisig kalt. Man konnte immer nur kurze Zeit ruhen, wenn man in der Mitte von Kameraden liegen konnte. Alle Stunde musste die Stellung gewechselt werden. Es war so kalt, dass einem die Finger am Stahl des Gewehres haften blieben. Die Hände waren so erfroren, dass man die Butter nicht auf das Brot schmieren konnte. Hier wiederholte sich das Schicksal, das wir schon verschiedene Male erlebt hatten. Ich sehe heute noch, wie Sowjetsoldaten auf ihren LKW heranrollten, wie Artillerie und Panzer auffuhren, wie die Sowjetsoldaten sich auf den Angriff auf die deutschen Stellungen vorbereiteten. Artilleriesalven lichteten schnell unsere Reihen, darunter meinen Freund Gerhard Schwentijewski/ Schwentner, der mir noch vor einigen Tagen mein Haar geschnitten hatte, der als Soldat bereits zweimal verwundet war und der mir sagte: „Armin, das dritte Mal werde ich nicht überleben." Und so war es denn auch. Granatsplitter drangen in seine Lunge ein. Er starb in meinen Armen. „Ich hatt einen Kameraden..." Vor seinem Tod bat er mich, da er wusste, dass er sterben würde, ihn durch einen Pistolenschuss zu erlösen. Kurze Zeit danach wurde auch ich verwundet, wurde mit einem Pferdewagen in eine Verbandstelle gebracht, um die durch einen Nahschuss erlittene Wunde im Oberschenkel „rein" zu schneiden. Auch diese Szene werde ich nie vergessen. Ärzte „arbeiteten" in einem Keller, von dessen Decke eine Birne den Raum erleuchtete. Der Raum war so begrenzt, dass man im OP auf einer Holzbank wartete, bis man auf einen Tisch gehoben wurde, auf dem die Operation stattfand. Ärzte mussten schnell einen Verwundeten nach dem anderen „behandeln" und konnten nicht lange auf die Wirkung der Narkose warten. Ich erinnere mich noch heute des Schmerzes, als man in meinen Oberschenkel schnitt. Und dann ging es wieder auf einem Leiterwagen, von Pferden gezogen, zur nächsten Bahnstation, wo wir in Güterwagen mit Strohschütten verladen wurden ohne jegliches Pflegepersonal, ohne jegliche Verpflegung. Nach stundenlanger Fahrt landeten wir in der Danziger Gegend auf einem Abstellgleis. Mit einem Mal war es ganz ruhig. Die Lokomotive hatte uns abgehängt. Hier kann man wirklich von „Friedhofsstille" sprechen. Niemand kümmerte sich um uns. Nach Tagen des Hungerns, Durstens und Frierens hörte ich, wie eine Lokomotive an unseren Zug gekoppelt wurde. Und bald fanden wir uns im Hafenviertel der Stadt Gotenhafen/Gdingen. Wir wurden auf ein Flüchtlingsschiff verladen, ich mit Hilfe eines Hebekrans. Während die Verladung stattfand, griffen sowjetische Flieger den Hafen an. Doch in der kleinen Kabine, mit vielen Verwundeten und Flüchtlingen überbelegt, fühlte man sich sicher und aufgehoben. Wir wussten nicht, dass Wochen zuvor ein sowjetisches Unterseeboot deutsche mit Verwundeten und Flüchtlingen/Vertriebenen belegte Schiffe versenkt hatte. Nach vielen Jahren hat der Danziger Günter Grass die Geschichte des Untergangs der „Wilhelm Gustloff" in seinem Buch „Krebsgang" geschildert. Die Januarausgabe 2005 der populärsten US-amerikanischen Publikation „The National Geographie" brachte die Geschichte der „Gustloff".

Unterwegs Gestorbene wurden der Ostsee übergeben. Im „Bett" unter mir lag ein verwundeter Studienrat, mit dem ich mich in wachen Stunden über Cicero und Cäsar, über römische Geschichte unterhielt. Des Schiffes Zielort war Kopenhagen. Wir kamen von der Hölle in ein Paradies – oder so erschien es uns zumindest. Die ehemalige Kopenhagener „Koopmanns school" diente als Reservelazarett. Kopenhagen kam uns wie eine vergangene Welt des Friedens vor. Keine Zerstörungen, Straßenlampen, gutes Essen, saubere Betten, gute Versorgung, gute Schwestern, zum Teil Dänen, die uns Extraverpflegung, in Form von Milch und Kuchen besorgten. Ende März/Anfang April wurden wir von Kopenhagen nach Lübeck verlegt, wo man uns wieder in den Einsatz schicken wollte. Ich bekam einen dick angeschwollenen Fuß, der in keinen Schuh passte und eine hohe Temperatur, die auf Wundfieber wies. Ein Stabsapotheker, der als Arzt fungierte und ein entfernter Verwandter war, ordnete an, dass ich sofort in ein Lübecker Lazarett eingeliefert wurde. Und es war hier, dass sich zwei Menschen trafen, dass sich hier zwei Leben kreuzten, die unmittelbar eng miteinander verbunden waren, die sich im Sommer 1945 voneinander trennten, um sich im Jahre 2004 über den Atlantik und durch die moderne Technologie, den Computer, wiederfanden.

In meiner Krisenzeit pflegtest du, liebe Hanne, mich wieder gesund. Mit dir sprach ich über Dinge, die uns nahe standen. Wir sprachen über deutsche Dichter und Denker, wir sprachen über das „unvergängliche Deutsche", über das Positive, das Deutsche der Welt gegeben hatten. Du schenktest mir damals Kleists Michael Kohlhaas, welches das erste Buch in meiner Bibliothek werden sollte, ein Buch, das noch heute unter meinen Schätzen ist. Es war hier in Lübeck, dass wir gemeinsam das Ende des Krieges erlebten! Gemeinsam hörten wir die Nachricht vom „Heldentod des Führers". Es gab Menschen, die sich nicht vorstellen konnten, dass ein Leben ohne den Führer möglich war, ein Beweis für die Wirksamkeit der nazistischen Propaganda.

Mit verbessertem Gesundheitszustand wurde ich in ein neues Lazarett verlegt, wo ich wieder Glück hatte, von guten Schwestern, Schwester Gudrun und estnischen Schwestern, betreut wurde. Da ich im Gymnasium gute Englischkenntnisse erworben hatte, betätigte ich mich im Lazarett als Englischlehrer. Auch nutzten mir die Englischkenntnisse, mich mit englischen Besatzungssoldaten zu unterhalten. Wir bauten wenige Monate nach dem Krieg Brücken zwischen Siegern und Besiegten.

Möser

Jetzt begann deine Lebensphase, die dich in einen ähnlichen Gemütszustand versetzte wie mich. Du erlebtest diesen Zustand des inneren Verharrens, diese ausgeblutete Leere, dieses Erlahmen, das du als Lähmung empfandest. In dieser Verfassung begegneten wir uns. Du wurdest mein Patient im Nachtdienst. April 1945: im Lübecker Krankenhaus auf der Kronsforder Allee. Gerettet! Und doch nicht. Der geschundene Körper wehrte sich noch einmal und es gab für mich einen Augenblick des Zweifelns, ob du es schaffen würdest. Das Bedürfnis, sich mitzuteilen, war in uns beiden gleich stark, und es war beglückend, wieder einmal Worte hören oder sprechen zu können, die über den Erlebenskreis hinausgingen. Wieder da andocken, wo die Seele zu Hause ist. Wir hörten gemeinsam am 30. April 1945 die Mitteilung über den Tod Hitlers und für mich stand fest, dass ich neue Wege beschreiten würde. Als ich eines Abends über das Krankenhausgelände ging, hörte ich Klänge von Kammermusik. Ich blieb wie angewurzelt stehen. Das war H-Dur Brahms, ein Trio, was zu Hause oft gespielt wurde. Ich lief begeistert den Klängen nach und entdeckte durch die Fensterscheiben des Ärztecasinos drei Ärzte, die mit Hingabe musizierten. Endlich konnte ich weinen und ich war seit langer Zeit wieder bei mir selbst. Am nächsten Tag sprach ich bei der Musikhochschule Lübeck vor und bekam einen Termin für die Aufnahmeprüfung. Ohne vorher üben zu können, war das nicht so einfach. Die A-Dur-Sonate von Mozart und die Träumerei von Schumann brachte ich noch zusammen und zu meiner großen Freude hatte ich bestanden. Nun musste ich Anfang Mai 1945 bei meiner Schwesternschaft kündigen und ich musste mir eine eigene Bleibe suchen. Bevor ich das alles abwickeln konnte, erlebte ich noch nach dem Kriegsende die erste Inspektion des Krankenhauses durch die Engländer. Frau Oberin hatte uns vorher alle zu sich befohlen und streng ermahnt, auf keinen Fall den Engländern gegenüber den Deutschen Gruß anzuwenden. Ich ging durch das parkähnliche Gelände des Krankenhauses und traf die beiden Oberinnen. Freifrau v. S. hatte mich ja seinerzeit in Posen gerügt, weil ich den Gruß nicht angewandt hatte. Jetzt, da ich plötzlich vor den beiden Damen stand, lief etwas quer bei meinen Assoziationen; ehe ich überhaupt denken beziehungsweise reagieren konnte, hatte ich den Arm hochgerissen und gegrüßt. Ich hätte in den Erdboden versinken können. Wie konnte mir das passieren! Ausgerechnet ich hatte mich gedrückt vor dem Gruß, wo ich konnte. Ich muss dazu sagen, dass ich ihn nicht bewusst aus ideologischen Gründen ablehnte, nein, es war einfach so, dass ich die Art der Begrüßung für mich unakzeptabel fand. Die bewusste Ablehnung aus Überzeugung setzte erst später ein. Aber dieses Erlebnis ermahnte mich, gründlich über alles nachzudenken. Bei meiner Abmeldung verlangte das Rote Kreuz, dem ja die Schwesternschaft angeschlossen war, die gesamte Bekleidung zurück. Aber ich hatte ja nur diese Art der Bekleidung, ich hatte ja keine Zivilkleidung. Als Frau Oberin befohlen hatte, nur das Nötigste auf die Flucht mitzunehmen, hatte ich zu den Büchern gegriffen, und nun stand ich da! Aus einem geblümten Wäschebeutel, den mir jemand schenkte und einem ausgedienten Rock setzte sich meine Bekleidung zusammen. Nun fehlte noch ein Mantel. Die verwundeten Soldaten von meiner Station klauten eine Militärdecke und aus dieser nähten liebe Mitmenschen mir einen Mantel. Ich selbst hatte da zwei linke Hände. Mit der Beschaffung eines Quartiers war es noch schwieriger, ich kannte ja niemanden. Mein Vetter Dieter hatte mir mal erzählt, dass er in Lübeck eine alte Dame kennengelernt hatte, die aus Posen stammte und die unsere Großeltern gekannt und sehr geschätzt hatte. Nach dieser alten Dame suchte ich. Ich fand sie, und als ich mich vorstellte, öffnete sie ihre Arme und empfing mich wie eine nahe Verwandte. Ich durfte auf dem Dachboden in einer kleinen, abgeteilten Mansarde schlafen, und sie bot mir Unterkunft ohne Bezahlung für die erste Zeit an. Ich besaß ja auch keinen Pfennig Geld. Zum Frühstück schenkte sie mir oft eine Scheibe trockenes Brot mit Rübensirup, mittags lieh sie mir einen Topf, damit ich damit zur Volksküche gehen konnte, um mir dort Essen abzuholen. Die Weichen für mein neues Leben waren gestellt.

Reisterstown

Nach der Entlassung vom Lazarett kam ich in eine etwa vierwöchige Gefangenschaft bei den Engländern. Wir wurden in einem großen Lager untergebracht. Lager hieß eine Scheune auf einem Bauernhof. Essen und Trinken gab es wenig und unregelmäßig, sodass wir uns selbst verpflegten, indem wir Mohrrüben und Kartoffeln von nahe gelegenen Feldern ausgruben, um diese dann mit Hilfe von Kochtöpfen und Feuer essbar zu machen. All dies war uns streng verboten. Nach etwa einem Monat entließen uns die Engländer aus der „Gefangenschaft", in der ich „richtige Engländer" nur bei der Entlassung sah. Letztendlich fand ich in der Lübecker Ochsenkoppel bei Herrn Möller ein zeitweiliges Zuhause. Herr Möller besaß ein kleines schmuckes Häuschen. Er war Witwer. Sein einziger Sohn war in der Sowjetunion vermisst. Herr Möller und ich wurden gute Freunde. Woran ich mich noch stark erinnere ist, wie wichtig das Essen war. Nach diesem entbehrungsreichen Krieg war ich total deprimiert, als ich beim Milchholen stolperte und die Milch auf die Straße lief. Oft wurde ich eingeladen von freundlichen Nachbarn. Es setzte sich eine erschreckende Bürokratie in Gang. Man musste sich anmelden auf dem Personalamt, man musste sich die Lebensmittelkarten abholen, man musste zum Kriegsversehrtenamt gehen, um den Kriegsversehrtenausweis zu erhalten. Wenn man reisen wollte, brauchte man eine Genehmigung, um überhaupt eine Fahrkarte kaufen zu können. Ich verdiente mein erstes Geld, ich gab englischen Privatunterricht. Stolz trug ich die ersten Geldbeträge in mein Tagebuch ein. Allmählich fand ich auch wieder Kontakte mit lieb gewordenen Menschen. Durch Suchlisten fand ich mehr und mehr Verwandte, Freunde, Bekannte. Erstaunlich war es schon, dass vieles wenige Monate nach Kriegsende wieder funktionierte, obwohl die meisten Städte in Trümmern lagen. Mir war klar, dass ich studieren wollte, worauf ich mich konsequent durch Lesen vorbereitete. Die Klassiker standen im Vordergrund. Ich hatte wirklich Glück, dass ich bei Vizevater Möller Unterschlupf gefunden hatte, wir kamen gut miteinander aus, ihm gebührt viel Dank. Es war eine solide Nachbarschaft mit guten Freunden/innen und Bekannten. Eines Tages erschien Leon Matiszak, der ehemalige Zwangsarbeiter auf dem Gut meines Verwandten in Heiligenwalde bei Elbing. Er hatte herausgefunden, wo ich wohnte, brachte willkommene Nahrungsmittel und eine Einladung nach einem sog.enannten UNRRA-Dorf, wo Deutsche evakuiert worden waren und jetzt Polen lebten. Dieses Wochenende als Gast bei Leon und seinen Freunden werde ich nicht vergessen. Es gab viel zu essen und zu trinken. Es wurde viel geprostet. Menschen fanden zueinander. Leon versorgte nicht nur mich, sondern auch die Tante und ihre drei Töchter aus Heiligenwalde, wo er während des Krieges als Landarbeiter eingesetzt war. Übrigens zehn Jahre nach dem Kriege besuchten meine Frau Marlene und ich und unser damals zweijähriger Sohn Dieter Herrn Möller in der Ochsenkoppel in Lübeck. Auch hier konnten wir wieder menschliche Brücken zwischen Flüchtlingen, Vertriebenen und Einheimischen und Polen und Deutschen bauen.

Möser

Trotz des Neuanfangs, der alle Kräfte in mir mobilisierte, verfolgten mich die tief greifenden Erlebnisse der letzten Kriegszeit. Ich konnte weder den Deckel daraufmachen oder es abschütteln, wie ein Hund die Wassertropfen. Es arbeitete in mir, und wenn ich nachts nicht einschlafen konnte, durchzogen mich jene eindringlichen Zeilen von Christian Morgenstern: „Ich habe den Menschen gesehen in seiner tiefsten Gestalt, ich kenne die Welt bis auf den Grundgehalt...", soweit zog es durch mein Gemüt wie eine Bestätigung des Erlebten. Aber wenn ich die nachfolgenden Zeilen langsam in mich hineintropfen ließ, konnte ich es nicht bejahen. Da hieß es: „Ich weiß, dass Liebe Ihr tiefster Sinn, und dass ich da, um immer mehr zu lieben bin!" Die Bejahung lag auf meinen Lippen, aber sie kam nicht aus meinem Herzen. Mein bisher gelebtes Leben verweigerte mir die Zustimmung. Lippenbekenntnis ja, Überzeugung nein. Mit diesem stillen Fragezeichen in mir stürzte ich mich voller Begeisterung in mein neues Leben.

In der Musikschule gab es eine wirklich bunte Mischung von Studenten. Es gab kaum einen, der auf regulärem Wege von der Schule aus Anschluss fand, vielmehr kamen die meisten aus dem Krieg oder einem Einsatz; viele waren durch die Verhältnisse bedingt „überaltert". Die Grundkenntnisse waren verblasst oder gar abhanden gekommen, die sozialen Verhältnisse von fast allen waren ganz unten angesiedelt. Aber die Begeisterung war ungebrochen. Ich erhielt Klavierstunden und dazu musste ich üben. In meinem neuen Zuhause stand zwar ein Stutzflügel, aber der stand sozusagen „eingemottet" im guten Salon. Dieser war verdunkelt und für den täglichen Gebrauch nicht zugelassen. Krieg und Einquartierung waren an dem Salon vorbeigegangen. Das war „Muttel Mackeprangs" Heiligtum. Sie war bereit, mir den Salon samt Flügel eine Stunde pro Tag zur Verfügung zu stellen, das war so gut wie nichts. Außerdem erhoffte sie harmonische Klänge und kein systematisches Üben. Der Salon war tiefgekühlt,

Schon früh wurde bei mir der Wunsch geweckt, ein Instrument zu spielen. Bereits mit fünf Jahren musizierte ich auf dem Harmonium.

die Kälte kroch förmlich an einem hoch. Dagegen gab sie mir eine Wolldecke und für die kalten Finger alte Handschuhe ohne Fingerlinge, sie hatte sie abgeschnitten. So ausgerüstet fing ich an zu üben, wobei ich ihr sehr schnell anmerkte, wie störend dies für sie war. Klavierstunde bekam ich bei einer jungen, tüchtigen Musikerin. Natürlich stellte sie fest, dass ich eine völlig falsche Handhaltung hatte, dass mein Anschlag völlig unzureichend sei. Vorerst gab es nichts als Inventionen von Bach. Arme Muttel Mackeprang. Das Üben auf diese Weise erforderte viel Einsatzfreude und Zuversicht. Ich hatte keine Erfolgserlebnisse, ich machte viele Fehler, ich fand alle anderen begabter. Nur in Harmonielehre lag ich immer vorn. Begeistert war ich von der Chorarbeit, da fühlte ich meine Befähigung.

Eines Tages kam mir auf dem Flur der Musikschule ein ehemaliger Offizier in einem abgeschabten Uniformmantel entgegen, der noch das PW (prisoner of war) auf dem Rücken hatte. Bei näherer Betrachtung stellte ich fest, dass es ein ehemaliger Mitschüler aus meinem Heimatgymnasium war. Er hatte schon als Junge oft Konzerte gegeben und ich hatte ihn angehimmelt. Er war aber bestimmt sechs Klassen über mir gewesen und kannte mich Würstchen natürlich nicht. Ich ging gleich auf ihn zu, und als er mitbekam, dass ich aus seiner Heimatstadt kam, hatte er Tränen in den Augen. Mit Hilfe von Muttel Mackeprang besorgte ich ihm ein Luftschutzbett im Keller der Nachbarsleute. Er wollte Dirigent werden und hatte die besten Voraussetzungen dazu. Er wechselte sehr schnell die Schule, und als ich mich interessiert nach ihm erkundigte, erfuhr ich, dass er seinem Leben ein Ende gesetzt hatte. Was richtet ein Krieg in den Seelen der Menschen an, was für eine Zerstörung hinterlässt er? Es ist so schwer, wieder Tritt zu fassen. Als wir im Chor folgende Liedstrophe sangen: „Ein leises Lied, ein stilles Lied, ein Lied, so fein und so lind, wie ein Wölkchen, das über die Bläue zieht, wie ein Wollgrasflöckchen im Wind", hatte ich das Empfinden, eine hauchdünne Porzellantasse in der Hand zu haben, mit der ich nicht umgehen konnte. Ich war nicht in der Lage, diese zarte Saite nachklingen zu lassen.

Die ersten öffentlichen Veranstaltungen begannen wieder. So las der Schauspieler Werner Hinz aus deutscher Literatur vor. Seine Frau, mit den damals ganz kleinen Kindern, war zugegen und alle Menschen freuten sich darüber. Solche Veranstaltungen wurden dankbar besucht. In der beschädigten Marienkirche wurde die Johannes-Passion aufgeführt und die Kirche war voll mit Menschen, die froh waren, davongekommen zu sein. Es kamen die ersten Semesterferien und ich beschloss, in meine Heimat zu fahren, da ich über das Ergehen der Familie nichts wusste. Bloß wie dorthin kommen? Personenzüge fuhren kaum, es gab Güterzüge, die unregelmäßig und mit unbestimmbaren Aufenthalten verkehrten. Man musste für die Strecke ein Mehrfaches an Zeit einplanen, etwa zwei Tage. Der erste Güterwagen, in den ich kletterte, hatte vorher Kohlen geladen; es war gut, wenn man eine alte Zeitung bei sich hatte, damit man beim Anlehnen nicht so schmutzig wurde.

Aber eines war bei solchen Unternehmungen immer gewährleistet: die Unterhaltung. Alle hatten ein großes Mitteilungsbedürfnis, die Zeit verging wie im Fluge. Die Menschen hörten einander zu, sie waren teilnehmend, einer half dem anderen beim Herausklettern. Es gab ein Gemeinschaftsgefühl von eigener Qualität. Einem fremden Menschen fest die Hand zu geben, ihm in die Augen zu schauen und dabei einfach ein richtig gutes Gefühl zu haben, das gab es gratis! Nach mehrfachen Aufenthalten, nach mehrfachem Umsteigen in diesen oder jenen Waggon kam ich im zerbombten Bahnhof im Frühjahr 1946 in Magdeburg an. Dort saß ich mehrere Stunden fest, ehe es eine Möglichkeit zur Weiterfahrt gab; da hätte ich fast laufen können. In meiner Heimatstadt angekommen, hatte sich im Straßenbild nichts verändert, alle Häuser standen noch. Ich war voller Beklemmung, ich fürchtete mich vor einem Zuhause mit den alten Problemen. Während ich mit gemischten Gefühlen vor meinem Elternhaus stand, hattest du, lieber Armin, Nachricht von deinen Eltern bekommen.

Reisterstown

In Lübeck erhielt ich eines Tages eine Postkarte mit der Anschrift meiner Eltern, die im Kreis Großalmerode/Hessen gelandet waren. Ich setzte mich in Richtung Südwesten in Bewegung, Güterzug von Lübeck nach Hamburg, Übernachtung in Hamburg bei wildfremden Menschen, Güter-Kohlenzug von Hamburg nach Hannover, Übernachtung in der Unterführung des Bahnhofes in Hannover, eine menschliche Begegnung mit einer jungen Frau, die auch unterwegs war, Personenzug von Hannover nach Göttingen, von Göttingen Fußmarsch über die Werra, über Eichenberg nach Witzenhausen/Hessen, von Witzenhausen mit Milchwagen und zu Fuß nach Giesenhagen bei Großalmerode. Von Göttingen nach Witzenhausen ging es über die grüne Grenze, von der britischen in die U.S.-Besatzungszone, was auch verboten war. Doch die Liebe ist stärker als die Grenzen. In Giesenhagen, wo meine Eltern gemeinsam mit der Cousine Ilse und den drei Kindern ein zeitweiliges Zuhause gefunden hatten, überraschte ich meine Eltern, zunächst meinen Vater, der vor der Haustür mit einem Mitbewohner, Dr. Fahl, Holz sägte und spaltete. Mein Vater und ich fielen uns in die Arme und weinten. Das wiederholte sich mit meiner Mutter, die im Hause war und mit meiner Cousine, deren Mann von Sowjetsoldaten ermordet worden war. Sie war einer der wirklich großen Menschen, die ich zu meiner Verwandtschaft zählen durfte. Ohne zu klagen, trug sie still ihr Leid, schuf für sich selbst und ihre drei Kinder eine neue Existenz und sorgte auch für meine Eltern dadurch, dass sie für die Amis kochte. Da mein Vater als „unbelastet" galt und politisch demokratisch eingestellt war, durfte er bereits im Winter 1945/1946 an der Volksschule Hundelshausen/Kreis Witzenhausen unterrichten. Er war voller Freude wieder in seinem Beruf. Er durfte Kinder unterrichten. Nach vielen Jahren, als ich als Historiker in den National Archives Recherchen zum Thema „Erziehung in der U.S. Zone" machte, fand ich den Namen meines Vaters. Er war von den U.S. Besatzungsbehörden als verlässlicher Lehrer eingestuft und genehmigt worden. Relativ schnell wurden Bekanntschaften und Freundschaften im Dorf geschlossen, darunter eine lebenslange Freundschaft mit dem etwa gleichaltrigen Sohn des Pfarrers Jürgen Eisenberg, eine Freundschaft, die durch eine Patenschaft für den Sohn von Jürgen, Stephan Eisenberg, auch über den Tod von Jürgen anhält. Unter den Freunden/innen waren die Siebolds, Bäcker im Dorf, die Reusses, ehemaliger Lehrer und seine hübschen Töchter, Marlies Orth und so weiter. Es waren schwere Zeiten, doch friedliche Zeiten des Wiederaufbaus. Wir waren guten Mutes. Die schlimme Zeit des Krieges war vorüber. Wir hatten Heimat und Sohn/Bruder und liebe Verwandte/Bekannte verloren, doch wir hatten eine Zukunft. Wir hatten uns und den Willen zum Aufbau. Bereits im Sommersemester 1946 begann ich das Studium (Anglistik, Amerikanistik, Philosophie, Geschichte) an der Phillips Uni Marburg. Die Marburger Universität war 1945 lediglich für ein Semester nach dem Krieg geschlossen. Zum Wintersemester 1946/47 wurde sie bereits wieder eröffnet. Ich kam in Marburg nach vielem Suchen beim Schreinermeister Vaupel in der Wilhelmstraße unter. Obwohl Marburg nur um den Bahnhof herum zerstört war, war die Wohnungsknappheit wesentlich. So teilte ich meine Bude, wie wir das damals nannten, mit einem Chemiestudenten. Wir hatten ein Kastenbett und ein Sofa in der kleinen Stube. Eine Woche schlief ich im Kastenbett, die nächste Woche Kommilitone Schmid. Wir hatten zwei große Fenster zum Hinterhaus, wo unten eine Schreinerei und oben eine Dachwohnung war. In der Dachwohnung lebte ein sogenanntes „Amifräulein". Das US-Antifraternisierungsgesetz verhinderte weder die GI's, noch das Amifräulein, eine aktive Fraternisierung zu betreiben. Wie auch in Lübeck, nur noch schlechter, war die Lebensmittellage in Marburg. Zur Lebenserhaltung braucht der Mensch etwa 1.800 Kalorien pro Tag. In den schwierigsten Zeilen erhielten wir als Studierende etwa 1.100 Kalorien pro Tag. Ich weiß das noch so genau, weil mein Mitbewohner Schmid Chemiker war. Ich sehe ihn noch heute vor mir, wie er die genaue Zahl der Kalorien kalkulierte. An manchen Wochenenden fuhren wir Studenten übers Land, klopften bei Bauern an die Tür und waren dankbar, wenn sie uns etwas Brot gaben. Die sogenannte

„Hooverspeisung" brachte eine gewisse Erleichterung der Nahrungsmittellage, ebenso die Tatsache, dass meine Eltern auf dem Lande wohnten und freundschaftlichen Anschluss gefunden hatten. Da Marburg eine große US-Garnison hatte, entwickelten sich bald menschliche Kontakte zwischen den Soldaten/Offizieren und uns Studierenden. Es gelang uns, Zusammenarbeit mit der U.S.-amerikanischen Besatzungsmacht herzustellen trotz des Non-Fraternisationsbefehls, den selbst wichtige Amerikaner wie Dr. Hartshorne, der Universitätsoffizier für Hessen, ignorierten. Für manche Amerikaner entwickelte sich bei mir viel Respekt. Bereits vor Ende des Krieges nahm Dr. Hartshorne Verbindungen zu deutschen Professoren auf, wie zum Beispiel Professor Ebbinghaus, der dann der erste Nachkriegsrektor in Marburg wurde. Trotz schwierigster Lebensbedingungen für Studierende gingen wir an das Studium mit Enthusiasmus heran. Wir liebten zu leben und wir lebten zu lieben. Marburg war der Sitz des 3. Replacement Depots unter Col. Kilgore. Trotz Fraternisierungsverbots hatten wir bald Kontakt zu den Besatzungssoldaten auf verschiedenen Ebenen. Chaplain Charles P. Carlson war der Geistliche, der regelmäßig amerikanische Gottesdienste in der Lutherischen Kirche hielt. An den Gottesdiensten durften wir teilnehmen.

Bald gab es einen deutsch-amerikanischen Diskussionsclub, der sich regelmäßig im Red Cross Building alle zwei oder drei Wochen im U.S. Red Cross-Zentrum traf. Deutsche Studierende hielten Referate, deren Themen vorher von Chaplain Carlson und Dr. Klitscher ausgewählt wurden. Ich schlug vor, über das wahre Preußentum zu referieren – alles natürlich auf Englisch. Das Preußentum wurde im Allgemeinen negativ betrachtet. Mit Preußentum identifizierte man Militarismus, Absolutismus. Doch ich sprach über die calvinistische Grundlage wahren Preußentums, über ora et labora, bete und arbeite, über den aufgeklärten Absolutismus, über Baron von Steuben, der die Landarmee von General Washington zu einer schlagkräftigen Truppe erzog, mit der es letztendlich möglich wurde, die gut ausgebildeten englischen Soldaten zu besiegen und damit die Selbstständigkeit der USA zu ermöglichen. Ich sprach auch davon, wie wenig wahres Preußentum mit Hitlerismus oder Nazismus zu identifizieren wäre. Das Referat kam gut an. Ein materieller Vorteil des Diskussionsclubs war, dass es vorher oder hinterher Kaffee und Doughnuts gab, die von hübschen amerikanischen Red Cross nurses serviert wurden. So entwickelten sich dadurch auf dieser Ebene persönliche deutsch-amerikanische Kontakte. Wir als deutsche Studierende waren stolz, dass wir zum Beispiel von den U.S.-nurses in ihr Marburger Heim eingeladen wurden. Manchmal durften wir in den ihnen verfügbaren Jeeps mitfahren. Das Studium nahm viel von unseren Kräften in Anspruch. Mein Hauptinteresse galt der Amerikanistik. Marburg war gut auf diesem Gebiet besetzt. Außerdem kamen amerikanische Historiker und Politologen und Sprachwissenschaftler zu Gastvorträgen oder zum International Summer Course. Man wollte die deutsche Jugend umerziehen. Wir sollten zur Demokratie erzogen werden. Dazu gehörte die Wiedereinsetzung eines „Asta", eines Allgemeinen Studentenausschusses. Kommilitonen überzeugten mich, dass ich kandidieren sollte. Als Kandidat musste man sich mit einigen Worten der Studentenschaft vorstellen. Ich hatte noch nie vor einem zahlreichen und kritischen Publikum gesprochen, ich sprach über meine Vergangenheit und versprach, dass ich alles in meiner Macht Stehende tun würde, um das schwierige Los der Studierenden zu verbessern. Man hörte mir zu und schien Vertrauen zu haben. Jedenfalls wurde ich gewählt. Unsere erste Aufgabe war es, eine Verfassung zu schreiben. Da wir einige Jurastudenten im ersten Asta hatten, ging dies ohne große Schwierigkeiten vor sich. Die Verfassung wurde von der Studentenschaft ratifiziert. Mir wurde die Stelle eines Auslandsreferenten gegeben. Ich bemühte mich, Kontakte zu ausländischen Universitäten herzustellen. Bald gab es auch nicht nur deutsche Studierende unter uns, Studierende aus England und aus den USA kamen nach Marburg, darunter auch Sohn und Tochter eines Universitätsoffiziers für Hessen, Dr. Howard P. Becker. Tochter Elisabeth war eine schlanke, große rothaarige und sehr intelligente Amerikanerin. Ihr und mir gelang es schnell, während des International Summer Course in Marburg eine menschliche Brücke zu bauen. Wir lernten in kurzer Zeit viel voneinander. Natürlich war sie für mich als Vertreterin der U.S.-Besatzungsmacht und als Tochter eines wichtigen Universitätsoffiziers, der von der renommierten U.S.-Universität of Wisconsin kam, mehr als interessant. Sicherlich fand Elisabeth auch mich als Studenten und auch als ehemaligen deutschen Soldaten, der auf der Feindseite gekämpft hatte, interessant. Kurzum, wir verliebten uns und verbrachten in vieler Hinsicht gute Zeiten miteinander. Es wurde zu einer zeitlich kurzen, aber schönen Episode in unserem Leben. Elisabeth gefiel das deutsche Studentenleben so gut, dass sie darauf bestand „Liesel" genannt zu werden und nicht mehr Elisabeth. Dass wir deutsch und amerikanisch waren, spielte kaum eine Rolle. Wir waren einfach junge Menschen, die sich schätzten und ineinander verliebt waren. Viele Jahre nach dem Krieg und als aktives Mitglied des German Historical Insitutes in Washington, DC, fand ich Liesel als förderndes Mitglied des gleichen Instituts. Leben geht sonderbare Wege. Brücken bleiben erhalten.

Natürlich war unser Freundeskreis nicht nur Armin und Liesel, er schloss viele andere Kommilitonen ein. Unser Zusammengehörigkeitsgefühl war groß, wir halfen einander. Da mein Latein rostig geworden war und da ich Latein für ein mittelalterliches Proseminar brauchte, erhielt ich Unterstützung von Lore Parade, die darin besonders gut war. Erhielt jemand ein Care-Paket, so teilte man es miteinander, hatte jemand eine „warme Bude" (Heizmaterial war knapp), lud man die Kommilitonen ein. Uns war es wichtig, mit unserem U.S.-Chaplain Charles P. Carlson eine deutsche Adventsfeier zu gestalten. Er nahm die Einladung an; wir hatten Kuchen gebacken, einen Adventskranz beschafft, Kerzen besorgt. Wir sangen Advents- und Weihnachtslieder und der Heerespfarrer, der in seiner Uniform erschienen war, war so beeindruckt, dass ihm Tränen in die Augen kamen. Beim Abschied sagte er, dass er so ein schönes Vorweihnachtsfest noch nie erlebt hätte. Zuvor hatte ich erwähnt, dass ich in meiner Kandidaturrede für den Asta gesagt hatte, dass ich nicht wüsste, was wir eigentlich erreichen könnten, um das Universitätsleben zu verbessern. Es ergab sich eine Gelegenheit, wo wir dies beweisen konnten. Das Problem war, dass eine wesentliche Zahl von Lehrenden wegen ihrer politischen Vergangenheit entlassen werden sollten. Die Zahl war so groß, dass ein normales Funktionieren der Universität in Frage gestellt war. Entnazifizierung, wie man es nannte, wurde zunächst von den amerikanischen Militärbehörden durchgeführt. Der Asta verfasste eine Resolution, die von allen Mitgliedern unterzeichnet wurde. Diese Resolution protestierte gegen die Entlassungen und schlug vor, dass ein Sonderausschuss mit Astabeteiligung geschaffen werden sollte, um diese geplanten Entlassungen kritisch zu untersuchen. Tatsächlich gelang es uns, dass die Zahl der geplanten Entlassungen reduziert wurde und dass damit der Universitätsbetrieb ohne Unterbrechung fortgesetzt werden konnte. – Viele Jahre später, als ich in den National Archives in Washington D.C. Recherchen zu dem Thema „Reeducation in the U.S. Zone of Occupation" machte, fand ich die gesamte Akte zu diesem Thema mit den wichtigen Dokumenten wieder, darunter auch die Resolution des Asta mit meiner Unterschrift. Für Historiker ist das eindrucksvoll. Unser Vertrauen in die Demokratie wurde gestärkt, obwohl wir, faktisch gesehen, in einer Militärdiktatur lebten. Ein weiterer Beweis für deutsch-amerikanische Zusammenarbeit war im Frühjahr 1947 ein deutsch-amerikanischer Ball. Eine amerikanische Kapelle spielte nach dem obligatorischen Absingen der Nationalhymne zum Tanz. Es wurden kurze Reden über die wachsende deutsch-amerikanische Freundschaft gehalten, all dies zwei kurze Jahre nach dem Krieg. Es gab gut zu essen und zu trinken, was damals keine Selbstverständlichkeit war. Der Asta hatte bei den Vorbereitungen zu diesem Fest geholfen. Unter den führenden Gästen auf diesem Ball befanden sich Cal. Kilgore, leitender Offizier des 3rd Replacement Depot und der damalige Rektor der Phillips-Universität, Prof. Dr. Matz. Der erste Tanz gehörte Cal. Kilgore und der Gattin des Rektors sowie der U.S.-Leiterin des Red Cross mit Rektor Matz. Es war ein sonderbares Bild. Nach amerikanischer Sitte war es damals üblich, „cheek to cheek" (Wange an Wange) zu tanzen, was Prof. Dr. Matz nicht wusste. Er konnte damit nichts anfangen. Der Großteil der Arbeit und der Kosten wurde von der U.S. Military Government bestritten. Wissenschaftlich beschäftigte ich mich mit den USA auf verschiedenen Ebenen, historisch, politisch, kulturell. Deutsche und U.S.-amerikanische Wissenschaftler boten entweder ganze Semesterveranstaltungen oder Einzelvorträge zum Thema USA an. Beeindruckend war ein Beispiel für den sprichwörtlichen amerikanischen Pragmatismus; Bücher, vor allen Dingen Lehrbücher, waren Mangelware. Das 3rd Replacement besaß Lehrbücher, die für U.S.-Soldaten, die auch im Krieg studieren konnten, bestimmt waren. Nach Kriegsende wurden Tausende von GI's entlassen. Sie brauchten diese Menge Lehrbücher nicht mehr. Sie lagen nutzlos im Depot. Dr. Hartshorne, U.S.-Universitätsoffizier in der U.S.-Zone, wollte der Lehrbuchknappheit deutscher Studierender abhelfen, indem er die nutzlos herumliegenden Bücher als Geschenk deklarierte. Doch ein U.S.-Militärgesetz verbot ausdrücklich Geschenke an Deutsche. Dr. Hartshorne ließ einen Stempel anfertigen mit dem Druck „permanent loan to the Phillips University Marburg". Es war eine Leihgabe auf Lebenszeit. So kamen deutsche Studierende in den Besitz wertvoller U.S.-amerikanischer Lehrbücher. Es war tragisch, dass Dr. Hartshorne auf einer Dienstreise nach Nürnberg auf der Autobahn erschossen wurde. Dies geschah im Jahr 1947. Der sinnlose Tod eines wertvollen Menschen wurde nie aufgeklärt. Er hatte viel zum schnellen Wiederaufbau deutscher Universitäten in der U.S.-Zone beigetragen. Dazu gehörte auch die Einrichtung von International Summer Courses, die es schließlich ermöglichten, internationale Studierende auf deutschen Universitäten mit deutschen Studierenden zusammenzubringen. Eine besondere Feierstunde zu Ehren von Dr. Hartshorne fand in der Aula der Phillips Universität in Marburg statt. In einer festlichen Trauerrede vor einem deutsch-amerikanischen Publikum ehrte der Rektor den zu früh verstorbenen Wissenschaftler und Freund. Es war bedauerlich, dass Dr. Hartshorne es nicht erleben konnte, wie erfolgreich International Summer Courses wurden. Lesen wir die Berichte über ihn in der damaligen Presse, so sehen wir, dass er sowohl von den besetzenden U.S.-Amerikanern als auch von den besiegten Deutschen geschätzt wurde. Der Asta wuchs an Bedeutung, selbst auf inter-zonaler Ebene. Im Frühjahr 1947 fand in Heidelberg mit Unterstützung der U.S.-Militärregierung eine gesamtdeutsche Tagung der Studentenvertretungen statt. Es wurden eine gesamtdeutsche Studenten-Verfassung sowie bestimmte Programmpunkte erarbeitet, dabei auch die Forderung nach Gebührenfreiheit für alle fähigen Studierenden. Vertretern der Sowjet-Zone, obwohl zu diesem Treffen in Heidelberg eingeladen, wurde die Teilnahme an der Tagung von der SMA (Sowjetischen Militär Administration) untersagt. Nach dem Sommersemester 1947 wechselte ich die Uni und setzte mein Studium an der Georgia Augusta Göttingen fort. Damals sagte man: „Marburg ist eine Universitätsstadt und Göttingen eine Stadt mit einer Universität." Ich hörte weiter Geschichte, Philosophie, Geographie. Ein besonderes Interesse fand ich an den Vorlesungen und Seminaren von Prof. Dr. Wilhelm Treue. Nach den Montagsseminaren trafen wir uns oft in seiner Wohnung, um dort weiterzudiskutieren. Prof. Treue war einer der Dozenten, die, wie ehemals in der Geschichte, Studierende zu seinen Schülern machten. Ich wurde einer seiner Schüler. Sein Interesse an Wirtschaftsgeschichte und mein Interesse an den USA brachten mich zu dem Themenvorschlag für eine Dissertation „Die Eisenbahnen in der Kriegsgeschichte von den Anfängen im 19. Jahrhundert bis zum U.S.-amerikanischen Bürgerkrieg." So arbeitete ich monatelang an diesem Thema, oft bis in die späten Abendstunden, in der ungeheizten Uni-Bibliothek. Es war mein großer Vorteil, dass die Uni-Bibliothek die vollständige Ausgabe der „Official Records" des Bürgerkrieges besaß und auch wichtige Zeitschriften aus dem frühen 19. Jahrhundert, die sich mit Militär- und Wirtschaftsgeschichte befassten. Einschränkend waren die damals misslichen materiellen und finanziellen Zustände. Heute kann man es sich nicht vorstellen, dass Papier eine Mangelware war, dass man an Schreibmaschinen kaum herankommen konnte. Gesellschaftlich verband ich mich mit einer christlichen Verbindung dem Wingolf, traditionsmäßig eine nicht schlagende Verbindung. Man sagte vom Wingolf „Du Schwert an meiner Rechten, Du denkst ich würde fechten, ich tu es aber nit, ich bin ein Wingolfit." Wir wanderten viel miteinander, lernten die Umgebung von Göttingen mit seinen Hügeln und weiten Feldern mit dem Harzgebiet, mit Nordhessen kennen. Wir fuhren auf Freizeiten, sangen miteinander Burschenschaftslieder – Gaudeamus igitur, juvenus dum sumus –, tranken miteinander und tanzten auf Festen mit der Damenschaft. Fortbewegungsmittel war ein Fahrrad und auch das besaßen nur wenige. Die Währungsreform im Sommer 1948 änderte vieles. In wenigen Tagen sah man in den Schaufenstern vieles, von dem man glaubte, es gäbe das überhaupt nicht mehr. Die Sommerferien gaben mir die Gelegenheit, in einem Steinbruch zu arbeiten, wo ich so viel Geld verdiente, dass ich mir ein neues Fahrrad kaufen konnte. Das Fahrrad brachte mich von Göttingen nach Hundelshausen, wo meine Eltern wohnten. Es gab mir die Möglichkeit, die schöne Göttinger Umgebung kennenzulernen, Kommilitonen/-innen, darunter Isoldchen Bräuer, zu besuchen, die zu meiner treuen Gefährtin wurde. Sie stand mir zur Seite in guten und auch schwierigeren Zeiten. Als ich den ersten Entwurf meiner Dissertation von meinem Doktorvater zurückerhielt, meinte er: „Herr Mruck, Sie haben einen Anfang gemacht." Als ich die Seiten betrachtete, fand ich sehr viel rote Tinte drin, das heißt, es gab noch viel zu tun. Mit ihrer Unterstützung und der meines engsten Freundes Harro Vogt wurde auch diese Hürde genommen. Und im Juni 1951 promovierte ich nach einem nicht gerade leichten Rigorosum zum Dr. Phil. Meine Eltern waren stolz. Eine andere willkommene Unterbrechung des regulären Studiums waren die International Summer Courses, die in Göttingen von der britischen Militärregierung gefördert wurden. Sie wurden besonders von Nordeuropäern besucht. Die Welt um das gespaltene Deutschland öffnete sich mehr und mehr, zumindest für die westlichen Besatzungszonen. Das Menschliche setzte sich gegen politische Umstände durch, was so wichtig für mich werden sollte. Menschen verschiedener Nationen fanden zueinander, sprachen miteinander, spielten miteinander, verliebten sich ineinander. Nationale Identitäten fielen zur Seite. Der Mensch war wichtig, nicht zu welcher Nation er oder sie gehörte. Im gleichen Jahr, das so wichtig für mich werden sollte, ergab sich die Möglichkeit, sich für ein Stipendium für ein einjähriges Studium in den USA zu bewerben. Der U.S.-Kongress hatte ein besonderes Gesetz verabschiedet, nach welchem junge Deutsche für ein Jahr in den USA studieren könnten, um sie dort in die amerikani-

Neue Freunde fand ich (3. von rechts) im Kreis von Mitgliedern der Wingolf-Göttingen, einer christlichen, nicht schlagenden Verbindung, der ich mich anschloss.

sche Kultur im weitesten Sinne einzuführen. Ein Ziel des Programms war es, junge Deutsche für zukünftige Führungsrollen in Deutschland vorzubereiten. Ich bewarb mich und hatte das Glück, ausgewählt zu werden. Damals kam das so etwa dem „Großen Los" gleich, das man gewonnen hatte. Im September ging es über den „Großen Teich". Dass sich dabei eine ship board romance zu einer ostpreußischen Studentin, die von der Rotary Foundation eingeladen war, ergab, gehörte in dieses Abenteuer. Diese menschliche Verbindung blieb viele Jahre bestehen. Gegenseitig verfolgten wir unsere Eingewöhnung ins amerikanische Leben und die Entwicklungen unserer wachsenden deutsch-amerikanischen Familien.

Was konnte man sich mehr wünschen: der bestandene Dr. Phil., eine romantische Seereise, ein einjähriges Studium in den USA, ein Leben eigentlich ohne Sorgen, ohne Examensängste, mit viel Hoffnung auf eine gute Zukunft. In den ersten Nachkriegsjahren war Amerika ein Land mit großer Anziehungskraft, vor allen Dingen für uns junge Menschen. Die

Ideale, die man uns gelehrt hatte, stellten sich als falsch heraus. Der Dank des Vaterlandes war uns nicht gewiss, sondern wie man sagte eher „besch...". Mein Traum Amerika wurde nun wahr. Überwältigt war ich von der Riesenstadt New York, in der wir an einem klaren Septembermorgen mit der „Ryndam", einem holländischen Schiff, ankamen. Wir konnten nicht genug staunen. Auf der „Ryndam" waren Hunderte von deutschen Studierenden, die zu einem einjährigen Studium in die USA eingeladen waren. Die Kosten für dieses großzügige Programm wurden vom amerikanischen Steuerzahler getragen. Hätte ich je geglaubt, dass ich auf die Spitze des Empire State Buildings fahren würde? Kaum. Alles war groß, riesengroß und beeindruckend, die Gebäude, die Straßen, die Autos, die Busse, die Eisenbahn, die mich in vielen Stunden nach Lexington im Staate Kentucky brachte. Bald musste ich Abstriche am amerikanischen Ideal Demokratie machen. In den Weißen vorbehaltenen Restaurants durften Schwarze nicht einkehren. In Eliteclubs sah man Schwarze in roten Westen als Dienstpersonal, als Ober. Die Universität war stolz, dass es einige schwarze Studierende in der Graduate School gab. Ich lernte in den nächsten Monaten nicht nur viel über U.S.-amerikanische Geschichte, sondern auch über das Leben im Süden der USA, wo Rassentrennung üblich war. In öffentlichen Verkehrsmitteln saßen Weiße im vorderen Teil, Schwarze saßen hinten. Auf der anderen Seite fand ich Toleranz und Verstehen vor. Ich wurde eingeladen, vor einem Veteranenverein zu sprechen über meine Kriegserlebnisse als deutscher Soldat. Die Veteranen waren U.S.-Soldaten aus dem Zweiten Weltkrieg, die Deutschen als Feinde gegenüber gestanden hatten. Man hörte mir gespannt zu. Es gab keine Feindgefühle. Eher das: Wir Soldaten hatten alle ziemlich ähnliche leidvolle Erfahrungen gemeinsam. Das beeindruckte mich. Unter den Studierenden und dem Lehrkörper wurde ich mit offenen Armen aufgenommen. Unter den weiblichen Studierenden war ich beliebt, weil sie glaubten, ich sei anders als die amerikanischen Boys. Doch anders war ich wahrscheinlich nur darin, dass ich das amerikanische Football nicht verstand und trotzdem mit Begeisterung hinging. Der Geist der Gemeinsamkeit der Universität imponierte mir. Die Universität war nicht nur ein Ort des Studiums, sondern eine besondere Art des Lebens. Auch Vertrauen imponierte mir. Wenige Tage, nachdem ich meinen Führerschein gemacht hatte, ließ mich meine amerikanische Freundin ihr ganz neues Auto über Meilen zurück in den Campus fahren, um mit ihr am nächsten Morgen dann gemeinsam in eine baptistische Kirche zu gehen, wo mir der Enthusiasmus des Gebetes und des kirchlichen Mitsingens auffielen. Wer im Nachkriegsdeutschland ging schon in die Kirche? Hier war die Kirche voller gläubiger Menschen oder es erschien zumindest so. An Sonntagen ging man zum Gottesdienst: Katholiken, Methodisten, Baptisten, Lutheraner und so weiter. Der Gottesdienst war auch eine gesellschaftliche Angelegenheit. Man begrüßte sich, der Pfarrer stand am Eingang der Kirche und begrüßte jeden Besucher, besonders solche, die aus fremden Ländern kamen. Nach dem Gottesdienst kam man über eine Tasse Kaffee und Doughnuts oder sonstiges Gebäck zusammen zu einem freundlichen Gespräch. Kirche war ein Teil des Lebens. Mit Kommilitoninnen auszugehen, war keine einfache Angelegenheit. Es gab Wohnheime für Studenten und Studentinnen. Wenn man mit einer Studentin ausgehen wollte, musste man sich in das Gästebuch des Wohnheimes eintragen, man wurde instruiert, wann man die junge Dame wieder abzuliefern hatte. Man musste sagen, wohin man die junge Dame ausführte. Es gab Studentinnen-Verbindungen, die ihre eigenen Häuser besaßen und von einer Hausmutter und dem notwendigen Personal betreut wurden. Auch zu einer solchen Verbindung wurde ich eingeladen und lernte, wie formell es hier zum Abendessen zuging. Vor dem Essen wurde gebetet. Es war eine aufregende, beinahe revolutionäre Sache, als an einem warmen Frühlingsabend Hunderte von männlichen Studenten vor dem weiblichen Wohnheim erschienen und dort Krawall machten. Sie wurden von den Studentinnen ermuntert und dadurch belohnt, dass sie ihnen aus ihren Zimmern attraktive Unterwäsche zuwarfen. Man nannte das „Pantyraids". Ich fand es lustig und ich beneidete diese jungen Amerikaner um ihre sorglose Naivität. Natürlich gab es viele andere Studierende, die durchaus ernst zu nehmen waren, die an meinem Schicksal interessiert waren und mit denen man sich gut unterhalten konnte. Und auch hier, im schönen Staat Kentucky, gelang es mir, viele menschliche Brücken zu bauen. Ich wurde aktiv in der International Student Association und wurde auf Einladung des Leiters der Historischen Abteilung Mitglied von Phi Alpha Theta, der Ehrenverbindung der Historiker, worin man nur Mitglied sein kann, wenn man einen bestimmten Leistungsstandard vorweisen kann. Auch das ist ein Teil des amerikanischen Universitätssystems. Bis heute bin ich Mitglied von Phi Alpha Theta. Vor einigen Jahren wurde ich Ehrenmitglied der Phi Alpha Theta Verbindung.

Möser

Da stand ich nun und wagte nicht einzutreten, aber bevor ich in meiner Unentschlossenheit verharrte, ging die Tür auf, und ein älteres Ehepaar kam heraus. Ehe ich den Mund aufmachen konnte, sagten sie: „Der Doktor ist nicht da, Sie brauchen gar nicht erst reinzugehen." Ich weiß nicht, warum ich plötzlich eine von Tränen erstickte Stimme hatte. Ich sagte nur: „Ich wohne hier." Ungläubig schauten sie mich an. Sie wohnten auch in meinem Elternhaus, sie waren schlesische Flüchtlinge. Als ich ins Treppenhaus kam, sah ich, dass der rote Läufer und die blitzenden Teppichstangen nicht mehr da waren, die Treppenstufen wirkten abgetreten, und statt des strahlenden Leuchters funzelte eine kleine Lampe von der Decke. Schon allein dieses Treppenhaus machte eine Aussage. Weg war die satte Bürgerlichkeit, sie war einer Notsituation gewichen. Es war sehr still im Haus, ich ging durch alle Räume, aber niemand war da. Schließlich ging ich in den Keller. Ich hörte schon auf der Kellertreppe lautes Lachen. Sie waren alle dort unten versammelt und schnipselten Rüben, reihten Apfelscheiben zum Trocknen auf, sortierten Kräuter. Es war ein fröhliches Wiedersehen und irgendwie war ich endlich angekommen. Die Wiederbegegnung mit meinem Vater war nicht so, wie ich es erhofft hatte. Er zeigte keine spontane Freude, er hatte eine distanziert abwartende Haltung, die eindeutig besagte: „Bewähre dich und du hast meine Akzeptanz." Ich merkte schon, dass ich hier wieder in eine Schatulle gepresst wurde, in die ich gar nicht hineinpasste. Aber ich ignorierte die erste Enttäuschung und bot ihm für die Semesterferien meine Hilfe in der Praxis an. Das nahm er freudig entgegen. Da machte ich nun eine ganz neue Erfahrung. Ich kam mir vor wie bei Doktor Eisenbart. Eine kleinstädtische Arztpraxis hatte ein Eigenleben, sie war auf die Bedürfnisse der Menschen zugeschnitten, sie hatte keinen Klinikcharakter, sie war einfach ein Stück Leben. Mit diesem Stück Leben konnte mein Vater gut umgehen. Über die Einfühlung in die unterschiedlichsten Lebensbereiche seiner Patienten dockte er an bei der Schulmedizin oder seinen Erfahrungen aus der Pharmazie. Mit dieser Umsetzung eines Medizinstudiums hätte ich mir ein Leben als Landärztin gut vorstellen können.

Nun hörte ich auch endlich, wie es der Familie ergangen war. Mein Bruder war in englischer Gefangenschaft, über das Schicksal der Königsberger Verwandten wusste noch niemand etwas. Die letzte Nachricht hatte es von Goldstück gegeben. Sie hatte in Wien studiert und war in den Semesterferien nach Königsberg gefahren, obgleich alle sie gewarnt hatten. Aber sie hatte keine Ruhe und wollte nach den Eltern sehen. Seitdem fehlte jegliche Nachricht von ihnen. Die Breslauer waren in abenteuerlicher Flucht über das Riesengebirge nach Pirna an der Elbe gelangt. Von ihnen war wenigstens ein Lebenszeichen gekommen. Mein Vater war gealtert und hatte eingefallene Wangen. In den letzten Kriegsmonaten hatte er zusätzlich als Stabsarzt das hiesige Lazarett unter unmöglichen Bedingungen geleitet. Die Verwundeten waren in Kellern untergebracht, wobei ein Keller nicht zu lüften war. Die Sorge um diese Menschen hatte ihn belastet. Da er durch seine Tätigkeit viel mit der Landbevölkerung zu tun hatte, wusste er auch genau, wie es um unsere Versorgung bestellt war. In seinem Tagebuch schreibt er: „Der erste Winter nach der Katastrophe naht und meldet sich mit Hungerrationen an. Die neue Lebensmittelzuteilung sieht nur für die Arbeiter Fett und Fleisch vor, die übrige Bevölkerung erhält nichts außer Kartoffeln, Brot und Marmelade. Die Russen vernichten durch ihre Unfähigkeit und verbrecherische Dummheit in nicht wiederzugebender Weise jede Lebensmöglichkeit, wie sie früher hier bestanden hat. Was für riesige Rinderherden haben sie fortgetrieben oder jetzt geschlachtet und zu Konserven verarbeitet, nachdem sie durch das ständige Herumtreiben und mangelhafte Pflege den Allgemeinzustand des Viehs heruntergewirtschaftet hatten. Die Kühe wurden nicht gemolken, wenn sich nicht jemand die Lage zunutze machte und viel Mühe, den weiten Weg und alle Schwierigkeiten überwand. Nach der unerhörten Prasserei, Fresserei und Sauferei der Besatzung, die sich die Butter fingerdick aufs Brot legte, alles Essen in Fett schwimmen ließ und Sahne für Eis und andere

Genüsse verwendete, die getöteten Tierkadaver nur teilweise ausschlachtete, vieles verderben ließ, ohne es der darbenden Bevölkerung zukommen zu lassen, die vielfach mit Gewalt daran gehindert wurde, hinterließen sie ein unvorstellbares Chaos. Durch die Enteignung und Aufteilung der Güter, die jeder gesunden Vernunft ins Gesicht schlägt und nur lebensunfähige Kummerexistenzen schafft, wird unsere Ernährung völlig zugrunde gerichtet. Was für furchtbares Elend wird in den alten Bauern- und Gutsbesitzerfamilien geschaffen, deren Väter ins Gefängnis gesperrt werden, während die anderen Familienmitglieder mitleidlos von Haus und Hof vertrieben werden. Die großen Zuchtseiten und Gestüte samt ihrem wertvollen Zuchtmaterial sind zerschlagen und sinnlos aufgeteilt. Es erfasst einen eine namenlose Wut ob dieser Verbrechen, die von den Russen und den Kommunisten unterstützt werden."

Er, der täglich mit einem alten Motorrad über Land fuhr, erlebte das aus erster Hand. Er kannte seine Bauern und er hatte jahrelang ihr Leben begleitet. Seine Verbitterung war groß. Am 30.10.1945 wurde ihm die Beschlagnahme seines gesamten Vermögens mitgeteilt, auch die Beschlagnahme des Hauses an der Ostsee. Ferner mussten der Post und der Polizei die Radioapparate gemeldet werden, auch Firma und Röhrenzahl. Das große Haus, welches mal ganz anders angedacht war, funktionierte wie ein kleines Unternehmen, dem unsere Tante vorstand. Flüchtlinge, evakuierte Verwandte und nun auch noch Einquartierung durch die sowjetische Besatzungsmacht, all das musste überschaubar bleiben. Lautlos und wie selbstverständlich tat sie alles. Danke, liebe Tante Käte!

Meine Geschwister tollten herum und waren glückliche Kinder, sie waren ja hineingewachsen in diese Verhältnisse und hatten keine Vorstellungen oder Erinnerungen an andere Zeiten. Bei den Tagebuchaufzeichnungen meines Vaters begegnete mir wieder jene unreflektierte Denkungsart. Er geriet in Wut über eine Gegebenheit, kam spontan zu einem Frusturteil und vermied eine nachträgliche Überlegung, die alles in ein weniger emotional geprägtes Fahrwasser hätte bringen können. Diese Schwäche in seiner Persönlichkeitsstruktur prägte ein Leben lang unsere Beziehung. Ihm gegenüber hatte ich immer das Gefühl: „Ich muss mich freischwimmen", da blieb immer ein Rest Unbehagen. Am 1. Februar 1946 wurde mein Vater von den Russen inhaftiert. Es gingen eindringliche Verhöre voraus, in denen er zu seiner Parteizugehörigkeit und zu seinem Amt befragt wurde. Er schreibt selbst darüber: „Die Vernehmung in der GPU-Zentrale bestand in einer genauen Ausfragung über meine Stellung in der Partei, über meinen Bildungsgang und meine Familie. Der Dolmetscher und Ausfrager fragte mich über meine Beziehungen zum Kreisleiter aus. Ich sagte, ich hätte nichts mit ihm gehabt. Dreimal fragte er, ich antwortete immer, ich hätte nichts mit ihm gehabt. Darauf sagte er, sie wüssten doch schon seit dem Sommer 1945, dass ich Kreisamtsleiter gewesen wäre, warum ich mich dann aufs Lügen verlegte. Ich entgegnete, dass ich ja nur Stellvertreter gewesen wäre und mit dem Kreisleiter selbst nie politische Dinge besprochen hätte, ich wäre nur zu einigen Sitzungen hinzugezogen worden, und dabei hätte ich über gesundheitliche Belange im Kreise, die Versorgung der Flüchtlinge, die Diphtherie- und Scharlachepidemie und anderes aus dem gesundheitlichen Bereich berichtet, aber nichts eigentlich Politisches. Man drohte mir, wenn ich nicht die Wahrheit sagte, könnten sie mich zehn Jahre einsperren, damit ich darüber nachdenken könnte." Mit dieser Situation änderte sich alles schlagartig.

Niemand konnte sagen, wie lange diese Inhaftierung dauern könnte und ob mein Vater jemals wiederkommen würde. Nach einigen Tagen der Inhaftierung im Ort erfolgten der Weitertransport nach Magdeburg und dann die Verschleppung ins Unbekannte. Für mich bedeutete das, ich konnte nicht nach Lübeck zurück. Was sollte ich tun? An einer Universität konnte ich mich nicht bewerben; Kinder von inhaftierten Nazis wurden zurückgewiesen. Ich musste unbedingt an meine Ausbildung denken. Ich war jetzt 22 Jahre alt und hatte durch den Krieg schon so viel Zeit verloren. Da kam das Angebot zur Lehrerausbildung. Es wurden dringend Lehrer gebraucht, und ich bewarb mich 1946 und wurde trotz der Inhaftierung meines Vaters angenommen. Es meldeten sich die unterschiedlichsten Leute zu dieser Ausbildung. Es gab einen Grundstamm von ehemaligen Abiturienten, Heimkehrer mit abgebrochenem Studium, Kriegerwitwen, die ihren Beruf an den Nagel gehängt hatten und eine bessere Zukunft für sich und ihre Kinder erhofften und einige, die schon immer von diesem Beruf geträumt hatten und nun die Gelegenheit ergriffen. Dozenten waren die Oberstudienräte und Studienräte der umliegenden Gymnasien und Lyzeen. Die Schwierigkeit für die Dozenten bestand darin, das Bildungsniveau anzugleichen. Alle, die gekommen waren, hatten den unbedingten Willen, es zu schaffen, sie waren offen, ja, hungrig nach Bildung. Es war eine unglaubliche Lernbereitschaft da und die Dozenten genossen dies sichtlich. Wir gingen sehr bald in die Schulen, um zu hospitieren, und diese Form des „learning by doing" bereitete mir sehr viel Freude, und ich fühlte mich am richtigen Platz. Zu Hause war das Leben sehr schwierig geworden. Es musste vor allen Dingen für die Ernährung der großen Familie gesorgt werden. So zogen Mutter und ich eines Tages mit einem Handwagen über das Land, um bei Vaters bäuerlichen Patienten etwas einzutauschen. Auf dem Hinweg wurden wir in einem Pferdewagen mitgenommen, doch auf dem Rückweg mussten wir querfeldein laufen und uns vor den russischen Kontrollen verstecken. Wir hatten schließlich den Handwagen voll und einige Kilometer vor uns. Plötzlich stand ein bewaffneter Soldat vor uns und schrie: „Stoi!" Mutter setzte sich vor Schreck auf den Handwagen und ich sagte: „Babuschka kaputt!" Er ließ uns laufen und wir kehrten glücklich heim.

Anfänglich ließ sich dieses Gemeinschaftsleben gut an, doch allmählich begannen Auseinandersetzungen. Ich verließ mein Elternhaus. Der Weggang fiel mir sehr schwer und ich wäre am liebsten weit in die Welt hinausgelaufen, aber die Inhaftierung Vaters hielt mich magisch am Ort fest. Ich wollte ein freier Mensch sein, ich wollte meine Entscheidungen selber treffen, ich wollte den Umgang mit meinen Mitmenschen selber bestimmen und mich nicht gängeln lassen von völlig überzogenen, emotional bestimmten Vorstellungen. Ich stürzte mich mit großem Eifer in die Arbeit. Erstens hatte ich viel Freude, meine ehemaligen Lehrer wiederzusehen und zweitens kam mir der Lehrstoff so entgegen, dass ich mich in meinem Element fühlte. Es wurde mir auch gleich zugesichert, dass ich nach der zweiten Lehrerprüfung eine Fachlehrerausbildung für Musik anschließen könne. So waren wenigstens auf diesem Gebiet meine Wege vorgezeichnet. Trotz aller seelischen Bedrängnis freute ich mich auf jeden Tag. Es waren auch einige interessante Leute dabei, mit denen sich ein Gedankenaustausch lohnte. Es wurden freiwillig zusätzliche Arbeitsgemeinschaften gebildet über Literatur. Das war so ergiebig und bereichernd, dass ich heute noch ins Schwärmen gerate. Gerade nach dieser schrecklichen Zeit, die immer andere Prioritäten aus Not setzte, war es wie eine Erlösung, seine Gedanken wieder in andere Bahnen zu lenken. Ich haderte mit mir selbst, dass ich von Lübeck wieder in meine Heimatstadt zurückgekehrt war. Hinein in diese belastete Seelenlage platzte die Nachricht von der Heimkehr meines Bruders aus englischer Gefangenschaft. Ich war ja so froh und schrieb ihm spontan einen Brief und bat ihn um ein Treffen. Es gab keine Wiedersehensfreude und keine Vertrautheit von seiner Seite, eher wehte mir eine eisige Ablehnung entgegen. Er verstand meinen Weggang aus dem Elternhaus nicht. Das brachte mich völlig aus der Fassung. Meine einzige Äußerung, die ich zustande brachte, war: „aber wir sind doch Geschwister". Darauf entgegnete er mir, ich solle nicht so sentimental sein. Das kränkte mich zutiefst, das konnte ich nicht begreifen und ich litt sehr daran. Mein einziger Trost war die Arbeit und es kam mir sehr entgegen, dass wir gleich in die Praxis gingen. Neben den Hospitationen durften wir auch schon selbst unterrichten. Das erfüllte mich mit Glück. Wenn ich vor einer Klasse stand, fühlte ich mich genau am rechten Ort. Es gab damals überhaupt keine Disziplinschwierigkeiten. Auch die Kinder hatten eine schwere und entbehrungsreiche Zeit hinter sich und hatten sie zum großen Teil noch. Sie gingen gern zur Schule. Die Klassenfrequenzen betrugen oft 48 Kinder; trotzdem waren sie lernbereit und stets voller Respekt. Ich kam nun auch in die Lage, zwei meiner kleinen Schwestern zu unterrichten. Die Kleinere sagte zu ihren Mitschülerinnen: „Der braucht ihr nicht zu gehorchen, das ist bloß meine Schwester." Nach diesem schrecklichen Krieg erfolgte auch ein Umbruch im Denken und die Schule wurde anfangs zu einem Experimentierfeld. Es gab neue Richtlinien, aber eine fest gefügte, verbindliche Ordnung war noch in der Entwicklung. Das war meine Stunde! Ich hatte so viele Ideen, so viele Träume, so viel Gestaltungswillen, und ich ging mit einem unglaublichen Spannungsgefühl an meine Arbeit. Ich wollte mehr als Wissensvermittlung, ich wollte den Kindern eine neue Welt des Denkens und Fühlens erschließen, ich wollte ihre Kreativität wecken, ich wollte, dass sie sich selbst entdecken. Ich war so beseelt von diesen Idealen, dass ich meine bedrückende Situation nicht so empfand. Die Tatsache, dass mein Großvater so segensreich für alle Schulen als Schulrat gewirkt hatte, stärkte mein Bewusstsein und ich hatte ein Zuhause-Gefühl in der Schule. Die Zeit bis zur ersten Lehrerprüfung verging wie im Fluge. Danach übernahm ich eine Klasse, in der die spätere Schriftstellerin Brigitte Reimann war, ein quirliges, fantasievolles Kind. Ich unterrichtete dort Deutsch und Musik und wollte sogleich die schöpferischen Fähigkeiten der Kinder ausprobieren. Die Kinder hatten auch einen Hunger nach Erlebnissen und ihre erfinderischen Fähigkeiten waren nahezu unerschöpflich. Kinder setzen ihre Vorstellungen und Fantasien direkt um, sie haben nicht die Hemmschwellen von Erwachsenen. Und so war es eine neue Erfahrung für mich, ihre schlummernde Kreativität zu entdecken. Für eine anstehende Schulveranstaltung wollte ich das Märchen „Peterchens Mondfahrt" auf die Bühne bringen. Die Kinder arbeiteten an der Text- und Bewegungsgestaltung aktiv mit und ich war erstaunt, was Kinder zu leisten vermögen, wenn man sie richtig anleitet. Ich entwickelte großen Respekt vor diesen kleinen werdenden Persönlichkeiten. Dabei wurde mir bewusst, wie viel Porzellan man bei meiner Erziehung zerschlagen hatte. Auch Eltern waren für das Vorhaben zu begeistern und einige schufen sehenswerte Kulissen. Ich selbst hatte mir auch eine Rolle zugedacht, und als ich mit den Kindern gemeinsam auf der Bühne stand, spürte ich das Schöpferische an dieser Arbeit wie ein zart sprießendes Pflänzchen. Oft konnte ich nicht einschlafen, weil so viele Ideen mich überfielen. Eines Tages erzählte mir eine Kollegin, dass ihr Bruder aus amerikanischer Gefangenschaft am nächsten Tag heimkommen würde. Sie lud mich dazu ein. Ich kannte ihren Bruder aus der Schulzeit, er war der ewige Einzelgänger, war nie in einer Jugendorganisation, hatte größere Fahrten allein mit dem Fahrrad unternommen, war nie in einer Clique und eher unauffällig gewesen. Seine Zurückhaltung war eine Art Schutzhaltung: „Bitte kommt mir nicht zu nah, ich tue es auch nicht." So kannte ich ihn und so war er auch noch heute. Bloß aus dem Jungen von einst war inzwischen ein Mann geworden. Ich war stets Männern aus dem Weg gegangen, die flirtend signalisierten: „Ich bin ein Mann!" Er war das Gegenteil, ein Mensch, den man erobern musste. Das zog mich magisch an. Erst einmal waren „alle Schotten dicht", doch dann wurde er gesprächig, als es um die schönen Künste und Musik ging. Seine Kriegsberichte waren keine Schilderungen von Kämpfen, von harten Fronterlebnissen, er erzählte, was ihm wichtig war. Da er zeitweilig in Italien stationiert war, schwärmte er von Rom, schilderte eingehend, wie er eine Opernkarte in Mailand ergattert hatte, schilderte die toskanische Landschaft, oder er erzählte, dass er im verdunkelten Zug Mailand-Neapel seine Hängematte aus Versehen an die Notbremse gehängt hatte und der große Fronturlauberzug zum Stehen kam. Es war nicht so, dass er keine schlimmen Fronterlebnisse gehabt hatte, er war auch in Russland gewesen und hatte alle Schrecknisse durchlebt, bloß er hatte sich von einem schönen Eindruck zum anderen gehangelt, um zu überleben. Die Nachwirkungen dieses Krieges waren tief greifend. Am Leben geblieben zu sein bedeutete nicht zugleich die Überwindung und Aufarbeitung des Geschehens. Die Schäden stellten sich erst nach dem großen Schockerlebnis heraus. Du, Armin, hattest das Glück, an einer Alma Mater studieren zu dürfen, trotzdem überfielen dich nachts Ängste aus den Kriegsjahren. So wärest du beinahe ein Opfer der SS-Feldpolizei geworden, als du mit einigen Kameraden in einem polnischen Haus übernachtet hattest. Sie hielten euch für Deserteure, und nur die Tatsache, dass ihr Waffen von gefallenen Kameraden bei euch hattet, rettete euer Leben. Allmählich schwanden diese Ängste, allmählich begriffen alle Menschen, dass es wirklich vorbei war. Viele Schüler hatten während des Krieges ihr Abitur „geschenkt" bekommen, so auch mein Bruder Reiner. Einige gingen nach dem Krieg mit diesem Abitur gleich an die Universität. Mein Bruder Reiner setzte sich, trotz „Überalterung", noch einmal auf die Schulbank und holte das ganze Abitur nach. Das hatte mein Vater ihm Jahre zuvor ans Herz gelegt. Bildung hatte in unserem Elternhaus stets Vorrang vor allem gehabt. Doch das nützte ihm bei seinen vergeblichen Bewerbungen nichts. Er bewarb sich in Rostock, Berlin und Halle für Medizin, wurde aber als Sohn eines inhaftierten Nazis kategorisch abgelehnt. So bewarb er sich, wie ich, für den Lehrerberuf. Er ging nach Berlin an die Musikhochschule in der Fasanenstraße. Nur dem jüdischen Professor Jakobi hatte er es zu verdanken, dass er angenommen wurde. Bei seiner Aufnahmeprüfung hatte er intern ein Schreiben beigelegt mit der Bemerkung: „unbedingt aufnehmen, hochbegabt". Dies geschah während der Inhaftierung meines Vaters. Von der Breslauer Familie hatte es ja die erfreuliche Nachricht gegeben, dass sie die Flucht über das Riesengebirge überstanden hatten und über das Sudetenland nach Pirna gelangt waren. Dort hatte mein Onkel von März bis November 1945, also schon nach der Besetzung durch die Russen, im Finanzamt gearbeitet, bis er in der Aktion, mit der alle ehemaligen Beamten auf die Straße gesetzt wurden, auch pensioniert wurde. Er hat sich dann noch monate-, teilweise jahrelang um eine Wiederverwendung im Finanzdienst bemüht, auch das übliche Entnazifizierungsverfahren durchgemacht; es nützte nichts, zumal er sich auch nicht dem Willen der neuen Machthaber unterordnen wollte. Er musste, um nicht zu verhungern, mit einem Rucksack über die Dörfer ziehen, um nach einem jahrzehntelangen, treuen Dienst seinem Vaterland gegenüber um sein tägliches Brot betteln, so empfand er es. Nachdem er sein Amt verloren hatte, grub seine Frau ihr altes Lehrerinnenpatent wieder aus und ernährte die Familie. Die erschütterndsten Nachrichten kamen aus Königsberg. Goldstück, die in ihren letzten Semesterferien nach Königsberg gefahren war, wurde von den Russen verschleppt bis weit über den Ural hinaus. Weil sie sehr kräftig war, musste sie die Toten beerdigen. Dabei infizierte sie sich und starb. Ihre Eltern wurden aus der Stadt getrieben in langen Fußmärschen, und als die Russen merkten, dass sie mit diesen entkräfteten Menschen nichts mehr anfangen konnten, trieben sie diese zurück. Sie starben an Entkräftung und verhungerten im Keller. Die zweite Tochter Ilse überlebte in einem Krankenhaus in Cannstadt, wo sie als Laborantin arbeitete. Ihr Bruder Günter floh mit seinem Bordfunker aus amerikanischer Gefangenschaft und verdingte sich bei einem Bauern im Rheinischen. Die Berliner Tante saß in der zerstörten Stadt und hoffte auf Dieters Rückkehr. Den Verlust von Fritz und Konrad hatte sie noch nicht überwunden und nun bangte sie um Dieter. Auf einem Flüchtlingsschiff kam er aus Ostpreußen nach Schleswig-Holstein und dann endlich nach Berlin. Onkel Walther war als ehemaliger General Hitlers in ein Internierungslager nach England gekommen, und sein früher so geschäftstüchtiger Bruder Reinhard hatte sich aus dem zerbombten Berlin nach Witzenhausen im Hessischen zurückgezogen. Kurt und zwei Söhne waren umgekommen, und seine früher so lebensfrohe, musisch begabte Frau stand nun mit Sohn und Tochter, dem verbliebenem Rest der Familie, vor dem Nichts. Aus der einstmals so großen, hoffnungsvollen Familie mit so interessanten und begabten Menschen war ein versprengter Haufen mit viel Leiderfahrung geworden. Die Familientage in der Mitte Deutschlands wurden zur verklärten Erinnerung. Jeder stand vor seiner eigenen harten Wirklichkeit und musste einen Neuanfang wagen. Ich war bei meinem Neuanfang, aber ich schleppte seelische Altlasten mit mir herum. In mir wuchs eine unbändige Sehnsucht nach Eigenständigkeit und ich sehnte mich nach einem Menschen, den ich lieben konnte und der mich liebte. Den Bruder meiner Kollegin kannte ich nur bei seinem Spitznamen. „Isegrimm", abgekürzt „Isi", hatten ihn die Klassenkameraden genannt. Ich musste ihn erst einmal nach seinem richtigen Namen fragen, und als er Günther sagte, wusste ich, dass ein neues Kapitel in meinem Lebensbuch anfing. Jahrelang waren wir im Kriegseinsatz gewesen, jahrelang hatte er keine Frau und ich keinen Mann bewusst und liebend wahrgenommen, da fielen wir förmlich ineinander hinein. Es knisterte nicht, es loderte, es gab keine Fragen, nur tausend Antworten auf lang gehegte Wünsche und Sehnsüchte. Hoffnungsvoll verlobten wir uns. Wir führten lange Gespräche, auch über seine Selbstfindung. Alle jungen Menschen waren schlagartig und zwangsweise aus ihrem Lebensrhythmus herausgerissen worden, und nun sollten sie von jetzt auf gleich funktionieren. Was war denn mit Lebensträumen? Jeder musste es lernen, sich den Gegebenheiten anzupassen, das Beste daraus zu machen. Während der Wunsch in ihm heranreifte, Facharzt für Chirurgie zu werden, fand er für die Zwischenzeit eine Beschäftigung bei der Landvermessung. Der erste Versuch einer Immatrikulation wurde negativ beantwortet mit der Begründung: „Sohn eines Kapitalisten". Seine Eltern hatten einen Großhandel betrieben und damit war er abgestempelt als unwürdig. Er versuchte es ein zweites Mal mit dem gleichen Ergebnis. Beim dritten Versuch war er vorher aus diesem Grunde ganz zielgerichtet und voller Frust in die Partei eingetreten und – siehe da, es klappte, und er konnte mit dem Studium in Halle beginnen. Jahre, schwere Jahre würden vor uns liegen, das wussten wir, aber das Gefühl, einander zu haben, schlug alle Bedenken in den Wind. Nicht weit von der Schule lag das Haus meiner Großeltern. Großmutter war ja nun schon lange allein und war diesem Leben nicht gewachsen. Sie hatte das Haus voller Flüchtlinge und daneben ständig wechselnde russische Einquartierung. Großvaters wertvolle Bibliothek war so gut wie nicht mehr vorhanden, damit war Feuer gemacht worden, damit waren Bedürfnisse auf der Toilette erledigt worden. Der Zahn der Zeit und mangelnde Pflege hatten die schöne Atmosphäre von einst zunichte gemacht und Großmutter stand dem hilflos gegenüber. Schmerzlich war es für mich, dass die Schulglocke nicht mehr an der Tür hing. Immer hatten wir respektvoll Großvaters Gebot geachtet, nicht daran zu läuten, und nun hatte sie jemand achtlos abgerissen. Früher hatte es nach Sauberkeit und frischer Minze geduftet, jetzt muffelte es im ganzen Haus. Täglich drängten sich in allen Lebensbereichen die Folgen des Krieges auf, wie ein dumpfer Albtraum lag dies über dem Land und seinen Menschen. In meinem Elternhaus tat die russische Einquartierung ein Übriges, um diesen Eindruck zu erhärten. Ludmilla, die Frau des Majors, hatte das Bügeleisen mal eben auf Vaters Bechstein-Flügel abgestellt, und in Mutters gutem Büffet bekamen die Hunde ihre Jungen oder es hausten dort Kaninchen. Das einstmals so gepflegte Parkett hob sich an, weil die Tiere dort ihre Exkremente hinterließen. Mein Bruder hatte auf Wunsch des Majors einen Kleiderschrank vom Boden geholt und in der Mitte des Zimmers abgestellt, weil er nicht wusste, wo der Herr Major ihn hinstellen wollte. Der ließ ihn in der Mitte stehen, weil er dachte, dies sei bei uns so Sitte oder besonders vornehm. Gemessen an dem, was Flüchtlinge, die Haus, Hof und Heimat verlassen mussten, durchgemacht hatten, waren dies kleine Tagesbegebenheiten, kaum erwähnenswert, aber vergleichbar einer schweren Krankheit drang das Krebsgeschwür Krieg bis in die letzten Poren.

Eines Tages, wir schrieben das Jahr 1948, nach einem arbeitsreichen Schultag, als ich mir Gedanken für den nächsten Stundenplan machte, stürmte jemand die Treppe herauf, die Tür wurde aufgerissen und vor mir stand meine Jugendliebe. Im ersten Augenblick erkannte ich diesen bärtigen Mann gar nicht. Er kam aus russischer Gefangenschaft und wir hatten über Jahre nichts voneinander gehört. Eine Erwartungshaltung aneinander hatten wir nie gehabt, aber dieser leuchtende Traum Jugendliebe und die schmerzliche Wirklichkeit trafen blitzartig aufeinander, und wir standen uns hilflos und sehr bewegt gegenüber. Dass es eine harte, handgreifliche Auseinandersetzung zwischen Günther und ihm gab, erfuhr ich erst viel später. Ich besuchte die Mutter jenes Kommilitonen aus Lübeck, der seinem Leben so überraschend ein Ende gesetzt hatte. Ich musste erfahren, dass sie auch noch ihren jüngsten Sohn verloren hatte, der mit mir in einer Tanzstunde gewesen war. Als sie mir von ihrem Leid erzählte, setzte bei mir wieder ein Schmerz ein, den ich so sehr fürchtete, er durchdrang meinen Körper mit einem schmerzhaften Ziehen, und er machte meine Seele hilflos. Schon in Lübeck hatte ich das Gefühl gehabt, am Ende meiner Schmerzfähigkeit zu sein, an eine Grenze zu stoßen, und immer dann arbeiteten die Zeilen von Christian Morgenstern in mir: „Ich habe den Menschen gesehen in seiner tiefsten Gestalt, ich kenne die Welt bis auf den Grundgehalt...". Diese fortführenden Zeilen: „Ich weiß, dass Liebe ihr tiefster Sinn und dass ich da, um immer mehr zu lieben bin", die konnte und konnte ich nicht verinnerlichen. Nach einem langen Gespräch schenkte sie mir eine große Pralinenschachtel, die sie aufbewahrt hatte für die

Heimkehr ihres Sohnes. Ich wollte das absolut nicht annehmen, aber da sagte sie weinend: „Sie waren gut zu meinem Sohn."

Die Schule war für mich ein Zuhause und ich liebte die Kinder. Eines Tages kam ein russischer Offizier in meinen Unterricht zum Hospitieren. Er setzte sich auf die letzte Bank und schrieb fleißig mit. Ich konnte mir gar nicht vorstellen, was es da zu schreiben gab, und ich hatte ein unangenehmes Spannungsgefühl, ließ mich aber nicht beirren in meinem Redefluss. Er sprach fließend und akzentfrei Deutsch und ich fragte ihn direkt nach seinem Vorhaben. Er sagte: „Ich kontrolliere Ihr nazistisches Gedankengut." Da ich leider oft zu schnell mit dem Wort bin, antwortete ich salopp: „Da können Sie lange suchen." Das gefiel ihm offensichtlich nicht. In seinem Blick lag eine Zurechtweisung, die mich frösteln ließ. In der folgenden Zeit bekam ich oft heftige Magenschmerzen, ich fühlte mich so schlapp und so unkonzentriert. Ich befragte meinen Arzt und er verschrieb mir fleißig etwas gegen Magenbeschwerden. Das zog sich über Wochen hin und es wurde nicht besser. Ich fragte nach einer Diagnose und er meinte, dass dies bei solcher Hartnäckigkeit wohl eine Magenschleimhautentzündung sein könne, dies müsse jetzt geklärt werden. Aber noch bevor eine Diagnose gestellt wurde, dämmerte mir das Ergebnis selber: Ich war schwanger! Wie konnte es sein, dass ein Mensch, der in einem Arzthaushalt aufgewachsen war, der eine Krankenschwesternausbildung hinter sich hatte und über einige medizinische Grundkenntnisse verfügte, bei sich selbst so naiv und so lebensfremd war? Das wollte gar nicht in meinen Kopf. Das war eine Realität, die ich erst einmal mit mir selber verarbeiten musste. Bei allen Bedenken zu unserer wirtschaftlichen Lage siegte doch die Freude und der Entschluss: „Wir gegen den Rest der Welt." Als Günther am folgenden Wochenende kam, wollte ich es ihm schonend sagen, doch ehe ich dazu kam, erzählte er mir bedrückt, dass er durch das Vorphysikum gerauscht war. Er war so niedergeschlagen und mutlos, dass ich lieber schwieg und es zunächst für mich behielt. Mir war von Anfang an klar gewesen, dass man nach so vielen Jahren Krieg sich erst langsam einarbeiten musste, um geistige Arbeit als Bedürfnis zu

1946 verlobte ich mich mit Günther Grimm. Meine Sehnsucht nach einem Menschen, den ich lieben konnte, wurde endlich erfüllt.

verinnerlichen. Ich sah das nicht so negativ wie er. Ich musste sein angeschlagenes Selbstbewusstsein erst wieder aufbauen. So wurde meine Schwangerschaft nicht zu einem süßen Geheimnis, sondern zu einer Bedrückung. Ich schob es vor mir her und wagte es nicht, dies zu sagen. Ich stand mit dem

Rücken zur Wand. Auf der einen Seite wurde ich täglich fordernd zum Einzelkämpfer, auf der anderen Seite wollte ich Günther bei seinen Selbstzweifeln nicht in einen Entscheidungszwang drängen, Diese starke innere Anspannung, begleitet von großen Ängsten, löste eines Nachts starke Blutungen bei mir aus. Zunächst dachte ich, damit allein fertig werden zu können, doch als es unvermindert anhielt und ich mich einer Ohnmacht nahe fühlte, musste ich ins Krankenhaus. Dort erhielt ich nicht nur die nötige medizinische Hilfe, sondern ich erfuhr Verständnis und Zuwendung. Günther erschien und er war ratlos und hatte Tränen in den Augen. Er sagte nichts dazu, er lebte in seiner eigenen Anspannung und hatte die Latte für sein Fortkommen ganz hoch gelegt. Es war eine Zerreißprobe. Nachdem ich wieder im Schuldienst war, wurde ich zur Direktorin gebeten. Sie druckste verlegen herum und nagte schließlich: „Einige Eltern haben erfahren, weswegen Sie im Krankenhaus waren und zweifeln nun Ihre moralische Kompetenz als Lehrerin an. Ich möchte Sie bitten, mir eine ärztliche Bescheinigung zu bringen, die eindeutig diese Behauptung widerlegt." Ich war wie vom Donner gerührt und konnte mir beim besten Willen keinen Elternteil meiner Schüler vorstellen, der so etwas machte. Ich bin ein Mensch, der in die Höhle des Löwen geht, ich wollte wissen, wer das ins Rollen gebracht hatte. Die Direktorin wollte zunächst nicht diejenigen benennen, doch ich bestand darauf. Ich suchte eine der Damen auf und befragte sie. Sie wurde sehr verlegen. Ich suchte den behandelnden Arzt im Krankenhaus auf und trug ihm mein Anliegen vor. Er war ehrlich betroffen und sagte mir, dass diese Forderung der Direktorin nicht rechtens sei. Er stellte mir aber ein Attest aus, bei dessen Formulierung man genau so schlau war wie vorher. Das bereitete ihm sogar eine gewisse Häme. Meine Direktorin war froh, dass sie überhaupt etwas in den Händen hatte und sagte den aufgeregten Damen, dass sie sich wieder beruhigen könnten. Der Krieg hatte ja viele Vorstellungen und Ansichten über den Haufen geworfen, aber diese verlogenen Moralvorstellungen hielten sich hartnäckig wie eine letzte Bastion, die verteidigt werden musste. Da kam eine Aufforderung zu einem Ferienpraktikum gerade recht. Eine jüdische Tanzpädagogin, Jenny Geerds, die während der Hitlerzeit in England gelebt hatte und nun in Halle an der Musikschule tätig war, fuhr mit einer ausgesuchten Kindergruppe an die Ostsee. Begleitet wurde sie von einem Kunsterzieher aus den Frankeschen Stiftungen, die einen hohen Ausbildungsrang hatten, sowie einem werdenden Dirigenten. Es gelang mir, Günther als „Sanitäter" anzubieten, und so fuhren wir glücklich und kostenlos in den Ferienwochen nach Ahlbeck. Jenny war eine sehr eigenwillige, bewundernswerte Persönlichkeit, die ganz nach der Methode von Mary Wigman arbeitete. Ausdruckstanz als Hilfsmittel zur Persönlichkeitsbildung war ihr Anliegen. Wir wurden mit einer für uns völlig neuen Erziehungsmethode vertraut gemacht. Erziehung zur tänzerisch spielerischen Körperhaltung. Da hieß es dann morgens am Strand: „Tanzt mit dem Wind, tanzt mit dem Meer, tanzt mit dem Dünengras." Das war zunächst sehr ungewöhnlich, aber als wir sahen, wie die Kinder damit umgingen, waren wir erstaunt. Diese gleiche Herangehensweise gab es beim Malen. Es hieß: „Lasst Farben tanzen." Ich musste Töne tanzen lassen und der angehende Dirigent ließ Töne auf der Flöte tanzen. Anfänglich hatten wir den Eindruck, dass dies etwas verrückt sei, aber nachdem wir sahen, wie locker diese Kinder wurden, wie aufgeschlossen sie waren und wie sie über die Körperbewegung eine ganz andere Wahrnehmungsfähigkeit bekamen, wurden wir sensibel für Jennys Methoden. Für mich und meine Arbeit im Musikunterricht war es bereichernd und eröffnete mir neue Weiten des Denkens. Günther hatte außer einigen Verbänden und einem Halswickel nichts zu tun und konnte ungestört für das bevorstehende Physikum pauken. Wir bekamen auch in diesen Wochen eine neue Sicht der Dinge und waren gewappnet gegen Angriffe. Günther war kein Mensch, der zum Gegenangriff überging, er überzeugte mit einer langatmigen Geduld und mit gleichbleibender bestimmter Haltung. Er stärkte mein angeschlagenes Selbstbewusstsein durch die verlässliche Beständigkeit seiner Liebe. Wir stärkten uns gegenseitig und daraus entstand ein Gefühl untrennbarer Verbundenheit. Das brauchten wir auch, diese ständige Trennung erforderte immer wieder eine Bestätigung unserer Verbundenheit. Versuchungen gab es hinreichend.

Zusammenarbeit mit Studentinnen im fernen Halle wurden zum Lehrbeispiel: „Wie gehe ich mit der Eifersucht um?", umgekehrt musste er auch meinen Umgang mit Kollegen tolerieren.

Wenn mein Großvater mir Sagen und Märchen erzählte, als ich Kind war, vergaß er nie den Satz: „Hinter den Bergen wohnen auch Menschen." Dieser Satz war mir sehr geläufig, aber er war noch nicht in meinem Herzen gelandet. Als ich nach dem Krieg allmählich die Erkenntnis gewann, wie stark wir Menschen alle von unserem Deutsch-Sein geprägt und überzeugt waren, wuchs dieser Satz zu einer Größe auf und ich begann, mich zu öffnen. Mit Betroffenheit stellte ich fest, dass sich unsere Generation „Deutschland über alles" verinnerlicht hatte, oft, ohne sich dessen bewusst zu sein. Durch die Umwelt und die zielgerichtete Erziehung war es eingeflossen in unser Denken. Ich nahm Großvaters Satz an wie ein Vermächtnis.

Reisterstown

Das Studium an U.S.-Universitäten ist wesentlich disziplinierter als in Deutschland. Es gibt Lehrbücher, in denen man bestimmte Kapitel lesen muss. Man wird regelmäßig geprüft. Man darf in der Veranstaltung Fragen stellen. Die ersten zwei Jahre Freshman and Sophomore bestehen zumeist aus Pflichtvorlesungen, viele davon in den Geisteswissenschaften/Liberal Arts. Der University Graduate soll zu einem allgemeingebildeten und sich seinen gesellschaftlichen Verantwortungen bewussten Menschen erzogen werden. Die zwei letzten Jahre vor dem Erwerb des Bachelor of Arts/Sciences degree gelten der beruflichen Vorbereitung. Wenn man eine bestimmte Zahl von Kredit- und Qualitätspunkten angesammelt hat, zumeist nach vier Jahren, erwirbt man den Bachelor-Grad und hat damit den ersten Abschluss. Für mich traf das alles nicht zu, da ich ja bereits den Dr. Phil, hier Ph. D. erworben hatte. In den USA ist der Ph. D. der höchste akademische Grad. Neben den Erfahrungen amerikanischen Universitätslebens war das allerwichtigste Ereignis das Kennen-Schätzen und Lieben-Lernen von Marlene, meiner Frau und Mutter von drei wunderbaren Kindern und jetzt im Jahre 2014 sechs lieben Enkelkindern und zwei Urenkelkindern. Ich lernte sie an einem milden Januartag unter Palmen an einem schönen Strand bei Coral Gables/Miami kennen. Natürlich musste ich schwimmen, obwohl das Wasser nicht besonders warm war. Nach dem Schwimmen wechselte ich die Badehose, wie ich es als deutscher Junge gewohnt war, unter meinem Bademantel. Die Badehose hängte ich zum Trocknen an den nächstgelegenen Palmenbaum. Das beobachtete Marlene aus einiger Entfernung und wusste dabei gleich, dass ich nicht von hier sein konnte, denn für Amerikaner war es unanständig, seinen Badeanzug am öffentlichen Strand auszuziehen und sich unter dem Bademantel einen neuen Badeanzug anzuziehen. Man behielt den nassen Badeanzug an! Vom Nacktbaden konnte damals überhaupt nicht die Rede sein. Das verstieß gegen alle Regeln des Puritanismus, dessen Wurzeln man selbst in den

USA des frühen 21. Jahrhunderts nicht unterschätzen sollte. Während eines Privatunterrichts in der deutschen Sprache, den ich einem Ph. D.-Kandidaten erteilte, sprach mich Marlene an. Sie wollte wissen, wie spät es war. Nach kurzer Unterhaltung über woher und wohin machten wir einen Spaziergang am Strand. Zum Abendessen bei Freunden, bei denen Marlene übernachtete, erzählte ich ihr von meinem bisherigen Leben. Gespannt und mit viel Interesse hörte sie mir zu. Wir trennten uns mit dem Versprechen, uns zu schreiben und hoffentlich bald wiederzusehen. Es entwickelte sich zwischen uns ein reger Briefwechsel, und je mehr ich über sie erfuhr, desto mehr wuchs meine Zuneigung zu ihr. Zu Ostern luden ihre Eltern mich nach Elmont auf Long Island im Staate New York ein. Ich lernte Marlenes Eltern kennen und schätzen. Sie stammten aus Solingen und hatten Verwandte in Deutschland. Eine enge und natürliche Verbindung entwickelte sich schnell. Sie gefielen mir und so schien es, ich gefiel ihnen. Bald wurde ich zu einer Art Familienmitglied. Marlene zeigte mir ihre Umgebung, führte mich in New York City ein, zeigte mir Museen, ging mit mir zum Central Park. Wir verlebten herrliche Tage und kamen uns näher und näher. Nach Abschluss des Frühjahrsemesters ging es wieder für wenige Tage nach Elmont zu Marlene und ihren Eltern. Mein Geburtstag am 6. Juni wurde nun 1952 auch unser offizieller Verlobungstag. Ich bat um ihre Hand. Marlenes Eltern sagten „Ja". Groß war die Freude. Meine Eltern in Hann.-Münden waren darüber nicht so glücklich, sie hatten Zweifel an einer Bindung, die nur eine relativ kurze Zeit bestanden hatte. Sie meinten, dass wir uns für so einen wichtigen Schritt im Leben mehr Zeit lassen sollten. Hin und her flogen die Briefe. Meine Eltern konnten mich nicht überzeugen, dass ich noch warten sollte. Nach zwei Monaten harter körperlicher Arbeit in einer Metallfabrik in Chicago, wo ich mit dem Lebensstil amerikanischer Arbeiter einen ganz anderen Teil amerikanischen Lebens kennenlernte, ging es zurück nach Elmont, wo wir am 23. August 1952 heirateten. In Chicago hatte ich Verwandte, die mir ihr Haus in den Ferien und für den Sommer 1952 öffneten. Rode, so hieß die Familie, waren nach dem Ersten Weltkrieg nach Chicago ausgewandert, wo sie sich nach har-

Am 23. August 1952 heirateten Marlene Stocker und ich in Elmont, Long Island N. Y. (von links nach rechts: Ralph Stocker, Lucille Stocker, Marlene Stocker/Mruck, Grete Stocker, Hermann Stocker.

ter Arbeit zu einem Mittelstandsleben hochgearbeitet hatten. Ihr Lebensstil war der einer soliden Mittelklasse, was für viele die Erfüllung des amerikanischen Traums bedeutete. Die musikbegabte Tochter erwarb eine geachtete Stellung in einer Rechtsanwaltskanzlei. Wir blieben über die Jahre nicht nur Verwandte, sondern auch gute Freunde.

Marlenes und mein Hochzeitstag war ein herrlicher Sommertag. Wir wurden in einer lutherischen Kirche getraut und feierten im kleinen Kreis in einem gemütlichen Lokal auf Long Island. Meine Eltern konnten leider nicht in die USA reisen, die Mittel fehlten einfach dazu. Die ersten Tage unserer Ehe verbrachten wir in der Wohnung von Marlenes Bruder Ralph. Meistens fuhren wir zum Strand und tobten uns als junge verliebte Menschen richtig aus. Beruflich wollte ich meinen Anfang in den USA machen, zumal mir Kollegen versicherten, dass ich wegen meiner Ausbildung und vor allem dem Göttinger Dr. Phil. eine gute Zukunft auf Universitäten ha-

Es war ein herrlicher Sommertag, an dem wir glücklichen Brautleute uns das Ja-Wort gaben.

ben würde. Prof. Dr. Ernst Rose vom Washington Square College/New York University bot mir eine Stelle an als Instructor (Dozent) mit einem Anfangsgehalt von 3.000 Dollar per annum. Das war zwar nicht viel Geld, doch mehr als ich in Deutschland als Referendar erhalten hätte. Vor allem bot es mir die Möglichkeit, eine akademische Karriere zu beginnen. Ich akzeptierte Prof. Roses Angebot. Er wurde zu einem meiner Mentoren. Doch zunächst einmal ging es zurück nach Deutschland. Dieses Mal fuhren wir auf der neuen „United States", einem schnellen Superschiff. In vier Tagen waren wir in Le Havre, von wo es per Zug erst einmal nach Paris ging. Ich war das erste Mal im Jahre 1944 als deutscher Soldat in Paris gewesen, mein Aufenthalt war auf Stunden beschränkt. Jetzt verbrachten wir drei lange Tage in dieser herrlichen Stadt, erkundeten die wichtigsten Stätten, den Eiffelturm, die Champs Elysées, den Louvre, den Luxembourg Gardin. Marlene und ich entdeckten, dass wir beide an der Kunst interessiert waren und dass Museen und historische Stätten für uns wichtig waren. Von Paris ging es zu Marlenes Verwandten nach Solingen. Bisher hatte sie ihre Verwandten nur durch Briefe und durch Erzählungen kennengelernt, jetzt lernte sie sie persönlich kennen, einschließlich ihres Großvaters. Marlenes Verwandte waren erfolgreiche Industrielle. Ihr Großvater Stoecker besaß eine Metallwarenfabrik, die etwa 100 Angestellte zählte. Die Fabrik produzierte Messer, Scheren, Bestecke, Schreibtischbestecke. Großvater Stoecker wohnte in einem großen vornehmen Haus, das er vor seinem Tod der Stadt Solingen schenkte. Wir wurden Gäste bei Marlenes Tante und Onkel, die uns für vier Wochen verwöhnten. Besser hätte es uns nicht gehen können. Erhard Hermes, Marlenes Onkel, war Manager der Landwirtschaftsersatzteilfabrik „Raspe & Söhne", einer Fabrik mit etwa 1.000 Angestellten. Wir schliefen lange am Morgen, dann gab es Kaffee und Kuchen, dann gingen wir spazieren oder schwimmen in Raspes Privatpool. Und am Abend wurde gut gegessen und gefeiert. Hier verbrachten wir richtige Flitterwochen dank der Gastfreundschaft von Marlenes Verwandten. Ein weiteres großes Erlebnis war, meine Eltern in Hann.-Münden wiederzusehen und für Marlene, ihre Schwiegereltern kennenzulernen. Alles lief besser, als wir es uns erträumt hatten, auf beiden Seiten gab es offene Herzen, und Marlene und meine Eltern fanden schnell zueinander. In Hann.-Münden unterrichtete ich im Wintersemester Englisch und Amerikanistik. Zu dieser Zeit war das Interesse an den USA besonders groß und ich konnte von meinen Kenntnissen und meinen Erfahrungen profitieren. Ende Januar, Marlene war jetzt schwanger, fuhren wir mit einem U.S.-Frachter von Hamburg nach New York. Es wurde eine stürmische Überfahrt, die beinahe zwei Wochen dauerte. So manche von den wenigen Passagieren wurden ernsthaft seekrank. Marlene und ich überstanden es gut. Im New Yorker Hafen wurden wir freudig von Marlenes Vater und ihrem Bruder empfangen. Jetzt hatte ich keine Zeit zum Ausruhen, denn Anfang Februar begann das Semester am Washington Square College/New York University. Es war der Beginn einer langen akademischen Karriere.

Möser

Umzudenken oder sein bisheriges Denken zu korrigieren fällt allen Menschen schwer. Das erstreckt sich auf alle Gebiete menschlichen Verhaltens. Es erschien mir stets unglaubhaft, nach dem Krieg eine „Entnazifizierung" zu betreiben. Vergleichsweise hatte ich die Vorstellung von einem mottenzerfressenen Kleidungsstück, das man mit reichlichen Mottenkugeln in den Schrank hängt, um weitere Zerstörung zu vermeiden. Dieser langwierige Umdenkungsprozess erforderte Einsicht, Bereitschaft und guten Willen, und ich bezweifelte sehr, dass man dies so abhandeln könnte. Im Nachhinein bewundere ich noch deinen Entschluss, Neue Geschichte zu studieren, das bedeutete ja den Finger in die Wunde zu legen, und das wollten die Menschen nach frisch begangener Tat überhaupt nicht. Innerhalb meiner Generation hatte sich das Bild der Groß-Familie sehr verändert. Von unseren lieben Ostpreußen waren nur zwei Geschwister übrig geblieben. Cousine Ilse heiratete einen Amerikaner und ging mit ihm in das Missourigebiet, um dort Farmerin zu werden, Vetter Günter absolvierte eine Ausbildung zum Grafiker. Bei den Breslauern lebten noch alle drei Geschwister. Mein ältester Vetter, der an der Militärärztlichen Akademie studiert hatte, ging nach Indonesien, um den Folgen des Krieges zu entgehen. Seine Schwester studierte Musikpädagogik und der jüngste Vetter studierte zunächst Theologie. Beim Onkel aus Westfalen waren auch nur zwei Kinder geblieben, von denen Werner Zahnmedizin und Inge Pädagogik studierten. Dieter war als einziger Sohn in Berlin übrig geblieben. Er setzte seine Ausbildung zum Cellisten fort und gab mit seiner Mutter Käte viele Konzerte, um so für den Lebensunterhalt zu sorgen. Mein Bruder Reiner wohnte zeitweise in dem von Bomben beschädigten, aber noch bewohnbaren Haus während seines Studiums. Meine Heimatstadt in der Mitte Deutschlands war als Treffpunkt in weite Ferne gerückt, jeder musste erst wieder seinen Platz finden. Die Nachkriegswehen hatten mit voller Macht eingesetzt. Der Schwarzmarkt blühte und das mühsam verdiente, spärlich fließende Geld reichte nie aus, um die Bedürfnisse zu befriedigen. Günther verkaufte oft seine Studenten-Brot-Zuteilung auf dem Schwarzen Markt. Dafür leistete er sich eine Konzert- oder Opernkarte. Er war einmal ganz zerknirscht, als er gutgläubig sein Brot hingegeben hatte und der Betreffende einfach, ohne zu zahlen, abgehauen war. Von meinem ersten verdienten Geld hatte ich mir ein Stück duftende Seife geleistet, weil ich den Geruch der sogenannten „Schwimmseife" nicht mehr erragen konnte. Mein geliebter Klassenlehrer hatte immer schmunzelnd gesagt: „Meine Damen, das Überflüssige ist das Notwendige." Und nach diesem Überflüssigen sehnte man sich jetzt. Die Schule war vor der Gründung der DDR zu einem wunderbaren Experimentierfeld geworden. Der Marxismus-Leninismus war noch nicht porentief in alle Lehrbereiche gedrungen, und so hatte ich in meinem Fach volle Entfaltungsmöglichkeit. Um den Kindern Wilhelm Busch näherzubringen, gestaltete ich Max und Moritz auf der Bühne. Ein begabter und begeisterungsfähiger Vater bastelte ein überlebensgroßes Buch, aus dem die einzelnen Figuren auf die Bühne purzelten. Witwe Bolte, die fromme Helene, Max und Moritz, die Hühner wurden von den Kindern in einzigartiger Weise verkörpert. Die Ausbildung bei Jenny Geerds hatte mir sehr viel gebracht und ich brauchte den Kindern nur wenig Anleitung zu geben. Kinder verlebendigen ihre Vorstellungswelt so unverfälscht, dass man von ihnen noch etwas lernen kann. Der schöpferische Funke muss geweckt werden, er steckt in jedem Kind. Dabei kam ich mir manchmal vor wie der Rattenfänger von Hameln, ich wollte sie immer aus sich herausholen. Das war eine Arbeit, die einen abends müde und beglückt ins Bett sinken ließ, und ich ging oft unangefochten von dieser schweren Zeit durch die ausgefüllten Tage. In unserer Stadt gab es ein Konzerthaus mit Bühne. Dort konnten derartige Vorstellungen stattfinden. Der Saal war immer rappelvoll. Zur Begrüßung der Eltern stand ich auf der Bühne, die Kinder schon voller Erwartung hinter dem Buch, da ging plötzlich das Licht aus, es war Stromsperre. Nach einem enttäuschten Gemurmel bat ich alle, kräftig zu singen. Ich teilte „Bühnenvolk", rechte und linke Saalhälfte, ein, gab einen Kanon vor, und schon erklang ungewohnter Sing-Sang aus dem Konzertsaal. Als das Licht wieder anging, waren alle so mit dabei, dass sie noch weitersangen. Es war eine sehr heitere Stimmung und es gefiel allen sehr. Hätte man so etwas vorher eingeplant, wäre es nie zu so einem Ergebnis gekommen. Die Bereitschaft der Menschen musste bloß angesprochen werden. So war auch für künstlerisches Gestalten im Kollegenkreis viel Zustimmung zu finden. Wir beschlossen, Humperdincks Oper „Hänsel und Gretel" aufzuführen, wobei wir uns auch begeisterte Mitgestalter bei den Abiturienten und Musikern suchten. Das war natürlich ein gewagtes Unterfangen und ein paar Nummern zu groß. Man muss es aus der inneren Not der Lebensumstände heraus verstehen. Die Wertung konnte nicht nach künstlerischen Gesichtspunkten erfolgen, es ging hier um eine Art innerer Auferstehung. Es gab kritische Geister, denen die Haare zu Berge standen, die nicht gewillt waren, auch nur um Haaresbreite Zugeständnisse zu machen, aber die Mehrzahl der Besucher schöpfte Hoffnung, freute sich an der Begeisterung der Mitwirkenden und war dankbar. Es gingen so viele Impulse davon aus.

Günther wollte mich so gern seinen Verwandten vorstellen, die im Ruhrgebiet eine traditionsreiche Firma gehabt hatten und noch hatten. Aus der sowjetisch besetzten Zone herauszukommen, bedeutete immer ein Abenteuer, weil alle Wälder von Truppen durchkämmt wurden. Aber 1950 in Helmstedt angekommen, konnten wir einen Zug besteigen. Wir fanden eine unbeschädigte Villa vor, der Tennisplatz hinter dem Haus war schon nicht mehr zweckentfremdet, der Chauffeur stand schon mit Mütze in der Hand bereit, die Wünsche entgegenzunehmen, und die Köchin fragte mit frisch gestärkter Schürze nach, was die Herrschaften am Mittag zu speisen wünschten. Das schien uns alles so weit entrückt und so unwirklich und hatte mit unserem Alltag wenig zu tun. Die Aufnahme durch die Elterngeneration war sehr herzlich und familiär, doch die nachfolgende Generation, etwa zehn Jahre älter als wir, zeigte kaum guten Willen. Da waren wir schon die „Armen aus der Ostzone". Im Schweizer Internat erzogen, schon bewusst glanzvolle Zeiten gehabt, verheiratet mit einem ehemaligen Corpsstudenten aus einer schlagenden Verbindung, war die Cousine deutlich aus besagten Gründen distanziert, und wir erlebten das erste Mal in unserem Leben den „Haste-was-biste-was-Effekt". Solcher Haltung hatten wir nichts entgegenzusetzen. Inzwischen hatte ich meine große Hausarbeit für die zweite Lehrerprüfung abgeschlossen. Das Thema behandelte das Leben und Wirken Pestalozzis, und dabei wurden keinerlei Zugeständnisse an rote Ideologien erwartet, es war eine rein pädagogische Abhandlung. In der mündlichen Prüfung bekam ich das Thema: „Gedichte sind gemalte Fensterscheiben." Daraus sollte ich eine Deutschstunde entwickeln. Es war ein sehr schönes Thema und frei von jeglicher Ideologie. Ich betone dies so, weil erst mit der Gründung der DDR die vielen Auflagen und qualvollen Gesinnungshürden für die Lehrer begannen. Gleich nach bestandener Prüfung durfte ich nach Halle auf die Musikschule zur Fachlehrerausbildung. Das wurde nun unsere schönste unbeschwerte Zeit. Wir konnten zwar nicht zusammenziehen, jeder hatte ein kleines möbliertes Zimmer, aber wir hatten bei aller Paukerei Zeit füreinander. Von Halle an der Saale kannte ich nur das Lied „An der Saale hellem Strande stehen Burgen stolz und kühn, ihre Dächer sind zerfallen, und der Wind braust durch die Hallen, Wolken ziehen drüber hin". Diese schlichte Liedzeile konnten wir nacherleben bei langen Spaziergängen und die verlässliche Beständigkeit der Natur wurde uns dankbar bewusst. Die Saale floss ruhig dahin, und die lieblichen Ufer luden ein zum Verweilen, und der Anblick ließ uns den grauen Alltag vergessen. Oft ging ich mit in Günthers Vorlesungen, lernte seine Kommilitonen und seine Professoren kennen, und Halle rückte mir auch gedanklich näher. In einen der Tische war sorgfältig von einem gelangweilten Studenten eingeritzt: „Ich war so gern bei meinem Liebchen und nicht bei diesem Herrn, bei diesem muss ich schlafen, mit ihr tat ich's so gern." In dem Zusammenhang fällt mir ein, dass in der Studentenkneipe um die Ecke zur Gitarre gern gesungen wurde: „Ach du liebe Zeit, ach du liebe Zeit, keiner hat mehr für die Liebe Zeit", das traf aber auf uns nicht zu und Günther, der mich gerne mit meinem Beruf aufzog, meinte dann scherzhaft: „Und nun wiederholen wir das Ganze noch einmal!" Konzerte, Liederabende, Opern, dies gab es reichlicher als Bratkartoffeln und Eierkuchen ohne Ei. Das waren nämlich unsere „Standardessen". In Hänsel und Gretel hatte ich die Arie der Mutter gesungen. Da hieß es: „Herrgott, wirf Geld herab, nichts hab ich zu leben...". Das wurde nun scherzhaft zu unserem Tagesduo, denn unsere Kassen waren ständig leer. Anfänge von Opernarien waren oft ein geheimes Zeichen zwischen uns. So war zum Beispiel aus der Oper Tiefland die Arie: „Hinauf, hinauf in die Berge" eine stille Vereinbarung, eine Gesellschaft oder eine Veranstaltung schleunigst zu verlassen. So diente „Die Kluge" von Carl Orff mit der Arie: „Oh, hätt ich meiner Tochter doch geglaubt" dazu, Auseinandersetzungen in ihrer Wirkungskraft zu schmälern und sie ins Lächerliche zu ziehen. Die Musik war zwischen uns ein Schlüssel, und sie blieb es ein Leben lang.

Die Einteilung Deutschlands in Besatzungszonen hatte jeder nach dem Krieg hingenommen und als Folge dieses schrecklichen, von uns schuldhaft angezettelten Krieges akzeptiert. Als jedoch 1949 die Gründung der Bundesrepublik und die Gründung der DDR erfolgten, war die erste Reaktion: „Das können die doch nicht machen ohne uns!" Unser aller Vaterland sollte aufgeteilt werden in zwei selbstständige Staaten? Das ging doch nicht. Als Ganzes hatte es stets in unserem Bewusstsein bestanden, war einfach nicht anders wahrzunehmen. Wie schmerzlich war schon die Aufgabe, die Abtrennung der Ostgebiete gewesen. Bei aller politischen Einsicht kam das einem Gefühl von Amputation gleich. Viele Jahre lang wollte das Heimatgefühl gegen politische Vernunft und Einsicht siegen bei den Flüchtlingen, und warum sollten gerade sie für den Krieg so bluten? Auf der anderen Seite standen die Ausgebombten, die Hab und Gut und Familie verloren hatten und klagten an, und über allem schwebte die Hinterlassenschaft Konzentrationslager als eingebranntes Zeichen. Befreite Menschen waren wir noch lange nicht!

Die schöne gemeinsame Zeit in Halle ging leider viel zu schnell vorbei. Ich bestand die Fachlehrerprüfung mit Bravour und kehrte mit gemischten Gefühlen in mein Problemfeld zurück. Es fing auch gleich mit einem Paukenschlag an. Mein Vater war aus dem Schweigelager Torgau-Mühlberg Ende 1948 entlassen worden nach dreijähriger Haft. Die Familie hatte mich nicht informiert, ihrer Ansicht nach gehörte ich nicht mehr dazu, ich hatte ja wie die Ratten das sinkende Schiff verlassen, so der Tenor. Ich bat schriftlich um eine Unterredung. Diese wurde mir auch gewährt. Ich kann es heute noch nicht frei von Emotionen beschreiben. Zunächst freute ich mich, dass mein Vater aus dieser Hölle zurückgekehrt war und überlebt hatte, aber wie ich sogleich merkte, hatten Gefühle hier absolut keinen Platz. Mein Vater empfing mich zusammen mit Reiner in seinem Sprechzimmer, womit schon rein örtlich der persönliche Charakter der Unterredung ausgeklammert war. Das Gespräch fand im Stehen statt, es gab nicht mal einen Händedruck. Mit eisiger Miene fragte er mich: „Was willst du?" Nach anfänglich verunsichertem Stammeln bat ich ihn um eine tolerante Haltung als Basis für eine Verständigung. Daraufhin sagte er schneidend: „Das hast du dir durch deine Handlungsweise verwirkt, die Unterredung ist beendet." Ich wurde regelrecht rausgeschmissen. Bei Günther und mir stand fest, sobald er sein Physikum bestanden hatte, wollten wir heiraten und uns unabhängig machen. Nach Vaters Heimkehr versuchte Reiner einen Wechsel im Studium. Er wollte nun doch Medizin studieren. Bei der Frage nach der Herkunft war ja nicht mehr von der Inhaftierung des Vaters die Rede, und bei der Berufsangabe schrieb er „geistiger Arbeiter", wobei er die Bezeichnung „geistiger" mit „g." bezeichnete. Es gelang, er wurde immatrikuliert und studierte weiter in Berlin und wohnte nach wie vor bei Dieter. Dieser hatte schon große Fortschritte in der Ausbildung zum Cellisten gemacht, er spielte vorübergehend im UFA-Orchester von Babelsberg, im Staatstheater, im Metropol und im alten Admiralspalast. Käte zog sich aus dem Konzertleben zurück. Walther war aus der Internierung in England zurückgekehrt und ließ sich in Hamburg in einer vornehmen Wohngegend nieder. Er arbeitete als Maschinenbauingenieur im Ankermaschinenbau und erwarb dort 35 Patente. Er wurde in dieser Branche ein gefragter Mann und seine Generalstätigkeit war nie ein Thema. Mit dem englischen Bowler und dem unvermeidlichen Monokel fiel er auch weiterhin aus dem Rahmen der Familie. Die Breslauer Tante Kläre hatte es tatsächlich geschafft, wieder als Lehrerin eingestellt zu werden, sie zog von Pirna nach Berlin-Charlottenburg, wurde dort sogar verbeamtet, und ihre kleine Wohnung wurde zur Drehscheibe zwischen Ost und West. Die Essener Familie hatte in einer abenteuerlichen Aktion den untergestellten Flügel zurückgeholt, die Verwandten waren ins Ruhrgebiet, in ihre eigentliche Heimat gegangen, und so kehrte allmählich eine Normalität zurück. Mein Vater nahm seine Praxistätigkeit wieder auf, aber nichts war mehr wie früher. Der Krieg hatte an der satten Bürgerlichkeit genagt, aber nun nagten rote Gesinnungsgenossen daran. Besitz wurde in Frage gestellt, Privilegien wurden abgeschafft, es gab Klassenkampfparolen, und es wurden neue Gräben geschaffen. Arbeiter erprobten sich im Bürgermeisteramt, in Betriebsleitungen und Verwaltungen. Lebensmittelkarten und Kleiderkarten bestimmten den Alltag und die große Demontage von allem, was nicht niet- und nagelfest war, erschwerte den Aufbau der Wirtschaft. Viele schnürten ihr Bündel und gingen in den Westen. Diese Diskussion gab es ständig zwischen Günther und mir, gehen wir oder gehen wir nicht. Es war zermürbend. Das Ende der Debatte war stets: „Dieses Staatsgebilde kann sich gar nicht halten, das ist nur ein vorübergehender Zustand." Außerdem kam immer wieder der Satz: „Ich bin jahrelang im Krieg gewesen, bin gerade dabei, wieder im Leben anzukommen und mir eine Existenz zu schaffen, ich kann das jetzt nicht." Ich war ja auch verbunden mit meiner Arbeit und meiner Heimatstadt, in der die Familie schon einiges bewirkt hatte. Im Hinterkopf blieb diese Frage ständig. Aber nun stand endlich unsere Heirat an. Günther hatte erfolgreich seinen cand. med. gemacht und ich hatte den Fachlehrer für Musik in der Tasche. Für die Wohnungssuche war ein Wohnungsamt zuständig und jeder Wohnraum war „bewirtschaftet".

Mit einem anderen jungen Ehepaar zusammen bekamen wir eine Vierzimmerwohnung zugewiesen, die wir uns teilen mussten. Bad und Küche wurden gemeinsam genutzt. So weit konnten wir alles vorbereiten, ehe der große Tag nahte. Der Rahmen wurde bestimmt durch die Mittel, die wir hatten, nämlich gar keine. Ein sehr lieber Mensch lieh mir das Brautkleid der verstorbenen Tochter, und meine Freundin aus der

Unsere Eheschließung 1950. Wir mussten uns mit geborgter Garderobe zufrieden geben, aber unser Anspruchsdenken war gering. Viel wichtiger für uns war die Trauungszeremonie in der Kirche, die ich gründlich mit einem Kinderchor vorbereitet hatte.

Kindheit, die vor mir geheiratet hatte, borgte mir den Schleier und Günther den Frack. Uns machte das gar nichts aus, ich hatte die besitzlose Zeit in Lübeck hinter mir und Günther hatte in dieser Hinsicht keinerlei Anspruchsdenken. Unser gemeinsamer Anspruch richtete sich vielmehr auf den Inhalt der Trauungszeremonie. Diese hatte ich gründlich vorbereitet. Mit meinem Kinderchor hatte ich aus dem Notenbüchlein der Anna Magdalena Bach Lieder einstudiert und mehrfach in der Kirche geprobt. Eine nette Kollegin von mir sollte den Chor dann von der Empore erschallen lassen, und ein bekannter Kirchenmusiker wollte aus Freundschaft die Toccata und Fuge D-Moll von Bach spielen. Der Superintendent hatte seine Bereitwilligkeit erklärt, den Text so einfach wie möglich zu halten. Bei diesen betriebsamen Vorbereitungen wurde ein Brief meines Vaters durch Boten abgegeben. Er schrieb, ohne persönliche Anrede, dass er mir die richtigen Moralvorstellungen für eine Ehe wünsche. Mit der Erfüllung der richtigen Vorstellungen könnte ich seine Achtung gewinnen. Darunter stand: „Der Vater". Aber dieser Brief beeinträchtigte meine Vorfreude nicht, ich sah ihn vielmehr als einen Endpunkt elterlicher Autorität in meinem Leben. Als wir vom Standesamt zur Kirche schritten bei strahlendem Märzsonnenschein und die Glocken läuteten, verließ ich innerlich das Tochtersein endgültig. Mein Perfektionismus in der Chorarbeit verhinderte meine volle Konzentration auf die Feier, kritisch-ängstlich lauschte ich dem Gesang meiner Chorkinder, dabei rollte der Ring, den ich Günther anstecken sollte, klirrend auf den Steinboden der Kirche. Lachend bückten wir uns und stießen dabei mit den Köpfen zusammen. In der Kirche saßen vorwiegend Schulkinder, die uns fröhlich gratulierten. Wir hatten drei Tage Wandern im Harz geschenkt bekommen und am Nachmittag saßen wir schon im Zug nach Schierke. Der Zug ging aber nur nach Wernigerode, und es gab keinerlei Möglichkeit mehr, nach Schierke zu kommen. Erst am nächsten Morgen sollte es eine Verbindung geben. So verbrachten wir unsere Hochzeitsnacht sitzend im Hinterzimmer einer Kneipe. Unser Beginn war nicht das, was man unter Honeymoon versteht; nach vier Jahren Verlobungszeit unter schwierigen Bedingungen hatten wir Verhaltensweisen entwickelt, die unserer Leiderfahrung entsprachen. Wir hatten begriffen, dass besitzergreifende Liebe tödlich ist, dass Liebe unablässige Arbeit ist, dass Respekt voreinander unabdingbar ist und dass Anspruchsdenken nicht in eine Liebesbeziehung gehört. Es umzusetzen, war nicht immer leicht, aber es war ein gutes Konzept ein Eheleben lang. Unsere wirtschaftliche Lage war ein ständiger Drahtseilakt, bei dem ich viel Lehrgeld bezahlen musste. Trotzdem hatte ich einen brennenden Kinderwunsch. Mein Erlebnis mit der Fehlgeburt unter den damaligen Umständen quälte mich oft und ich wollte es wegradieren. Dieser Wunsch erfüllte sich umgehend und zur Weihnachtszeit wurde unser erster Sohn geboren. Klinikaufenthalte waren damals noch unüblich, vielmehr hatte die Hausgeburt noch ihre Daseinsberechtigung, und so absolvierte Günther mit vielen Schweißperlen und mit Hilfe einer alten Hebamme seine erste Geburt. Als er mir stolz unser Kind auf die Brust legte, waren alle Schmerzen vergessen. Auch das Wochenbett bewältigten wir allein. Wir hatten kaum Möbel, wir hatten kaum Hausrat, aber wir entbehrten es nicht. Eine Jahre währende Wochenendehe lag noch vor uns.

Reisterstown

New York University ist eine der größeren privaten Prestige-Universitäten in den USA. So war es in Hinsicht auf die spätere Karriere gut für mich. Ich unterrichtete in dem German Department, konnte meine Sprachkenntnisse, Literatur- und Geschichtskenntnisse gut anbringen. Viele der Studierenden waren jüdischer Religion, was zu meinem Vorteil war, da die jüdische Religion schulische und universitäre Erziehung hoch achtete. Dennoch war es keine leichte Zeit. Einmal war es meine erste Lehrerstelle in den USA, zum anderen galt es bald, eine junge Familie zu versorgen. In meinem bisherigen Leben war ich an Kleinstadtverhältnisse gewöhnt: Osterode, Lübeck, Marburg, Göttingen, Kleinstadtverhältnisse im Vergleich zu New York City. In meinem bisherigen Leben war das Fahrrad das beste Verkehrsmittel. Jetzt fuhr ich pro Tag etwa drei Stunden in öffentlichen Verkehrsmitteln. Auf dem Nachhauseweg sah ich vorwiegend in todmüde Gesichter. Von meinen Studierenden waren sicherlich manche Verwandte in deutschen Konzentrationslagern umgekommen. Niemand betrachtete mich als ehemaligen Bürger des Feindstaates. Ich wurde als Dozent akzeptiert und respektiert. Eltern von jüdischen Studierenden luden Marlene und mich in ihr Heim ein. Andere Eltern verschafften mir Beziehungen, wo ich meine Anzüge zu günstigen Preisen erstehen konnte, andere wieder beschenkten unseren Sohn mit Spielzeug. Einer meiner Studenten verhalf mir zu einem Job im Sommer als Beach Boy, Strandjunge, der vorwiegend jüdische Mitglieder eines Beach Clubs zu betreuen hatte. Lediglich hier stieß ich auf einen Boss, der mir kurzum erklärte, dass er Deutsche hasse. Als ich mich über diesen Boss beschwerte, sagte man mir, dass dies sein Problem wäre und nicht meines. Doch er hatte den stärkeren Arm. Ich musste die Hoffnung, besser bezahlt zu werden, aufgeben. Es spricht Bände, wenn ich behaupten kann, dass es das einzige Mal war, dass ich Opfer eines Vorurteils war. In meinem Sommerjob hatte ich den Vorteil, dass ich Marlene in den Beach Club mitnehmen konnte, wo sie mit dem Sohn Dieter die Sonne und den Strand gratis hatte. Deutsch und deutsche Literatur waren nicht meine eigentlichen Gebiete. Ich hatte meine Examen in Geschichte, Englisch und Geographie bestanden. In den gleichen Fächern hatte ich promoviert. Meine Dissertation hatte das Thema: „Die Eisenbahnen von den Anfängen in der Kriegsgeschichte bis zum nordamerikanischen Bürgerkrieg". Ich sah mich nach einer neuen Stelle um und fand sie auch bald ohne Unterbrechung der akademischen Lehrtätigkeit. Eine Behörde in New York City, die sich mit jungen akademisch gebildeten Einwanderern befasste, half bei dieser Suche. Eines Tages erhielt ich einen Anruf von dieser Behörde. Man teilte mir mit, dass es eine offene Stelle für Historiker an einer renommierten afroamerikanischen Hochschule in Baltimore, Maryland gäbe und ob ich interessiert wäre. Ich sagte zu und hatte bald ein Interview mit dem Dekan dieser Hochschule, die damals Morgan State College hieß. Sie liegt im Nordosten der Stadt Baltimore. In den 1950er Jahren zählte die Hochschule etwa 4.000 Studierende und über 100 Lehrende. Abteilungschef bei den Historikern war ein bekannter afro-amerikanischer Professor, Dr. Benjamin Charles, dessen Spezialgebiet die Geschichte der Afro-Amerikaner war. Der Präsident duldete keine Mittelmäßigkeit im Lehrkörper. Von den Studierenden erwartete er tadelloses Benehmen. Er war wie ein Vater zu einer großen Familie. Was ich erlebte, gefiel mir. So erhielt ich einen Ruf ans Morgan State College. Unsere junge Familie zog nach Baltimore, Maryland, an der Ostküste des Atlantiks. Da ich der einzige Europeanist unter den Historikern war, lehrte ich Alte Geschichte, Mittelalter und die Standardveranstaltung in den meisten US-amerikanischen Hochschulen, History of Civilisation, was eigentlich westliche europäische Zivilisation bedeutet. Die Fakultät zählte etwa zehn Prozent weiße Dozenten, darunter ein Berliner Politologe und Germanist, Gerd Ehrlich. Als deutscher Jude hatte er den Großteil seiner Familie im Holocaust verloren, er war über die grüne Grenze im Jahre 1943 in die Schweiz entkommen. Als Professor Jenkins mich vorstellte, sagte er, „dass Dr. Mruck auch Soldat im Zweiten Weltkrieg gewesen sei, nur auf der falschen Seite, die den Krieg verloren habe." Damit wusste man, wo ich herkam. Man lachte und damit war die Sache abgetan. Auch hier stieß ich nirgendwo und niemals auf Vorurteile. Die meisten Studierenden lernten gerne und ich lehrte gerne. Man beurteilte Menschen nicht nach ihrer Hautfarbe, sondern nach ihrem Charakter, nach ihrer Menschlichkeit. Morgan State war eine gute Schule im weitesten Sinne des Wortes für die Familie und mich. Unsere Familie wuchs; Lauren wurde uns 1956 und Heidi 1957 geschenkt. Jetzt waren wir eine fünfköpfige Familie. Marlene setzte ihr Studium fort. Sie wurde dort Studentin, wo ich Assistant Professor war. Neben Geisteswissenschaften/Liberal Arts musste sie Bogenschießen und Tanzen lernen. Sie erzählte gern davon, wie sie mit einem riesengroßen afro-amerikanischen Fußballer auf dem Tanzboden zurechtkam. Gerd Ehrlich hatte ebenfalls eine junge Familie. Wir wurden gute Freunde. Wir wurden Nachbarn in einer typischen Baltimoregegend von sogenannten Rowhouses, das waren Ziegelhäuser mit je drei Schlafzimmern, einem Badezimmer, Wohnzimmer, Esszimmer sowie Küche und einem kleinen Garten. Gerade diese Häuser, die oft von jungen Mittelklassefamilien bewohnt waren, eigneten sich für junge Familien. Marlene erwarb schließlich ihren Bachelor of Arts und war mit Studium und unseren drei Kindern voll ausgelastet. Gute Zeiten hatte sie in den langen Sommerferien, wenn sie mit den Kindern nach Elmont auf Long Island fahren konnte, wo der Atlantikstrand nahe war. Um unser Gehalt aufzubessern, unterrichtete ich auch im Sommer, Sommersemester wurden sondervergütet. Wir fühlten uns damals vollkommen sicher. Verbrechen gab es kaum. Wir ließen unsere Türen unverschlossen, die Möbel hatten keine Schlüssel. So fragten meine Eltern mich erstaunt, als sie uns in Baltimore besuchten: „Kennt ihr hier eigentlich keine Schlösser, warum schließt ihr nichts ab?" (Leider hat sich diese Situation sehr ins Negative verändert.)

Meine akademische Karriere entwickelte sich zufriedenstellend. Vom Assistent Professor wurde ich zum Associate Professor befördert. Das Gehalt wurde besser. Ich wurde von meinen zumeist afro-amerikanischen Kollegen in den Personalrat der Uni gewählt, wo wir über Beförderungen von Kollegen zu befinden hatten. Ich organisierte eine große Tagung, die die United Nations zum Thema hatte. Der Governor (Ministerpräsident) kam als Hauptredner, um dort Veranstaltungen anzubieten. Auch die Kollegen/innen zeigten mir Vertrauen, indem sie mich zum Chairman of the Social Science Division wählten, Vorsitzender der Gesellschaftswissenschaftlichen Abteilung. Ich war verantwortlich für einen Teil der Fakultät. Die Zeit meiner Professur am Morgan State College (1955-1967) war die Zeit wichtiger Entwicklungen in den USA. Es waren die Jahre des Civil Rights Struggle. Es war die Zeit J. F. Kennedys, die Zeit des Sputnik und der ersten menschlichen Landung auf dem Mond, die Zeit des Vietnam-Krieges. Studierende und Lehrende des Morgan State College, zumeist Afro-Amerikaner, waren besonders im Bürgerrechtskampf involviert. Ein in unmittelbarer Umgebung des Colleges gelegenes Kino verbot Afro-Amerikanern den Eintritt. Wenn ich mit afro-amerikanischen Kollegen/innen in ein nahe gelegenes Restaurant zum Essen gehen wollte, dann durften diese nur an der Bar, nicht aber an weiß gedeckten Tischen sitzen. Vor dem Kino demonstrierten sie für gleiche Behandlung der Rassen. Manche wurden von der Polizei verhaftet und misshandelt. Als Martin Luther King in Memphis, Tennessee, ermordet wurde, brannte es in amerikanischen Städten. Schließlich waren die Progressiv-Liberalen erfolgreich. Es kam zur Civil Rights Legislation unter der Präsidentschaft von Lyndon B. Johnson. Zumindest vor dem Gesetz waren Afro-Amerikaner den Weißen gleichgestellt. Sie konnten gemeinsam mit Weißen in das Kino gehen, sie konnten gemeinsam das gleiche Restaurant aufsuchen. Schwarze/Blacks hatten die gleichen Rechte, zu wählen oder gewählt zu werden. Als J. F. Kennedy zum Präsidenten der USA gewählt wurde, schien sich trotz vieler Schwierigkeiten und trotz seines geringen Vorsprungs bei der Wahl das Land in einer Aufbruchsstimmung zu befinden. Ein frischer Wind schien vom Weißen Haus auszugehen. Kennedy bestand die während der Kubakrise ausgelöste Konfrontation mit der Sowjetunion.

Als in Berlin im August 1961 die Mauer gebaut wurde, wurde Vizepräsident Lyndon Johnson von den Berlinern begeistert gefeiert. Ein Jahr später besuchte Präsident J. F. Kennedy West-Berlin, wobei er vor dem Rathaus die jetzt berühmten Worte „ich bin ein Berliner" sprach. Diese Worte verursachten wahre Begeisterungsstürme. Umso größer war die Trauer in Deutschland und hier in den USA, als J. F. Kennedy im November 1963 ermordet wurde. Der Sarg von Kennedy war für einige Tage vor dem offiziellen Begräbnis in der Rotunde des Capitols aufgebahrt. Tausende von Trauernden standen viele Stunden wartend, um dem ermordeten, verehrten und geliebten Präsidenten die letzte Ehre zu erweisen. Auch unsere Familie mit drei sehr kleinen Kindern. Wir fuhren von Baltimore nach Washington, um viele Stunden bei eiskaltem Wetter unter den Tausenden zu stehen. Als die Kinder es nicht mehr aushalten konnten, fuhren wir unverrichteter Dinge zurück nach Baltimore. An den Tagen bis zur Bestattung auf dem Ehrenfriedhof in Arlington saßen Millionen von Menschen vor dem Fernseher. Vielen von uns, einschließlich unserer Kinder, kamen die Tränen. Es war unfassbar, dass ein so motivierter Präsident auf so tragische Weise enden musste. Die Ermordung von Martin Luther King, dem unbestrittenen Führer der Civil Rights Bewegung „I have a dream", und nicht lange darauf die des Bruders von J. F. Kennedy, Robert Kennedy, der sich um das Amt des nächsten Präsidenten der USA bewarb, brachte die Stimmung der Amerikaner auf den Tiefpunkt. Der sprichwörtliche U.S.-Optimismus war zerschlagen; so sah es zumindest aus. Der anhaltende Krieg in Vietnam, der sich ebenfalls vor den Augen der U.S.-Amerikaner auf dem Bildschirm abspielte, half gerade nicht, die Stimmung im Lande zu heben. Unsere Familie war involviert. Der älteste Sohn Dieter wäre, hätte der Krieg angehalten, zum Militärdienst eingezogen worden und wäre sicherlich in Vietnam zum Einsatz gekommen. Doch als Eltern hätten wir seine beabsichtigte Flucht nach Kanada unterstützt. Unser Sohn sollte nicht Opfer eines sinnlosen Krieges werden. Es war dies keine leichte Entscheidung, zumal einer der Großväter diese Entscheidung für unpatriotisch und unehrenhaft hielt. Es gab heftige Diskussionen darüber innerhalb der Großfamilie, wie in vielen Familien dieses Landes auch. Wir nahmen teil an Anti-Vietnamkriegs-Demonstrationen in Washington, bei denen der Wille des Volkes zum Ausdruck kam, der letztendlich dazu beitrug, dass dieser Krieg durch Verhandlungen mit Vertretern von Nordvietnam in Paris und dem Secretary of State, Henry Kissinger, später während der Präsidentschaft von Richard M. Nixon beendet wurde. Die 1960er Jahre und darüber hinaus waren Jahre der Furcht vor einem Dritten Weltkrieg zwischen den USA und der Sowjetunion. Kinder in Schulen wurden bereits unterrichtet, wie sie sich bei einem atomaren Krieg verhalten sollten. Es gab Anweisungen, sich bei einem Angriff unter den Tischen mit dem Kopf am Boden, die schützenden Hände darüber zu halten. Es gab Evakuierungspläne. Man sollte zumindest die Großstädte verlassen.

Eine optimistische Entwicklung, die den USA mehr Zuversicht einflößte, war die Raumfahrt, an der deutsche Wissenschaftler wesentlich beteiligt waren. Huntsville, Alabama, wo die Wissenschaftler und Ingenieure tätig waren, hatte eine deutsche Schule. Als der erste Amerikaner auf dem Mond landete, waren die Freude und der Stolz groß, man saß am Fernseher und prostete sich zu. Die Zukunft sah wieder heller aus, man glaubte, dass die USA jeder Macht in der Welt gewachsen wären. Während meiner Lehrtätigkeit am Morgan State College wurde ich U.S.-Bürger. Um Bürger zu werden, musste man einen Antrag mit vielen zu beantwortenden Fragen stellen. Nach Genehmigung des Antrags durch die Einwanderungs/Einbürgerungsbehörde musste man sich bei einem Immigrationsrichter einer Prüfung unterziehen. Als der Richter sah, dass ich Historiker war, schlug er vor, dass wir uns über Sozialismus, Marxismus und Kommunismus unterhalten sollten. Nach einigen Wochen erhielt ich die Einbürgerungsurkunde. Ich war jetzt U.S.-Bürger mit allen Rechten und Pflichten. Ich durfte wählen und gewählt werden. Theoretisch konnte ich alles werden außer President of the U.S., der in den USA geboren sein muss. Tatsächlich riet mir ein Student, der Soldat in Vietnam gewesen war, mich als Kandidat der Demokratischen Partei aufstellen zu lassen. Doch nach gründlichen Überlegungen lehnte ich seinen Vorschlag ab. Meine Vergangenheit als ehemaliges Mitglied der Hitler-Jugend und später als Soldat in der Luftwaffe und im Heer hätten von einem Gegenkandidaten für mich negativ ausgeschlachtet werden können trotz meiner langjährigen Bewährung als guter und in mancher Hinsicht aktiver U.S.-Bürger.

Möser

Unsere Generation war zu diesem Zeitpunkt weltunerfahren, wir hatten abgeschottet in der Mitte Europas gelebt, hatten erste schüchterne Auslandsbegegnungen gehabt, und das Land der unbegrenzten Möglichkeiten existierte nur in der Phantasie. Anzukommen auf diesem Kontinent, einzutauchen in New York, den „Big Apple", kam einer völligen Umwandlung gleich. Diese Straßenschluchten mit wenig Himmel, diese unglaubliche Geschäftigkeit, dieses Völkergemisch, diese Geräusche, diese Gerüche. Alles war anders. Die verirrte Möwe vom Pier 83 am Eastriver war nicht der vertraute Mauersegler über einem masurischen See, die Bäume im Central Park hatten nicht den Zauber deiner heimatlichen Wälder und das Geläut der Trinitatis-Kirche, nahe der Wall Street, bedeutet dir keine „personal invitation". In Manhattan heimisch zu werden, war die Herausforderung! Aber Wurzeln zu schlagen auf einem anderen Kontinent war sehr schwer, seine Denkungsart anzupassen, aber seine Wesenheit nicht aufzugeben, ein neues Zuhausegefühl zu entwickeln, ohne das alte zu vergessen, das waren anlaufende Entwicklungsprozesse. Außerdem ist man nie frei von der Prägung des Umfeldes, in dem man aufgewachsen ist. Sachsen sind anders als Schlesier, Schwaben sind anders als Mecklenburger und Ostpreußen sind gar ein Schlag für sich. Der ostpreußische Mensch ist sehr bedächtig, ernsthaft und von großer Gemütstiefe. In der Gefühlswelt ist er eher verschlossen, und man muss schon ein kleiner Tiefseetaucher sein, um ihn aufzuspüren. Mit dieser Gemütsart in Amerika heimisch zu werden, ist besonders schwer, und Schnelligkeit und Oberflächlichkeit verhindern oft den Zugang. Vor dir lag die Aufgabe, in der Neuen Welt richtig anzukommen, vor mir lag die Aufgabe, in meiner eigenen Welt anzukommen.

Eines Tages stand mein Vater vor der Tür. Er hatte von der Geburt unseres Sohnes erfahren und wollte nun seinen Enkel begutachten. Ich war sehr überrascht und sehr verlegen. Er stand auch nicht gerade selbstsicher da, er drehte vielmehr nervös an seiner Hutkrempe und wollte auch nach Aufforderung den alten Filz nicht aus der Hand legen. Er schaute freundlich in die kleine Wiege, erkundigte sich dann aber sehr sachlich nach Größe und Gewicht, um den Anflug einer Rührung ganz schnell einzuholen. Er lehnte es ab, sich zu setzen. Er wünschte uns weiterhin alles Gute und meinte im Hinausgehen: „Ich werde mit Interesse von euch hören!" Während mich früher seine Äußerungen immer zutiefst betroffen gemacht hatten, nahm ich es jetzt einfach nur zur Kenntnis. Ich hatte Selbstvertrauen zu meiner eigenen Welt, ich hatte Günthers Liebe wie einen stärkenden Halt im Rücken, und ich freute mich für Günther, dass er erstmals als Schwiegersohn zur Kenntnis genommen worden war, das heißt, vor 28 Jahren hatte er den Säugling Günther Grimm gegen Pocken geimpft, ohne zu ahnen, dass dieses schreiende Bündel einmal sein Schwiegersohn werden würde. Die Wirkung dieses Besuchs war für mich nachhaltig, ich gewann wieder an Boden, der mir doch völlig entzogen worden war.

Nach sechs Wochen Schonzeit ging ich wieder in den Schuldienst. Mein Baby konnte ich bei meinen Schwiegereltern lassen, deren Haus sich gegenüber der Schule befand. Das war natürlich ideal, zumal ich in der Pause problemlos hinübergehen konnte. Meinen ganzen Arbeitseifer widmete ich dem Kinderchor. Ich wollte über das tonreine Singen hinaus ihr Bewusstsein für das Schöne wecken, daran arbeitete ich unablässig. Wenn sie vor mir standen, versuchte ich, sie in den Bann zu ziehen: „Wir sind ein Auge, wir sind ein Mund", und sie folgten mir. Dieses Einswerden, diese Hingabe an etwas, dieses aufkeimende Bewusstsein über etwas Gegebenes gemeinsam hinauszuwachsen, war mein tiefstes Erlebnis. Wenn ich in meiner letzten Stunde nach den schönsten Augenblicken meines Lebens gefragt würde, so würde ich diesen Augenblick bedenkenlos benennen.

Du, Armin, hattest dir damals nach deiner Verwundung geschworen, andere Menschen von der Sinnlosigkeit eines Krieges aus den Erfahrungen der Geschichte heraus zu überzeugen. Du warst umgestiegen auf Neue Geschichte, das heißt, du warst Zeitzeuge, und das konntest du nur glaubwürdig vermitteln, wenn du aus der Mitte deines Denkens und Fühlens heraus deine gewonnenen Einsichten nachfühlbar darstellen konntest. Wir hatten beide den gleichen Anspruch an das Lehren. Beseelt sein von etwas heißt auch „Träger" zu sein von etwas, und diese „Last" bedeutet eine Sternstunde des Lehrberufs. In Deutschland warst du mit diesem Vorhaben ein Rufer in der Wüste. Niemand wollte so unmittelbar danach geschildert bekommen, wie sich das alles entwickelt und zugetragen hatte. In Amerika warst du am Anfang fast auf verlorenem Posten. Wer kannte schon jenes kleine Deutschland mitten in Europa, wer interessierte sich für die Zusammenhänge mit dem Zweiten Weltkrieg, wem ging das wirklich unter die Haut? Nur mit der erarbeiteten Kenntnis des historischen Geschehens und der überzeugenden Schilderung dieser Folgen für die ganze Menschheit konntest du Boden gewinnen. Das bedeutete Einsatz der ganzen Persönlichkeit, und das für 3.000 Dollar im Jahr! Günther war jetzt in den klinischen Semestern, und das bedeutete, der späteren Berufstätigkeit schon etwas näher zu rücken. In den Semesterferien arbeitete er im Krankenhaus und wir konnten in dieser Zeit schon mal üben, wie der Ehealltag aussah. Jeder war sehr fixiert auf sein Gebiet und unsere Rollenverteilung war noch nicht festgelegt. Unser kleiner Sohn gedieh dazwischen prächtig. Eines Abends stand Jürgen vor der Tür. Da ich jahrelang nichts von ihm gehört hatte, glaubte ich, er sei tot. Er sah sehr gut aus und war auffallend elegant gekleidet. Das war nicht mehr der Jürgen, den ich in Erinnerung hatte. Seinen letzten Brief hatte ich von ihm aus Russland bekommen, wo er Soldat in der Waffen SS gewesen war. Mir fiel auf, dass er sich erst prüfend umschaute, ehe er eintrat. Er erzählte mir von seinen Kriegseinsätzen, sparte aber Details aus. Als er aus dem Krieg heimkehrte, wurde er sogleich von der Stasi erpresst und daran gehindert, einer normalen Tätigkeit nachzugehen. Er erhielt Spionageaufträge gegen die Bundesrepublik. Er ertrug dies nicht länger und wollte sich bei einem seiner nächsten Aufträge stellen. Er hatte Frau und Kinder hier im Osten und wollte diese erst in Sicherheit bringen. Er fragte mich, ob ich seine Frau und die Kinder aufnehmen könne, und diese würden dann von mir aus die Flucht antreten. Da er zu mir keinerlei briefliche Verbindung hatte, meinte er, dass seine Frau und die Kinder dadurch einen Vorsprung hätten. Ich sagte ihm bedingungslos zu. Günther war entsetzt. Ich hatte Jürgen als jungen idealistischen Menschen gekannt, hatte erlebt, wie erfüllt er war von seinen Aufgaben, erlebte damals das hohe Niveau seines Denkens und Fühlens und vertraute ihm absolut. Inwieweit man die Substanz eines Menschen schädigen kann, war mir fremd, ich vertraute dem Charakterbild, das ich von ihm hatte. Günthers Misstrauen regte mich auf und ich sagte ihm, dass ich mich dem Ansinnen von Jürgen einfach nicht widersetzen könne aus Freundschaft. Günther meinte, dies sei eine falsch verstandene Freundschaft und meine Handlungsweise könne unsere Familie schädigen. Es blieb bei der Vereinbarung mit Jürgen. Ich saß auf glühenden Kohlen und wartete auf eine versteckte Nachricht. Es kam nichts. Eines Tages erschienen zwei Herren bei uns. Ich wurde befragt nach meiner Beziehung zu Jürgen, die ganze Palette rauf und runter. Ich antwortete wahrheitsgemäß, erzählte von früher und begründete seinen letzten Besuch als reinen Freundschaftsbesuch. Die Frage nach dem Warum ihres Besuches beantworteten sie nicht. Viele Jahre später erhielt ich einen Brief von Jürgen aus dem Badischen. Er hatte eine Haftstrafe abgebüßt, hatte seine Familie damals auf nervenzerreibende Weise vorausgeschickt und war nun als einfacher Arbeiter in einer Fabrik beschäftigt. Ich habe um ihn immer viel Traurigkeit empfunden, für mich war er stets ein tragisches Opfer dieser Verhältnisse. Er starb einen frühen Herztod. In dieser Lebensphase geriet ich auf einen Prüfstand und keine Liedzeile konnte diesen Zustand besser ausdrücken als jene: „Sag mir, wo du stehst und welchen Weg du gehst." Eine Frage, die ich mir immer wieder im Zusammenhang mit meiner Arbeit stellte. Für mich war mein musikerzieherisches Anliegen der Weg, das kristallisierte sich mehr und mehr heraus, aber ich erhielt auch eine Antwort auf die letzten Zeilen von Christian Morgensterns gedankenschwerem Gedicht: „Ich habe den Menschen gesehn in seiner tiefsten Gestalt, ich kenne die Welt bis auf den Grundgehalt, ich weiß, dass Liebe ihr tiefster Sinn und dass ich da, um immer mehr zu lieben bin." Die ersten Zeilen hatte ich durchlebt und durchlitten im Kriege, die letzten Zeilen hatten sich bisher nicht bejahend gefüllt. Nun aber gingen sie auf wie leuchtende Sterne. An diesem Angelpunkt meines Anliegens fand ich Menschenliebe. Diese Erkenntnis war ganz wichtig für mich, denn sie gab mir die Fähigkeit zu überstehen.

Reisterstown

Als Lehrer an amerikanischen Hochschulen hat man allgemein das Privileg, jedes siebente Jahr ein sogenanntes Sabbatical zu erhalten, das heißt ein Jahr Forschungsurlaub. Ich nutzte diese Zeit 1961-1962 in Hann. Münden/Niedersachsen, wo ich am dortigen Gymnasium und Lyzeum unterrichtete und gleichzeitig meine Recherchen zum Thema „Deutscher Anti-Nazi-Widerstand" fortsetzte. Schnell war unsere Familie im schönen Hann. Münden integriert. Wir wurden mit offenen Armen aufgenommen, hatten eine eigene bescheidene Wohnung, wenige Schritte von der Wohnung meiner Eltern entfernt. Die Kinder gingen in eine deutsche Schule beziehungsweise einen Kindergarten. Deutsch wurde ihre natürliche zweite Sprache. Ferien wurden an der Ostsee oder am Chiemsee verbracht. Unser schöner blau-weißer Opel machte es möglich, deutsche Lande kennenzulernen. Am Ende des Schuljahres durfte ich mit einer Kollegin und der Oberprima des Lyzeums eine Studienfahrt an den Bodensee machen. Es war ein Genuss, mit jungen deutschen Menschen die Bodenseegegend, Meersburg, Überlingen, Unteruhldingen, die Birnau kennenzulernen. Deutsche Volkslieder klangen aus jungen Stimmen und Herzen über das Wasser des Bodensees. Der Weißherbst mundete vorzüglich. Zu meinem Geburtstag überraschte man mich mit einem riesigen Feldblumenstrauß und einem Ständchen. Im Anschluss an diese Fahrt durfte ich mit Marlene, mit der ich mich in München traf, per Bahn nach Rom fahren. In einer Woche erwanderten wir die ewige Stadt. Wir merkten schnell, dass Rom wirklich auf sieben Hügeln erbaut ist, aber nichts wurde uns zu viel. Der Vatikan mit dem riesigen Museum, die St. Peters Basilika, der Trevibrunnen, die Villa Borghese, die Katakomben, das Colosseum und so weiter, nicht zu vergessen das römische Essen und der italienische Wein. Unsere Eltern machten all dies möglich, da sie sich unserer Kinder annahmen. Forschen zu meinem Thema konnte ich in Bonn im Archiv des Auswärtigen Amtes an der Adenauer-Allee oder am Bundesarchiv in Koblenz. Die

In der Zeit von 1961 bis 1962 unterrichtete ich in der hessischen Stadt Hann. Münden am Gymnasium und Lyzeum und bezog eine Wohnung in der Nähe meiner Eltern.

Ergebnisse der Forschung wurden in Artikeln und für Vorträge verarbeitet. Mit einer Gruppe nahm ich enge Beziehungen auf, dem Barsinghausener Kreis, der regelmäßig Tagungen im Sportlerheim Barsinghausen in Niedersachsen veranstaltete. Veranstalter waren das Niedersächsische Ministerium für Vertriebene und Kriegsgeschädigte und der Niedersächsische Kirchenverband. Unter den führenden Wissenschaftlern waren Peter Nasarski und Hans Beske. Unter den Teilnehmern befanden sich Journalisten deutscher und polnischer Herkunft, darunter auch Sebastian Haffner. Ich war eingeladen, um Vorträge zu halten, die sich vor allem mit dem deutsch-amerikanischen Verhältnis befassten. Die Diskussionen drehten sich oft um das deutsch-polnische Verhältnis. Man war daran interessiert, Brücken zwischen Deutschen und Osteuropäern zu bauen, vornehmlich zwischen Deutschen und Polen. Heute glaube ich, dass dieser Barsinghausener Kreis dazu beigetragen hat, die Brandtsche Ostpolitik möglich zu machen. Was mir imponierte, war, dass gerade vertriebene

Deutsche es als Aufgabe ansahen, durch gegenseitiges Vertrauen Brücken zu bauen. Auch heute noch sehe ich das als Aufgabe meines Lebens an. Seit vielen Jahren ist mein Hauptforschungsgebiet der deutsche Anti-Hitler-, Anti-Nazi-Widerstand. Und innerhalb dieses Gebietes interessieren mich insbesondere die Auslandsbeziehungen des Widerstandes mit den USA. Auf diesem Spezialgebiet habe ich Artikel geschrieben, die veröffentlicht wurden und viele Vorträge in und außerhalb der USA gehalten. Ich darf es als mein Verdienst anblicken, zur allgemeinen Kenntnis des Anti-Hitler-Widerstandes in den USA beigetragen zu haben, was auch ein Grund war, dass mir in den 1990er Jahren in der Deutschen Botschaft in Washington D.C. das Bundesverdienstkreuz verliehen wurde und einige Jahre später die Carl von Ossietzky-Universitätsmedaille. Mein besonderer Beitrag für die Entwicklung dieser Universität liegt außer der Lehre – in dreißig Jahren aktiver Lehre habe ich etwa 5.000 Studierende unterrichtet – in der Einrichtung sogenannter Travel-Study-Veranstaltungen, wobei ich in zwanzig Jahren etwa 300 Studenten und Lehrer nach Europa begleitet habe, und in der Etablierung einer festen und aktiven Partnerschaft mit der Carl von Ossietzky Universität Oldenburg, die ich auch heute noch als Professor emeritus verwalte.

Möser

Auf deinem Weg stand die „Weiße Rose", das Leben und Wirken der Geschwister Scholl, als ein Pfand für die geistige Wehrhaftigkeit junger Menschen für ihre Opferbereitschaft und Hingabe. Bei der negativen Bilanz des Zweiten Weltkriegs war dieser Widerstand ein lebensnotwendiger Beweis für die Existenzberechtigung Deutschlands, eine ständige Auseinandersetzung bei deiner Lehrtätigkeit. Natürlich wurde auch Liedgut der Zeit an mich herangetragen. Die Jugendlieder von Hanns Eisler, die Lieder von Paul Dessau, Hanns Eisler, einem Ziehsohn von Arnold Schönberg, waren für mich mit seinen Kompositionen gewöhnungsbedürftig, aber mit seinen Jugendliedern konnte er begeistern. In Berlin gab es eine FDJ-Gruppe, die vorwiegend seine Lieder sang, und das klang sehr mitreißend. Anlässlich eines Chorwettstreits schrieb uns Paul Dessau ein Lied. Damit wurde die Frage der Liedauswahl zum Problem. In meiner Singscharzeit bei den Nazis hatte ich mich immer durchgemogelt mit Volksliedern, die die Menschen am liebsten hören wollten. Zugeständnisse an den Zeitgeist hatte ich sorgfältig abgewogen. Nach diesem Prinzip ging ich wieder vor. Wenn ich meine Liedauswahl verantworten musste, erklärte ich, dass bei so wenigen Musikstunden eine unterschiedliche Singweise, die bei der Liedgestaltung unerlässlich war, nicht beizubringen sei. Die Reaktion war immer gleich, man schaute mich etwas verständnislos an, wollte dann seine eigene Unzulänglichkeit auf dem Gebiet nicht zugeben und stimmte mir zu. Das war natürlich gebunden an den Erfolg des Chores. Mit diesem Erfolg hatte ich ein Stück Narrenfreiheit in der Tasche. Mit Günther gab es immer wieder Diskussionen, gehen wir nach abgeschlossenem Studium oder bleiben wir. Ich hatte mein festes Standbein und meine Aufgabe gefunden und er sah in seinem Fach nicht die Möglichkeit von Systemzwängen. Wir kamen immer wieder zu dem Ergebnis, in unserer Heimat zu bleiben. Wir gaben dem Staat keine Überlebensdauer, wir ahnten nichts von der totalen Abschottung, wir ahnten nicht, wie weh Dummheit tun kann, wie quälend bornierte Umsetzung von Ideen sein kann und wie zudringlich diese Überzeugten sein konnten. Für einen gesunden Menschenverstand war das nicht vorstellbar. Inzwischen hatte meine Schwester Ute mit dem Medizinstudium begonnen. Mutter hatte verbissen für diese Möglichkeit gekämpft. Sie war nach Berlin gefahren und hatte in aufreibenden Diskussionen trotz Utes Behinderung die Genehmigung zum Studium erwirkt. Genauso kämpferisch war sie bei der Rückgabe des Hauses an der Ostsee. Es war ja seinerzeit für Ute gedacht und sie schaffte es tatsächlich. Mein Vater hatte nach seiner Haft keinen Kampfgeist mehr, er delegierte ja ohnehin alle praktischen Dinge des Lebens an Mutter. Über das Schweigelager Torgau/Mühlberg war ein Buch herausgekommen, in welchem auch die inhaftierten Ärzte erwähnt wurden. Vater hatte mit seinen Kenntnissen der Pharmazie Kräuter von den Mitgefangenen sammeln lassen und daraus Medikamente hergestellt. Er selbst äußerte sich uns gegenüber nie über diese Zeit, aber an seiner Körperhaltung merkte man, wie sehr man ihn gedemütigt hatte. Es sind nicht immer Worte, die uns etwas erzählen. In Berlin trafen wir uns 1952 mit meinem Breslauer Vetter, der unmittelbar nach dem Krieg nach Indonesien gegangen war. Er hatte in Djakarta eine Hautarztpraxis gehabt und kam nun nach Deutschland zurück, um sich eine Frau zu suchen. Er bewarb sich bei der Bundeswehr. Das bedeutete für uns, dass er uns nie besuchen konnte. Sein Bruder war nach dem Theologiestudium Studentenpfarrer in Berlin/Spandau. Ihm verdanke ich die umfangreichen Aufzeichnungen über unsere Familie aus Kirchenbüchern, Tagebüchern und Briefen. Sein unsteter Geist ließ ihn noch viele Studien absolvieren. Als er in die Auseinandersetzungen in den frühen 70er Jahren mit APO und ROTEN ZELLEN hineingezogen wurde und beim Widerstand gegen die Umfunktionierung der evangelischen Studentengemeinde in eine kommunistische Kampfgruppe von Bischof und Konsistorium im Stich gelassen wurde, verließ er wegen der Politisierung der Kirche sein Amt. Er schloss das Jurastudium ab, er schloss das Medizinstudium ab, er war zeitweise Dolmetscher für Englisch und Französisch, arbeitete als Exportkaufmann bei Telefunken in Hannover und landete schließlich in einem

Missionskrankenhaus in Indien. Dieter hatte eine Anstellung als Cellist im Kölner Gürzenich gefunden und Käte zog ihm nach. Wir wussten zwar immer über den Werdegang der Verwandten Bescheid, aber Besuche fanden noch nicht wieder statt. Und immer hieß es: „Kommt doch rüber!" Eines Tages musste Großmutter ins Krankenhaus. Sie hatte eine perforierte Galle und es stand sehr schlecht um sie. Sie hatte keine Abwehrkräfte mehr, und als ich an ihrem Krankenbett stand, erkannte sie mich nicht, sie sagte ganz leise: „Bist du ein Engel?" Sie starb mit einem Lächeln auf den Lippen. Ich hätte soviel darum gegeben, mich von ihr zu verabschieden. Für mich hat sie stets den Begriff Güte verkörpert, und außer dem Großvater hat niemand dies gewürdigt oder ihr gedankt. Die Zeit von Günthers Staatsexamens rückte immer näher. Zeit der Anspannung und Konzentration. Ich liebte das. Ein Mensch, der sich auf eine Sache konzentriert, geht aus sich heraus und man gewinnt Einblicke in seine Wesenhaftigkeit. In solchen Augenblicken konnte ich mich unsterblich verlieben. Etwas an einem Menschen zu entdecken, was sonst verborgen ist, war immer ein Anliegen von mir. Für ihn war es auch eine glückliche Zeit. Sich souverän im Stoff zu fühlen, erfüllt einen mit einer nie gekannten Leichtigkeit, alles scheint etwas schwereloser zu sein, alles greifbarer als sonst, das „Ich bin ein Gewinner"-Gefühl hebt einen förmlich über die Hürden. In solcher Verfassung war er und ich durfte zuschauen. Er promovierte auch zugleich und ging voller Elan an seine Arbeit. Jetzt erst begann unser gemeinsames Eheleben. Unser zweites Kind war unterwegs und wir mussten uns nach einer neuen Wohnung umschauen. Eine ehemalige Schulkameradin war in den Westen gegangen und die Wohnung war überraschend frei geworden. Da musste man „die Flöhe husten hören", ganz schnell musste man auf dem Wohnungsamt sein und sich einreihen in die Schlange der Suchenden. Es gelang und wir hatten endlich eine eigene Wohnung. Günthers erste Anschaffung vom ersten Gehalt war ein Fahrrad. Das war dringend erforderlich für den Weg zum Krankenhaus. Die Freude hierüber währte nicht lange, bereits am zweiten Tag wurde es gestohlen. Nun fuhr er mit einem alten, klapprigen Damenfahrrad. Nachts setzten die Wehen bei mir ein, Günther hatte Nachtdienst und ich musste allein, mit unserem Sohn Wolfgang als Begleitkind, den Krankenwagen rufen. Während Günther morgens im OP stand, wurde unsere Tochter Renate geboren. Nun waren wir eine richtige kleine Familie und wir mussten unsere Lebensweise umstellen. Während Wolfgang noch im Waschkorb fröhlich spielend zwischen seinen lernenden Eltern gesessen hatte oder im aufgestellten Laufställchen spielte, erforderten zwei kleine Menschen weit mehr Zeit und Aufmerksamkeit. Wir hatten uns unsere Kinder nicht gewünscht, um sie morgens auf dem Weg zur Arbeit in einer Kindertagesstätte, im Kindergarten oder im Säuglingsheim abzugeben. Wir wollten ihre Entwicklung miterleben, wir wollten diese Entwicklung auch weitgehend beeinflussen und wir wollten sie davor bewahren, schon frühkindlich Ideologien ausgesetzt zu sein. Das bedeutete, ich musste zunächst meinen Beruf aufgeben und in die Lebensschule gehen und Hausfrau und Mutter werden. In der DDR war es üblich, dass Mütter arbeiten gingen. Die Gehälter waren durchweg klein und ohne Zuverdienst der Ehefrau konnten sich die Menschen gar nichts leisten. So war es die Regel, dass Kinder in solche Einrichtungen gingen. Sogar Schulkinder waren oft sogenannte Schlüsselkinder. Sie hatten den Hausschlüssel und mussten oft schon kleine Haushaltsarbeiten erledigen, ehe die Eltern von der Arbeit heimkamen. Das alles wollten wir nicht. Wir wollten nicht, dass sie in Reih und Glied auf dem Töpfchen saßen, wir wollten nicht, dass sie Bett an Bett den Mittagsschlaf hielten, und wir wollten ihnen vor der Schulzeit diesen Gruppenzwang ersparen. Das bedeutete auch Verzicht auf Geld. Die Assistenzarztgehälter waren sehr schmal bemessen, ein guter Handwerker verdiente mehr. Akademische Ausbildungen hatten nicht den Stellenwert wie im Westen, hier zählte in erster Linie die Arbeit in der Produktion. Diesbezügliche Wertevorstellungen schrumpften auf ein Nichts zusammen und es wurde in ganz anderen Kategorien gedacht. Diese Denkweise sickerte allmählich in das Bewusstsein der Menschen und es kam zu einer erschreckenden Gleichförmigkeit der Lebensführung. Es entstanden Plattenbauten oder Bauten im Zuckerbäckerstil. Jeder schaute begehrlich auf so eine Wohnung, die im Volksmund scherzhaft „Postmietbehälter" genannt wurde. Wer so eine Wohnung ergattert hatte, wollte unbedingt eine Schrankwand. Diese gab es in wenig variierenden Ausführungen. Allein die Größe dieser Wohnungen gab einen Einheitscharakter der Einrichtungen vor. Allmählich entstand der „genormte DDR-Bürger", und die Betreffenden merkten es nicht. Da war unser Wunsch nach Individualismus angebracht, und wir zweifelten manchmal an unserem Entschluss, in der Heimat zu bleiben. Ich hatte die Gelegenheit, einen Flügel zu mieten, und so konnte Wolfgang erst einmal eine Klavierausbildung beginnen. Aber seine Begeisterung hierfür hielt sich in Grenzen. Das einzige Mal, dass er begeistert nach Hause kam, drückte folgender Satz aus: „Mutti, ich hab Hänsel und Gretel auf mit Gaspedal!" Nun war restlos klar, wo seine Interessen lagen. Das blieb auch so. Im geistigen Brachland zu leben, bereitete mir große Schwierigkeiten und ich begann, lyrische Gedichte zu schreiben und einen regen Briefwechsel mit meinen ehemaligen Arbeitsdienstkameradinnen zu pflegen. Aus Hamburg und Kiel bekam ich Post, und ich machte aus meinem Herzen nie eine Mördergrube, ich schrieb freiweg, was ich dachte und fühlte. Oft schrieb ich neben meine Unterschrift: „Gruß für die Mitleser!" Ich bin überzeugt, man kannte uns in- und auswendig. Während des ganzen Studiums hatte es uns belastet, dass Günther nach zwei fehlgeschlagenen Immatrikulationsversuchen in die Partei eingetreten war. Nun musste er da schnell wieder raus. Beim Aufstand in Ungarn 1956 bot sich dann endlich die passende Gelegenheit. Er erklärte, dass er mit der Reaktion darauf nicht einverstanden sei, dies ließe sich nicht mit seinem Demokratieverständnis vereinbaren. Wir waren auf alles gefasst. Es geschah nichts. Das war uns unheimlich. Aber sie hatten das Gedächtnis eines Elefanten und würden zuschlagen, wenn sie es für richtig hielten. In den folgenden Jahren setzte eine starke Ärztefluktuation ein, es wurde ein spürbarer Aderlass. Das bedeutete aber auch, dass diejenigen, die blieben, mit Samthandschuhen angefasst wurden. Unser wirtschaftlicher Wohlstand vollzog sich auf Sparflamme, trotzdem wurden wir stolze Besitzer eines Motorrollers. Ein Auto stand noch in den Sternen. Günther arbeitete intensiv für seinen

Facharzt und mein Bruder Reiner absolvierte sein medizinisches Staatsexamen. Zeitweise arbeiteten die beiden zusammen und standen oft gemeinsam am OP-Tisch. Reiner hatte eine Westberlinerin geheiratet, die längere Zeit seine Mitschülerin und Jugendliebe gewesen war. In unserer Heimatstadt ging sie zur Schule und hatte zeitweise bei ihren Großeltern gelebt, da es im zerbombten Berlin Schwierigkeiten gab. Jetzt aber war sie Westberlinerin und von Anfang an hatten die beiden politische Schwierigkeiten. Sie durfte ihre Eltern nicht besuchen, ihre Eltern durften sie nicht besuchen, Westberlin hatte einen Sonderstatus. Reiner wollte in Berlin arbeiten, das war ihm nicht gestattet worden. Der Keim zu einer Abkehr von diesem Staat war gelegt. Die Freizeit verbrachten wir hin und wieder gemeinsam und dabei entstand eine amüsante musikalische Glosse für den Hausgebrauch. Reiner und ich konnten uns die Ideen nur so zuwerfen, seine Frau hatte eine wunderschöne Stimme und machte es vortragsreif, und Günther nahm alles auf Tonband auf. Diese Technik faszinierte Günther dermaßen, dass er unseren Schallplattenbestand an klassischer Musik und großer Oper um viele Tonbandaufnahmen aus dem Radio bereicherte. Mit großer Intensität und mit Hilfe von Partituren und Textbüchern hörte er sich in die Werke hinein und entwickelte ein erstaunliches Fachwissen. In diesem Bereich ergänzten wir uns wunderbar und entbehrten dadurch keine Geselligkeiten oder Festlichkeiten. Wir waren aus geografischen Gründen in eine Diktatur geraten. Obgleich lebhaft bestritten, gab es viele Gemeinsamkeiten mit der erlebten Diktatur: geistige Gängelung, Beschneidung des Denkens, Einschränkung der Bewegungsfreiheit und Infiltration von falsch verstandenem Gedankengut. Die Dummheit erhielt einen Platz in der obersten Etage. Kinder sangen das Lied von der kleinen, weißen Friedenstaube, aber nichts konnte darüber hinwegtäuschen, dass die „Und willst du nicht mein Bruder sein, so schlag' ich dir den Schädel ein"-Mentalität ihren Platz erhielt. Es gab intelligente Leute, die das Beste wollten, aber die ideologisierten Platitüden lahmten ihren Enthusiasmus. Wir fühlten uns in unserem geistigen Sein bedroht. Rein äußerlich geschah uns nichts. Günther errang sich durch seine Zuverlässigkeit und Gewissenhaftigkeit Achtung bei jedermann; das war kein Politikum, es war eine rein menschliche Wertung. Wie oft stellten wir uns die Frage aller Fragen: Gehen wir oder nicht? Immer wieder gab es 1.000 Gründe zu bleiben. Die Anbindung an meine Brieffreundschaften wurde immer stärker. Günthers Vertiefung in seine Musikwelt immer intensiver, die Isolation von der Außenwelt immer spürbarer. Für unsere Kinder sollte es kein „Seid bereit – immer bereit" geben, es gab eine zweigleisige Erziehung, die mir oft schlaflose Nächte bereitete. Durch die vielen Engpässe, die sich auf allen Gebieten entwickelten, musste man erfinderisch werden. Unter dem Motto: „Aus Alt mach Neu" begab ich mich an unsere Wohngestaltung. Mit Hilfe von Pinsel und Farbe, mit Hilfe von diesem oder jenem geschenkten Stoff gab ich der Wohnung meine individuelle Prägung. Alte abgestellte Möbel rettete ich mit Hilfe eines alten Tischlers vor dem totalen Verfall und so entstand allmählich ein sehenswertes Ambiente. Besuch aus der Bundesrepublik konnte man nur von Verwandten bekommen. So wurden meine Freundinnen meine Cousinen, und deren Besuche wurden zum Höhepunkt des Jahres. Endlich einmal frei von der Leber weg reden, reden, reden. Alle demütigenden Erlebnisse wurden zu lustigen Storys, wenn man sie erzählen konnte und dankbare Zuhörer hatte, viele Engpässe wurden mit ihrer Hilfe beseitigt und neue Möglichkeiten durch sie erschlossen. 1972 brachte meine Hamburger Freundin ihren Mann mit, der sieben Jahre in sibirischer Gefangenschaft gewesen war und zu den letzten Spätheimkehrern zählte. Er sprach fließend Russisch und liebte die russische Sprache. Da er zu gern mal wieder ihren Klang hören wollte, ging er unbedacht in eine sowjetische Kaserne und sprach dort mit verschiedenen Dienstgraden. Wir ahnten nichts von seinem spontanen Alleingang, wir wähnten ihn auf einem Spaziergang. Schließlich wurden wir langsam unruhig, als er nicht wiederkam. Es vergingen Stunden bangen Wartens. Als die Volkspolizei bei uns vorfuhr, wurde uns sehr mulmig zumute. Er war auf dem Gelände der Kaserne in Gewahrsam genommen worden, und niemand glaubte ihm als Westdeutschem, dass er in die Kaserne marschiert war, um die russische Sprache zu hören und zu sprechen. Es wurde sofort ein Spionageverdacht in Erwägung gezogen. Es war Günthers Tatkraft und seinem Ruf zu verdanken, dass unser Freund aus dem Schlamassel herauskam, ehe er richtig hineingeraten war. Bedenkenlos sein, einfach nur ein Menschenfreund sein, spontan seinen Interessen nachgehen, wurden zum unerschwinglichen Luxus, der Gefahr für Leib und Leben bedeuten konnte. Das Bild des Klassenfeindes wurde Stein auf Stein aufgebaut. Die geistige Umzingelung kam von allen Seiten. Du konntest verarbeiten, lehren, warnen. Wir konnten verarbeiten, letzteres konnten wir nicht. Wir gingen den Weg nach Innen. Unsere ersten Urlaube verbrachten wir zu Hause, wir hatten kein Geld dazu. Der erste Ostseeurlaub stand an. Günther fuhr stolz mit dem Motorroller, ich fuhr mit Wolfgang im Zug. Renate blieb als Baby bei den Schwiegereltern. Die Strände waren bevölkert mit Gewerkschaftsurlaubern. Der Staat hatte ja die ehemaligen privaten Strandvillen beschlagnahmt und der Gewerkschaft und ihren Mitgliedern zugängig gemacht. So „gehörte" der Strand vielen Betriebsangehörigen, die dort organisiert und verbilligt ihren Urlaub begehen konnten. Dagegen hatten wir nichts, aber wir wollten unseren schwer verdienten Urlaub nicht „überwacht" verbringen. Günther, der immer einsame lange Strandgänge machte, entdeckte außerhalb des Ortes ein Schild: „Hier ist Freikörperkultur gestattet." Es waren anfänglich nur wenige Menschen dort, wenige Strandburgen lagen fast außer Sichtweite. Darum entschlossen wir uns, unseren Urlaub dort zu verbringen. Wir hatten keinerlei nudistische Neigungen, uns führte lediglich unser Erholungsbegehren dorthin.

Wir machten dann im Laufe der Jahre die Erfahrung, dass uns diese Art von Erholung sehr gut bekam, außerdem lernten wir dort sehr interessante Leute kennen, die aus ähnlichen Gründen an den FKK-Strand gegangen waren. Mit zehn Familien trafen wir uns später regelmäßig dort, es entwickelten sich Freundschaften, und wir haben stets ein „offenes Wort" geführt und sind nie deswegen enttäuscht worden. Ich betone dies absichtlich so, weil späterhin, nach dem Fall der Mauer, die DDR-Bevölkerung in ihrem Urlaubsverhalten spöttelnd als Volk von Nudisten bezeichnet wurde. In jeglichem Verhalten lag ein Stück Freiheitsbegehren. Eines wurde uns gleich nach dem ersten Urlaub klar, wir brauchten einen fahrbaren Untersatz für die Familie. Die Lieferzeit für ein Auto konnte zehn Jahre und mehr betragen, deshalb grassierte auch ein Witz, der die Gemüter erheiterte: „Warum gab es in der DDR keine Bankräuber? Weil die Lieferzeit für den Fluchtwagen zehn Jahre dauerte." Für Ärzte betrug sie zwei Jahre. Dies war eines der wenigen Privilegien, die ein Arzt hatte. Aber wir hatten kein Geld für die unangemessenen Kosten eines Zweitakters. Wir begannen mit einem leidvollen Sparprogramm, was uns zwischendurch nervte und mutlos machte. Als wir einer Resignation nahe waren, vermachte uns ein Patient von Günther eine beträchtliche Summe. Das kam überraschend wie Neuschnee und wir waren endlich wieder motiviert. Das Verhältnis zu meinem Elternhaus hatte sich etwas gebessert. Mein Vater überwies ja Patienten in das Krankenhaus und Günther schickte ihm Arztbriefe zurück. So entwickelte sich über das kollegiale Verhältnis der beiden ein normalerer Umgang im familiären Bereich. Das war oft ein schweres Stück Arbeit für mich. Ich hatte viele schwelende Emotionen und musste mich stets disziplinieren, besonders bei größeren Familienfeiern. Zu einer dieser Familienfeiern erschien die Cousine von Günther aus dem Ruhrgebiet. Wir mussten ihren Chauffeur als Verwandten deklarieren, denn sonst hätte sie keine Einreise erhalten. Wir bestanden darauf, dass der Chauffeur nicht bloß auf dem Papier Verwandter sein sollte, sondern dass er an der Familienfeier teilnehmen sollte. Dies bedeutete ein echtes Problem für Günthers Cousine, ließ sie sich doch stets von ihm in der dritten Person anreden!!! Sie war nach ihrem Dafürhalten in ihren Zugeständnissen schon weit gegangen, indem sie die Typisierung ihres Mercedes abmontieren ließ in der naiven Vorstellung, man könne so nicht Größe und Wert richtig erfassen. Der Chauffeur fühlte sich offensichtlich wohl in unserer Familie, und als wir am nächsten Morgen gemeinsam am Frühstückstisch saßen, wollte er auch am Gespräch teilnehmen und sagte zu Günther: „Gehen Herr Doktor auch auf die Jagd?" Mir blieb bald der Bissen im Halse stecken. Ich schaute gebannt auf Günther. Seelenruhig antwortete er: „Ja, gelegentlich, auf die Jagd nach Fliegen!" Das war kein Komödien-Stadl, das war keine Posse, das war greifbare Wirklichkeit. Sie hatte uns ja bei unserem ersten Besuch nach dem Krieg eingetütet als „arme Verwandte aus der Ostzone", nun hatten wir in unserer unzureichenden Verhaltensweise den Beweis dafür angetreten. Sichtlich erleichtert fuhr sie wieder von dannen. Das war eine „menschliche Stilblüte", die Gott sei Dank nicht charakteristisch war. Verwunderlich war jedoch das Verhalten so mancher Erdenbürger. So wunderte sich ein Herr aus Mainz über meine hochdeutsche Sprechweise. Da er in meinem Alter war, musste er noch Vorstellungen von Deutschland als Gesamtheit haben. Ich fragte ihn, ob er sich nicht an die unterschiedlichen Landschaften mit ihren unverwechselbaren Dialekten erinnern könne; er sah mich ziemlich ratlos an. Jenseits der Elbe war für ihn Sächsisch sprechen und „rot" sein. Für derartig befremdliche Auslegungen hatte ich gar kein Verständnis. Durch die allmähliche Annäherung an mein Elternhaus hörte ich auch wieder etwas von der verwandten Großfamilie. Dieter war mit Karajan und den Berliner Philharmonikern nach Amerika geflogen. Das erste Konzert sollte in Boston sein. Musiker und Instrumente waren angekommen, aber sämtliche Koffer mit Bekleidung schwebten noch in den Lüften oder waren fehlgelandet. Unter tosendem Beifall der Bostoner fand das Konzert in Rollkragenpullis und Hemdsärmeln statt. In Deutschland hätte man wahrscheinlich das Konzert verschoben. Diese Gelegenheit nahm Dieter wahr, um sich mit einem der Nachfahren unseres ausgewanderten Urgroßvaters zu treffen. Leider hatten beide Sprachschwierigkeiten miteinander. Eine weitere Annäherung mit anderen Familienmitgliedern fand leider nie statt. Dieter hat Namen und Adresse auch nie der Familie preisgegeben. Unser Titel und Berufe sammelnder Vetter Ekkehard, der zuletzt in Indien in einem Missionskrankenhaus gewirkt hatte, promovierte noch eben in der Schweiz zum docteur en sciences politiques, um sich dann endgültig in Bamberg als Arzt niederzulassen. Reiner war nach Magdeburg an die Medizinische Akademie gegangen, um dort seinen Facharzt für HNO zu machen. Ute stand im Staatsexamen in Berlin, und meine jüngste Schwester Barbara begann das Medizinstudium, und so war die Medizinlastigkeit unserer Familie ziemlich festgelegt. Kam es zu Zusammenkünften, sagte Günther immer: „Auf zum Kongress." An dem Tag, als Günther 1956 seinen Facharzt für Chirurgie machte, verbesserte ich unser Badezimmer. Da es zu diesem Zeitpunkt keine Fliesen gab und die Wände gar grauslich aussahen, strich ich die untere Hälfte mit schwarzem Bootslack und die Decke und obere Wand mit knallgelber Farbe. Als Günther nach Hause kam, fehlten mir nur noch ein paar Pinselstriche. Er wollte mir helfen, stieg auf den Rand der Badewanne, den Eimer mit der gelben Farbe in der Hand. Plötzlich entglitt ihm der Eimer und klatschte in die Wanne. Das war doch eine tolle Taufe für den Facharzt! Bald danach durften wir die Taufe für unser erstes Auto vollziehen. Nun musste Günther nicht mehr bei Wind und Wetter mit dem Motorroller fahren und wir konnten nun auch mit den Kindern gemeinsam etwas unternehmen. Das war auch ein Stück Freiheit. Dieses Freiheitsbedürfnis war ein Ventil. Die spürbare Infiltration von marxistischem Gedankengut und die Einengung, die schleichend alle Bereiche ergriff, wirkten sich auf jeden denkenden Menschen aus und schufen Auswegstrategien. Soweit Günthers bemessene Freizeit es zuließ, fuhren wir nach Berlin zum Besuch der Staatsoper, die hervorragende Aufführungen brachte. Wir hangelten uns von Glanzpunkt zu Glanzpunkt. Dabei behilflich war uns eine Angestellte des Hotels „Unter den Linden", die dort in der Rezeption saß und uns gegen ein Pfund „Westkaffee" die schönsten Opernkarten besorgte. Kaffee war in der DDR eine annehmbare Währung. Zu dieser „Währung" verhalfen uns die Freunde aus dem Westen und nicht zu vergessen meine ehemalige Lehrerin, die zu ihrem 75. Geburtstag zu mir gesagt hatte: „Nun darfst du meine Freundin sein!" Jeder versuchte, seine Nische zu finden. Reiner fand sie nicht mehr. Ständig in Bedrängnis, da seine Frau Westberlinerin war und die Familie Auflagen erhielt, dieses und jenes zu unterlassen, verließ er mit Frau und zwei Kindern die DDR. Er konnte seinem Beruf auf der Insel Borkum nachgehen. Für uns bedeutete dies Trennung auf lange, unbestimmte Zeit. Die Ärztefluktuation wurde nahezu dramatisch, Günther machte dreizehn Jahre Dauerbereitschaft, wobei natürlich auch Hintergrundbereitschaft dabei war, aber es bedeutete, immer abrufbereit zu sein.

Er war hineingewachsen in diesen Beruf. Mit den Diakonissen verband ihn eine Art verschworener Gemeinschaft. Der Staat wollte diese religiös gebundenen Schwestern gern loswerden, so wurden immer mehr staatlich ausgebildete Schwestern eingestellt. Es fehlte aber auch an jugendlichem Nachwuchs, sodass ein Ende der Betreuung durch Diakonissen absehbar war. Eines Tages drang die Nachricht von der Errichtung der Mauer in Berlin zu uns. Wir glaubten es nicht. Unsere erste Reaktion war: Das wird die freie Welt nie zulassen, Machtmissbrauch zu manifestieren. Wir hatten schon geglaubt, dass dieses System keine Überlebenschance hatte, und nun das. Der gesunde Menschenverstand rebellierte gegen ein Verbrechen vor den Augen der ganzen Welt. Ich wollte meine Kinder nehmen und nur noch laufen, laufen. Wir lagen nachts wach und suchten nach einer Lösung, und immer wieder endeten die Diskussionen mit der Feststellung: Wir können doch nicht hier bleiben! Das können wir doch unseren Kindern nicht antun. Da die sehr emotionalen Gespräche zu nichts führten, wechselten Wut und Resignation ab. Gegen dieses Unrecht gab es kein stichhaltiges Argument. Nach einigen Tagen sagte Günther sehr ruhig und entschlossen; „Ich habe hier meinen Platz, ich werde hier wirklich gebraucht, ich kann meinen Platz nicht einfach verlassen, ich kann es nicht." Ich konnte meine Stadt nicht verlassen. Hier sagte der alte Postbote zu mir: „Bei Ihrem Großvater hab ich viel gelernt, wenn er mir auch manchmal eine Kopfnuss gegeben hat." Hier sagte der Maurer zu mir: „Sehen Sie mal meine Narbe hier, da hat mich Ihr Vater als Kind genäht." Hier sagte die kleine Verkäuferin zu mir: „Ich war gerne Ihre Schülerin." Hier sagte die Nachbarin: „Es war höchste Zeit, dass Ihr Mann mich operiert hat." Da sollte ich mein Bündel schnüren und einfach gehen? Mit der Tatsache „Mauer" konnte man sich nie und nimmer abfinden. Auch die freie Welt hielt den Atem an. Dich, Armin, traf es ins Herz, ein geteiltes Deutschland, auf eine derartige Weise besiegelt, war unannehmbar. Du strebtest den Full Professor an, um deine internationalen Beziehungen erhalten und erweitern zu können, immer Deutschland im Blickwinkel behaltend. Unser Nachbar verließ in Panik mit seiner Familie sein Haus. Die Schwiegermutter ließ er zurück. Wir bemühten uns umgehend um diesen Wohnraum, da unser drittes Kind unterwegs war und sich auf dem Grundstück eine Garage befand. Bevor der Nachbar seine Flucht antrat, hatte er alle Leitungen aus den Wänden gerissen und ein Chaos hinterlassen. Für seine maßlose Wut hatte ich volles Verständnis. In den inneren Zwang zu geraten, Heim und Hof verlassen zu müssen, glich einem Ausnahmezustand. Die Leidtragende war nun in erster Linie die Schwiegermutter. Das Haus kam in städtische Verwaltung und wurde als Wohnraum freigegeben. Für die Instandsetzung fehlte das Material an allen Ecken und Kanten. Ich erlebte erstmals, wie erfinderisch DDR-Handwerker sein mussten. Sie kamen nicht mit sorgfältig verpackten, nummerierten Ersatzteilen, um sie nur anzuschrauben, sie mussten aus alten Teilen neue machen, sie mussten veraltete Systeme sorgfältig kombinieren mit zufällig ergatterten neuen Teilen, und wenn es hieß: „Passt, wackelt, hat Luft", waren alle glücklich. Es entwickelte sich eine ganz eigene DDR-Mentalität. Ganz gleich auf welchem Gebiet, Material war nie selbstverständlich, das Wort Engpass stand gleich daneben. Das gehörte zum Bestandteil der Welt, in der wir lebten. Aus diesem gemeinsamen Dilemma entwickelte sich eine einmalige Solidarität unter den Menschen. Es gab nie gekannte Hilfsbereitschaft. Bei der Renovierung einer solch chaotischen Wohnung gab es am Schluss viele kleine Histörchen über den Ablauf, die im Nachhinein beglückender waren als die renovierte Wohnung selbst. Die „übernommene Schwiegermutter" kam weinend zu mir, sie traute sich nicht auf den Hausboden, da sei noch „Alexikus" und er müsse unbedingt gerettet werden. Mutig stapfte ich nach oben mit meinem gerundeten Bäuchlein. Ich ging davon aus, dass Alexikus ein Lebewesen sei. In einer verstaubten Ecke fand ich zwölf Bände Brockhaus, das war „Alexikus". Bei den Renovierungsarbeiten vergaß ich nahezu meine Schwangerschaft, es war eine beglückende, schöpferische Zeit. Diesmal wollte ich nicht vom eigenen Mann entbunden werden oder den nachtdienstgestressten werdenden Vater im Anmarsch haben, ich wollte so richtig schön als „Otto Normalverbraucher" entbinden, und das gelang mir an der Medizinischen Akademie in Magdeburg. Als mein dritter Wonneproppen Jürgen das Licht der Welt erblickte, sagte ich: „Danke, lieber Gott." Darauf meinte der Professor freundlich: „Das ist ein seltener Ausspruch in diesen heiligen Hallen." Ich brauchte mir keine Sorgen zu machen um zu Hause, dort waltete „Tanti". Sie war eine neue Errungenschaft unseres Haushalts. Als sie bei Kriegsende 1945 ihren Mann verlor, hatte sie sich ihre vier Kinder an die Handgelenke gebunden und war mit ihnen beim Einmarsch der Russen in die Elbe gegangen. Dabei starben ihre vier Kinder, sie wurde gerettet und kam in die Psychiatrie. Als verstörter Mensch wurde sie wieder entlassen. Sie war mir aufgefallen und ich hatte sie angesprochen. Sie wurde zur unentbehrlichen Perle der Familie. Im Augenblick war ich voll ausgelastet mit drei Kindern, dem vergrößerten Haushalt und der Rücksichtnahme auf Günthers Beruf in der Familiengestaltung. Hinzu kam die Beschaffung notwendiger Lebensmittel oder Ersatzteile, die sinnlose Zeit des Anstehens erforderten. Da war es ein beglückendes Ereignis, dass meine jüngste Schwester heiratete. Erstmals nach langer Zeit sollte die Großfamilie aus Ost und West wieder vereint sein. Reiner, der inzwischen eine Niederlassung als HNO-Arzt im Hessischen bekommen hatte, durfte als DDR-Flüchtling nicht kommen, alle anderen, außer dem Vetter bei der Bundeswehr, durften einreisen. Das Besondere an der Feier war die künstlerische Gestaltung, bei der sich die prägende Begabung der Familie voll entfaltete. Vetter Ekkehard zog noch einmal den Talar an und übernahm die Trauung. Werners Frau übernahm die Orgelmusik, die Cousine aus Breslau sang das Solo in der Kirche, alle übrigen brachten das Brandenburgische Konzert von Bach zum Vortrag, abgesehen von den launigen Reden, die es verdient hätten, festgehalten zu werden. So sehr uns das „Dagebliebensein" belastete, diese Feier richtete uns wieder auf, sie demonstrierte förmlich die Stärke dieser Familie und erschien uns wie ein inneres Bollwerk gegen die geistige Unterhöhlung. Die Unterschiede zwischen Ost und West machten sich schon bemerkbar. Die Lebensqualität war um einiges besser, die Weltoffenheit war spürbar und wurde schmerzlich bewusst, die Prioritäten waren unterschiedlich. Trotzdem gelang es, durch die Musik ein Zusammengehörigkeitsgefühl zu stabilisieren und zu verinnerlichen. Im Geiste sah ich die ältere Generation vor mir in dem gleichen Zimmer, wie sie einst mit ihren Instrumenten angereist waren, nun war die nächste Generation an der Reihe, und das gleiche Signal ging von Herz zu Herz. Es bedeutete ein inneres Auftanken an Kraft und Zuversicht. Wir wurden uns beide bewusst, wie nötig wir dies hatten.

Eines Tages klingelte ein junger Mann an der Tür. Er zeigte mir seinen amputierten Daumen und sagte: „Das hat Ihr Mann gemacht!" „Na und" konnte ich ja schlecht sagen; ich schaute ihn erwartungsvoll an. Er erzählte mir, dass er am Schlachthof tätig sei und dass er für seine Tätigkeit dort immer „Deputatleber" erhalten würde. Er fragte mich, ob wir nicht gerne mal Leber essen würden, er könne uns von seiner „Deputatleber" etwas abgeben, schließlich sei er Günther dankbar für den „abgetrennten Daumen". Ich gab ihm zwanzig Mark. Als Günther nach Hause kam und ich ihm davon erzählte, lachte er schallend und meinte: „Da hat dir aber jemand einen Bären aufgebunden." Das ließ mir keine Ruhe und ich rief beim Schlachthof an. Der Direktor meinte, dass ich nicht die Einzige sei und fügte hinzu: „Wenn wir all unseren Angestellten Leber zukommen lassen würden, bliebe für die Bevölkerung nichts mehr übrig." Ich rief bei der Polizei an, um mich nach dem Mann zu erkundigen. Der Beamte lachte wie Günther, ich war einem Kleinkriminellen aufgesessen, der sehr erfinderisch war. Die Polizei schickte ihn mir zum Holzhacken, damit er die zwanzig Mark abarbeiten konnte. Um privat, das heißt nicht über die Gewerkschaft, den jährlichen Ostseeurlaub zu gewährleisten, musste man ein Privatquartier haben. Wir hatten eine nette Familie gefunden, die alljährlich ihre „gute Stube" räumte, um uns aufzunehmen. Und so fuhren wir denn mit Sack und Pack, einschließlich Baby, viele Jahre lang nach Zingst. Solange die Kinder klein waren, gab es für einen Familienurlaub keine bessere Lösung, aber es kam der Tag, an dem Günther das Eingesperrtsein hinter der Mauer ernsthafte Schwierigkeiten bereitete. Sich nur innerhalb eines begrenzten Raumes bewegen zu können, drang qualvoll in das Bewusstsein. Es ging nicht darum, nach Spanien oder Frankreich fahren zu wollen, es ging darum, vorgeschrieben zu bekommen, wohin man durfte. Diese auferlegten Beschränkungen lasteten bleischwer auf uns. Da wir uns nach Westen nicht frei bewegen konnten, planten wir eine Fahrt mit dem Auto nach Bulgarien, wobei uns das Ziel, nämlich Strand am Schwarzen Meer, weniger interessierte. Der Weg durch die verschiedenen Länder war das eigentlich Interessante, Land und Leute wollten wir erleben, um unseren eigenen Standort wieder neu annehmen zu können.

Reisterstown

Towson University, früher Towson State University und davor Towson State College war und ist eine Universität, die Studenten vorwiegend für das Lehramt ausbildet. Es liegt in Towson, Hauptstadt des Kreises Baltimore County. In den über dreißig Jahren, die ich an dieser Universität gearbeitet habe als Dozent und Administrator, ist dieses damals kleine College zur zweitgrößten Universität im Staate Maryland gewachsen. Das ehemalige Towson State College heißt seit den 1990er Jahren Towson University. In der näheren und weiteren Umgebung ist sie als eine gute Universität bekannt, die sich vor allen Dingen um die Studierenden kümmert. Natürlich wird hier geforscht und veröffentlicht. Doch die Hauptaufgabe bleibt die Lehre, der Dienst an den Studierenden. Ich lehrte „Introduction of European Civilization", „The Reformation", „The Renaissance" und Deutsche Geschichte im 19. und 20. Jahrhundert. Hier Einiges über eine typisch öffentliche, das heißt vom Staat unterstützte U.S.-Universität. Die Namensänderung zu Towson-University wurde vorgenommen, da die Beitragsgebühren der Studierenden wesentlich höher sind als die Beiträge des Staates. Maryland-Universitäten haben drei wichtige Teile, die alle zum Wohl der Studenten zusammenarbeiten: die Studenten/innen, die Fakultät und die Verwaltung. Allgemein hat eine Uni etwa so viele Fakultätsmitglieder wie Verwalter, wobei der Präsident eine wichtige Rolle spielt.

Die Familie zog in ein neues Heim nach Reisterstown, einer kleinen Vorstadt von etwa 10.000 Einwohnern, benannt nach den ursprünglichen Siedlern, der Familie Reisters. Das neue Heim verschaffte uns bequemen Raum für die aufwachsenden Kinder, die sich alle drei als gute Menschen und tüchtige und erfolgreiche Mitbürger unserer Gesellschaft entwickelten. Dieter, der Älteste, benannt nach meinem im Zweiten Weltkrieg umgekommenen Bruder, baute mit Begeisterung, Lauren war der immer bemühte Ordnungsgeist und Heidi, die Jüngste, ließ sich in keinen Rahmen zwingen. Sie

1967 bezog unsere fünfköpfige Familie ihr neues Heim in Reisterstown, einer kleinen Vorstadt von Towson, der Kreishauptstadt des Baltimore Country.

war der Freigeist der Familie. Marlene war ihnen immer eine gut sorgende Mutter. Gleichzeitig unterrichtete sie Kunst an einer Oberschule. So waren wir wohl eine typisch amerikanische Familie: Jeder hatte mit sich selbst und der Umwelt viel zu tun. Natürlich gab es auch Probleme, wenn die Kinder ihren Willen, der manchmal nicht dem Willen der Eltern entsprach, durchsetzen wollten. Politisch war es die Zeit des Kalten Krieges und des Vietnam-Krieges.

Möser

Hand in Hand standen wir auf der Karlsbrücke in Prag und schauten auf die Moldau, und die herrliche Musik von Smetana durchströmte uns und spülte alle Last der letzten Zeit hinweg. Offen für alles begaben wir uns auf die Reise, eingedenk der Worte von Großvater: „Hinter den Bergen wohnen auch Menschen." Wie ein aufgeschlagenes Bilderbuch lag die Landschaft von Böhmen und Mähren vor uns, unwirklich die Fahrt durch die Puszta mit ihren Ziehbrunnen, den aufstiebenden Gänseherden und den weiß gekalkten Dörfern, unglaubwürdig das Sitzen in einem der gastlichen Budapester Hinterhöfe. Erst als der Kellner um unseren Tisch herumtänzelt und etwas verlegen sagt: „Mit die Deitschen da hob i mei Schwierigkeit, i weiß net, soll i sagn HERR oder GENÖSSE?" sind wir voll da und lachen, lachen. Günther sagt würdevoll: „Sie können ruhig HERR zu mir sagen." Günther informierte sich immer an den Litfaßsäulen einer Stadt nach den kulturellen Möglichkeiten und er entdeckte die Ankündigung eines Ballettabends in der Staatsoper von Budapest. Wir bekamen Karten und genossen die traumhaft schöne Darbietung. Als wir nach der Vorstellung gingen, waren wir die Einzigen, die das Gebäude verlassen wollten. Eine aufmerksame Garderobiere lief uns nach, zog uns ins Theater zurück und sagte: „Opera, Opera". Es gab noch die Salome von Richard Strauß, und da wir ungarisch weder verstehen noch lesen konnten, war uns dies entgangen. Großes Ballett und danach Oper gab es in Deutschland auch nicht. Glücklich nahmen wir das zur Kenntnis.

Von Rumänien hatten wir absolut keine Vorstellung. Wir erwarteten schlechte Straßen, waren aber angenehm überrascht, wie gut die Straßen waren, es war ein Vergnügen, über die sogenannten Transsilvanischen Alpen zu fahren. Tausende von Herbstzeitlosen säumten den Weg, eine Blütenpracht ohne Ende. An einer Tankstelle wollten wir den Reifendruck messen, es gab jedoch keine Einrichtung dafür. Der Tankwart trat gegen die Reifen und meinte: „Atmosphär gutt!" Es gab keinerlei Vorschriften für unsere Reiseroute, wir konnten fahren, wie wir wollten. Im ehemals siebenbürgischen Hermannstadt, jetzt Sibiu, sollten wir Grüße bestellen von einer Nachbarin. Als wir die Familie ausfindig gemacht hatten, wurden wir empfangen wie nächste Verwandte. Das war eine Herzlichkeit, eine Wärme, eine Gastfreundschaft, wir waren richtig beschämt. Die Großmutter sagte immer wieder: „Ihr kommt von oben, aus dem Reich!" Was für eine Vorstellung. Sie holten herbei, was Küche und Keller hergab, und allmählich hatten sie aus der Stadt alle Angehörigen zusammengetrommelt, damit sie den Besuch aus dem Reich miterleben konnten. Deutschland war für sie die Heimat, die sie seit Generationen in ihren Herzen trugen, und uns stellten sie als Sendboten auf einen Sockel, der uns ganz klein machte. Wir mussten die Zeit zurückdrehen, wir waren schon weit von dieser Denkweise entfernt. Mit großer Achtung vor diesen Menschen verließen wir Sibiu. Während die Transsilvanischen Alpen eher einen lieblichen Charakter hatten, zeigte sich in den Karpaten eine oft wild zerklüftete Landschaft. In den serpentinenreichen Bergen hatten wir uns in der Zeit vertan und standen sehr plötzlich bei strömendem Regen in absoluter Finsternis da. Wir blieben stehen und gedachten, so den nächsten Morgen abzuwarten. Doch wie aus dem Nichts stand eine Frau an unserem Wagenfenster, sie schwenkte eine Laterne und wies uns an, ihr zu folgen. Es zeigten sich die Umrisse eines eingezäunten Bauernhofes. Die Frau sperrte das Tor weit auf und winkte uns herein und was nun folgte, war beispiellos. Wie sich herausstellte, waren es rumänische Bauern, sie hatten noch nie ausländische Touristen gesehen. Alles, was Beine hatte, wurde aus den Betten gescheucht und uns vorgestellt, bis zur zahnlosen Urgroßmutter. Während das Ehepaar sein Schlafzimmer räumte, nahm die Bäuerin aus einer Truhe neue, gestickte Bettwäsche, die sie selbst wahrscheinlich nie benutzt hätte. Die anderen waren in der Küche beschäftigt, um uns ein Mahl zuzubereiten. Das war ein Gelächter und Gewusel um uns herum und schließlich saßen wir alle um einen blank gescheuerten Tisch in der Küche. Sie sahen uns erwartungsvoll an und warteten auf unseren ersten Bissen. Der Bauer faltete die Hände und dankte

Gott für seine Gäste. Dann aßen alle fröhlich, wobei sie uns ständig ermunterten, doch mehr zu essen. Bauer und Bäuerin gingen mit uns bis zur Schlafzimmertür, dann bekreuzigten sie sich und gingen. Es war eine lautlose Stille und der zarte Lavendelduft der Bettwäsche vermischte sich mit der kühlen Nachtluft, die durch das geöffnete Fenster drang. So hatten wir lange nicht geschlafen. Nachdem wir uns am nächsten Morgen am Brunnen auf dem Hof gewaschen hatten, gab es ein Frühstück mit allen, die Söhne und eine Magd waren extra vom Felde heimgekommen, um uns zu verabschieden. Die Urgroßmutter umarmte mich, gab mir einen frisch gepflückten Blumenstrauß und sagte mit Tränen in den Augen: „Germania". Wir hatten gar nichts, was wir ihnen schenken konnten, doch da fiel mir ein, dass wir in Prag zwei Büchsen Bier gekauft hatten, weil Büchsenbier damals bei uns unbekannt war. Hier sicher auch. Mit einer gewissen Peinlichkeit gab ich ihnen die beiden Büchsen. Zwei Jahre später wusste ich, dass ich richtig gehandelt hatte. Da kam ein Brief von einem Übersetzungsbüro aus Bukarest, den die Bäuerin aufgesetzt hatte. Sie bedankten sich für unseren Besuch, forderten uns auf, wiederzukommen, und der Schlusssatz lautete: „Wir werden nie vergessen das Bier aus Büchse."

Die Fahrt durch die wilden Karpaten war ein einmaliges Erlebnis. In einem der nächsten Dörfer trafen wir auf eine Beerdigung. Das ganze Dorf war auf den Beinen. Nikolai Nikolajev war gestorben, das hörten wir aus den lauten Klagegesängen, die die Frauen schrill hinausschrieen. Der Tote lag auf einem Ochsenkarren in einem geöffneten Sarg. Dem Karren folgten Dorfbewohner, die alle Schüsseln mit Wegzehrung für den Toten trugen. Wir stiegen aus und verneigten uns vor dem Toten. Unaufdringlich erwarteten sie dies von uns. Sie hatten in ihrer Schlichtheit ein menschliches Empfinden, das uns verloren gegangen schien. Nachdenklich fuhren wir weiter. Ganz versteckt hinter Büschen und Bäumen entdeckten wir ein Kloster. Ein einziger, fast zugewachsener Pope lebte dort. Einen solch behaarten Menschen hatten wir noch nie gesehen. Er führte uns an den Altar und bat uns in elegantem Französisch, uns in ein Buch einzutragen. Dort waren schon etliche Eintragungen zu sehen. Mit einer Spende für den Erhalt des Klosters verabschiedeten wir uns. Wir waren ja so weit weg von unserer Welt zu Hause. Günther wollte unbedingt nach Bukarest in die Oper. Als wir in dieser quirligen, lauten Stadt ankamen, empfing uns ein Konzert von Trillerpfeifen im Straßenverkehr, aber niemand hielt an oder fühlte sich betroffen. Es wurde munter rechts überholt und rasant gefahren. Genervt hielten wir in einer Seitenstraße. Das Hotel nahmen wir in der Nähe der Oper. Es gab Carmen. Wenn man das in Bukarest erlebt, glaubt man, die Oper bisher nicht gekannt zu haben, jedenfalls vom Zuschauerverhalten her. Bisher wusste ich nicht, dass ich beim Zuhören Arme und Beine hatte. Bei unseren Nachbarn waren sie im Takte der Musik ständig in Bewegung, manche summten die Melodien laut mit. Ich entschloss mich, meine Aufmerksamkeit mehr dem Zuschauerraum als der Bühne zuzuwenden. Am Ende hatte ich das Gefühl, ein dressierter Muffel zu sein, der nicht in der Lage war, Musik in sich aufzunehmen. Günther erging es ähnlich. Sehr angeregt gingen wir ins Hotel zurück. Wohin fahren wir morgen, gähnte ich. Ich verstand Sofia und Oper. So war es auch, wir fuhren nach Bulgarien. Hier empfingen uns ganz andere Straßenverhältnisse. Das war ein Geschicklichkeitsfahren über Schlaglöcher. Wir fuhren durch sehr ärmliche Dörfer, wobei uns der Esel sehr häufig als Fortbewegungs- oder Transportmittel begegnete. Verstaubt und müde kamen wir in Sofia an. Ich dachte nur noch an ein Bett, aber nicht an die Oper. Hier fing die Oper später an und Günther hatte im Hotel noch zwei Karten für Bohème ergattert. Eigentlich wurde die Oper im Parkett noch mal mitgespielt. Ich entschied mich fürs Parkett. Während sich in Deutschland eine ganze Stuhlreihe empört umsieht, wenn einer mit Papier knistert oder sich schnauzt, fand hier ein kleines Volksfest statt. Hingerissen gab sich jeder seinen Gefühlen hin und als Mimi starb, wurde geweint. Wir waren übermütig und glücklich; auf diese Weise aus den Fugen zu geraten, war eine kostbare Erfahrung. Nun standen Land und Leute auf dem Plan und wir fuhren ins Tal der Rosen nach Kasanlök. Ein wunderbarer Rosenduft schwebte über dem Tal und die Bergketten des Balkan lagen vor uns ausgebreitet in ihren mannigfaltigsten Formen. Wir fuhren ins Schipkadorf, welches etwa zwölf Kilometer von Kasanlök entfernt liegt. Dort leuchteten uns die goldenen Kuppeln des Schipkaklosters entgegen und hoben sich von dem dunkelgrünen Hintergrund in unwahrscheinlicher Schönheit ab. Wir ließen den Wagen im Dorf stehen und wanderten auf einem Waldpfad dem Kloster entgegen. Immer wieder glänzten die goldenen Kuppeln durch die Bäume. Der Anblick aus der Nähe war überwältigend. Unter der Goldkuppel zeigte sich eine fein ziselierte Goldkante, die sich in mehreren Variationen der Breite nach um das ganze Kloster herumzog. Dazwischen gab es farbige Majolikastreifen, die an Farbenpracht nichts eingebüßt hatten. Im Inneren des Klosters waren alle Wände mit biblischen Gestalten farbenprächtig bemalt. In einem Schrein lag ein Corpus auf einem gold- und silberglänzenden Untergrund. Der Altar bestand aus vergoldeten Türen und Täfelchen mit kostbaren Gemälden von Christus und seinen Jüngern. Ein Bild war aus reinem Gold gefertigt, aus Goldplatten geschnitten, lediglich die Gesichter der Heiligen waren farbig eingesetzt in die in feinster Ziselierung gearbeiteten Gestalten. Selbst in der großen Kuppel war ein Gemälde, Christus sah auf einen hernieder. Das Antlitz in der Kuppel, das die ganze Rundung ausfüllte, zog den Blick ganz hinauf und nahm einen in seinen Bann. Im Altarraum las ein Priester in einem leuchtend roten Samtornat in der Bibel. Im Kellergewölbe waren verschiedene Marmorsarkophage, Gräber der Klosterpriester, die einst hier ihrem Glauben dienten. Ein holzgeschnitzter Altar mit farbigen Darstellungen gab dem Raum die weihevolle Stimmung. Auf jedem Sarkophag lag eine frische Rosenblüte. Wir standen ergriffen an diesem geschichtsträchtigen Ort und bewunderten die künstlerische Gestaltung. Vom Schipka Kloster begann nun eine allmählich ansteigende Auffahrt zum 1.350 Meter hoch gelegenen Pass. Der Ausblick beim Aufstieg war herrlich. Auf dem Pass stiegen wir noch 900 Stufen bis zum Gipfel empor zum bulgarischen Nationaldenkmal, welches an die Schlacht von 1890 erinnert, in der die Bulgaren, gemeinsam mit den Russen, die Türken aus dem Lande vertrieben. Zwei große Kanonen sind noch Zeugen dieser Schlacht. Die Abfahrt vom Schipka Pass bei Sonnenschein gab immer wieder den Blick frei auf liebliche Täler, verschiedenfarbige Gipfel, braun leuchtendes Felsengestein, verkarstete Felsenkuppen, weich abfallende Wiesen mit weidenden Schafen, wie Streichholzschachteln anmutende Städte im Tal. Uns kamen zwei junge Hochzeitspaare entgegen. Der Sitte des Landes entsprechend marschierten zwei Musikanten vorweg, dann folgten die Brautpaare. Der Bräutigam trug eine Flasche im Lederbeutel, um winkenden Gratulanten einen Schluck anzubieten. Alle Gäste trugen ein weißes Tuch über der Schulter als Zeichen der Zugehörigkeit. In einer Art tänzerischer Leichtigkeit schritten sie dahin und ihre unbeschwerte Fröhlichkeit war ansteckend. Bei offenem Schiebedach fuhren wir singend weiter. Wir kamen in Tirnovo an, der ehemaligen Hauptstadt Bulgariens. Wie Schwalbennester klebten die hübschen Häuser an den Berghängen. Veliko Tirnovo, schönes Tirnovo. Burgruinen und ein altes Stadttor erinnerten an trutzige Türkenfestungen und gaben uns ein eindrucksvolles Bild von der Geschichte dieses Landes. Unser nächstes Ziel war nun endlich das Meer. Ein feuerroter Sonnenball ging auf und über dem Meer lag ein feiner Dunst. Der Hafen von Varna lag im dichten Morgennebel. An einer schönen, bewaldeten Hügelkette vorbei, oft plötzlich das Meer überraschend wie ein Spiegel vor Augen, gelangten wir in die Ausläufer des Balkangebirges, die vor Nessebar steil ins Meer abfallen. Der Sonnenstrand von Nessebar war nichts weiter als eine Touristenkolonie am Meer, tief in der Bucht gelegen, mit flachem Hinterland. Die Bergkette hörte vor Nessebar abrupt auf. Wie ein Finger ragt Alt-Nessebar, die Halbinsel, ins Meer. Hier fand man noch alte Häuschen mit vorgebautem Obergeschoss aus Holz, doch fing man auch hier an zu renovieren, und vieles Alte musste Neuem weichen. Am Meer entlang fuhren wir nach Baltschik, einem zauberhaft gelegenem Ort in einer träumerischen Bucht. Das terrassenförmig angelegte Städtchen auf felsigem Gestein mit einer echten Moschee hatte einen orientalischen Charakter. Die im mauretanischen Stil gehaltenen Mauereinfassungen erinnerten an die jahrelange Türkenherrschaft. Baltschik liegt direkt an der Küste und wird durch die Berge vom Hinterland abgeschirmt, darum erweckt es auch den Eindruck einer fremdartigen Welt. Als es noch unter rumänischer Herrschaft war (es wechselte dreimal im Laufe der letzten Jahrhunderte die Herrscher), entdeckte die rumänische Königin auch die Schönheit dieses Erdenfleckchens. Sie ließ sich ein Liebesschloss bauen, direkt am Meer mit einem großen Park voller subtropischer Pflanzen, Wasserfällen und an einer der schönsten Stellen einer Terrasse mit einem in Stein gehauenen Sessel. Hier verbrachte König Carol seine letzten Tage. Ein Blick von diesem Sessel im Abenddämmern ließ die Berge um die Bucht blau samten aufsteigen. Ich setzte mich in den Sessel und verschwand für Augenblicke aus unserer Zeit. Großvaters Ausspruch: „Hinter den Bergen wohnen auch Menschen" war immer wieder eine neu erlebte Erkenntnis und prägte unsere Denkweise. Es bewegte mich zutiefst, wie ich in der Jugend vorurteilsbelastete Aussagen über andere Länder und Völker einfach so angenommen hatte, ohne dies zu hinterfragen. Mit Wehmut im Herzen sagten wir ade zu Türkenbundhosen tragenden halbverschleierten Frauen, zu den munteren Eselchen, zu den mit Zigeunerfamilien beladenen Panjewagen, zu den Wiesen voller Herbstzeitlosen und den Schwärmen schreiender Wildgänse. Es war Zeit, heimzukehren. Tanti, die Perle, und meine Schwiegereltern hatten für alles Sorge getragen, und unser Alltag konnte neu beginnen. –

Reisterstown

1972 wurde persönlich ein wichtiges Jahr. Vor 27 Jahren hatte ich ein Heim verloren, einen Krieg verloren, verlor Freunde und Verwandte. Ich hatte aber auch eine Ausbildung gewonnen, ein neues Zuhause, eine Familie, eine Position; aber es verblieb ein 27 Jahre alter Traum und ein starkes Verlangen. Dies war, meine Vergangenheit zurückzuerobern, das was von ihr verblieb. Durch Zufall hatte ich den Kulturattache der polnischen Botschaft in Washington kennengelernt. Ich fragte ihn, ob es möglich wäre, dass ich ein Besuchervisum zum Besuch meiner Heimatstadt Osterode/Ostroda erhalten könnte. „Natürlich" war seine Antwort. Es gäbe da kein Problem. Doch so einfach gestaltete sich die Angelegenheit auch mit seiner Befürwortung nicht. Visa-Angelegenheiten waren Sache des Generalkonsuls und dieser beanstandete, dass in meinem Reisepass Deutschland als Geburtsland angegeben war. Er meinte, dass Ostroda in Polen gelegen sei, ich müsste meinen Pass ändern lassen. Als Geburtsland müsse Polen eingetragen werden. So sagt Marlene jetzt manchmal: „Du bist ja Pole und nicht Deutscher! Schau doch mal in deinen Pass, da steht es drin!" Im Juli war es soweit. Wir kauften einen neuen VW in Wolfsburg und ich kehrte in die Stadt meiner Geburt und meiner Jugend zurück, in das Land, in dem meine Familie, meine Freunde, meine Verwandten und Bekannten bis 1945 zu Hause waren. Das war ein schicksalsreiches Jahr für Tausende Deutsche wie mich gewesen. Wir flohen aus Ostpreußen, Westpreußen, Pommern und Schlesien, aus den „verlorenen Provinzen". Sowjetische Truppen waren im Anmarsch. Die meisten von uns, die den Horror der letzten Monate des Zweiten Weltkriegs überlebt hatten, wurden vertrieben. Die Gegend wurde von Deutschen geleert, um Platz für Polen zu machen, die ihrerseits aus Ostpolen, seit 1939 Teil der Sowjetunion, vertrieben worden waren. Viele Gedanken und Gefühle kreisten in meinem Herzen, in meinem Kopf. Wie würde ich mein Osterode vorfinden – jetzt Ostroda – meine Heimatstadt in dem Landstrich, der einst Ostpreußen war?

Würde ich noch immer einigen der Deutschen begegnen, die ich einst als Jugendlicher kannte? Würden die alten deutschen Straßen und Wahrzeichen noch dort sein? Was war mit den Schulen, in die ich gegangen war, dem Haus, in dem ich aufgewachsen war, der Kirche, in der ich gebetet hatte? Und dem Rathaus, den Geschäften, den Treffpunkten, den Booten, auf denen ich gefahren war, den Ausflugszielen, zu denen ich geradelt war, dem Postamt, auf dem ich meine Post aufgegeben und von dem ich meine wenigen Telefonate geführt hatte? Wie waren die Polen mit dem Land umgegangen, das einst meine Heimat war? Die Fahrt über die Autobahn von Westdeutschland über Ostberlin, Poznan (Posen) und Torun (Thorn) bis nach Ostroda dauerte zwei Tage. Mein Herz begann schneller zu schlagen, als ich altbekannte Wahrzeichen wiederentdeckte. Die welligen Hügel hatten sich nicht verändert, nicht die dunklen Wälder oder silbrigen Seen. Einsame Bauernhöfe lagen wie damals, auch altertümliche Dörfer mit eingeschossigen Backsteinhäusern.

Dort auf der rechten Seite, in den Ort einfahrend, entdeckte ich das erste Anzeichen der neuen Einwohner: ein Schild, auf dem nicht „Osterode", sondern „Ostroda" stand. Die Farben waren jedoch noch immer die gleichen, schwarze Buchstaben auf gelbem Hintergrund. In den äußeren Bereichen des Ortes hatte sich wenig verändert, große Gebäude mit kleinen Arbeiterwohnungen, der Bahnhof und die Gleiswerkstätten. Instinktiv fuhr ich in die Straße, in der ich gelebt hatte, vorbei an der zweitürmigen Backstein-Lutherkirche mit dem Kupferdach, in der ich getauft und konfirmiert worden war.

Es war später Nachmittag, als ich wieder nach Hause kam, wenngleich auch das Haus selbst nicht mehr länger hier stand. An seiner Stelle fand ich einen Kindergarten mit Spielplatz; Erinnerungen rasten durch meinen Kopf. Das letzte Mal, als ich hier stand, war es Januar 1945, heimkehrend aus dem Krieg auf Erholungsurlaub. Damals hatte ich gehofft, meine Eltern zu finden, stattdessen fand ich Fremde vor, die aus ihren eigenen Häusern evakuiert worden waren und nun auf Befehle und die Gelegenheit warteten, an einen sicheren Ort zu gelangen. Taten sie das? In den frühen Morgenstunden des nächsten Tages hatten sowjetische Truppen die Stadt besetzt. Tatsächlich hatten meine Eltern 1945 die Stadt nur wenige Stunden vor meiner Ankunft verlassen, Geschirr und einige Lebensmittel fand ich noch auf dem Esstisch. Meine von vielen Gefühlen bewegte Reise fortsetzend fand ich manche der alten Wahrzeichen an ihrem alten Platz; meine Grundschule, das Gymnasium, das neue Rathaus, das Postamt, die Seepromenade, die Sandstrände. Was sich dramatisch verändert hatte, waren der alte Stadtkern, einige Restaurants, das alte Schloss und die Friedhöfe. Einst stand hier das Rathaus-Café mit dem Drei-Kaiser-Denkmal davor, nun standen hier Bäume und umgeworfenes Mauerwerk. Einst fand man hier kleine nachbarliche Geschäfte, nun standen hier nüchterne und funktionale Wohnblöcke. Wo einst die gut erhaltene Burg des Ritterordens stand, der die Stadt während des 14. Jahrhunderts gegründet hatte, standen nur Ruinen und Unkraut. Friedhöfe hatten sich in Plätze der Zerstörung gewandelt, und auf der Suche nach alten deutschen Namen auf umgeworfenen Grabsteinen fanden wir einen Stein, auf dem stand „Die Liebe höret nimmer auf." Viel schwieriger als das Finden dieser alten Wahrzeichen war es, bekannte Einwohner zu finden. Ich hörte von einem, dem Uhrmacher. Eine alte Freundin von mir war in seinem Geschäft gewesen und hatte sich nach ihrer reparierten Uhr erkundigt. Sich entschuldigend bemerkte der Uhrmacher, er würde sich nicht an sie erinnern, wann hätte sie ihm denn die Uhr gebracht? Als sie antwortete, das sei 1945 gewesen, setzte er seine Entschuldigung fort. Guter alter verlässlicher Uhrmacher. Ein Treffen mit Bekannten fand jedoch statt, gänzlich unerwartet und ungeplant. Es war an einem Sonntag. Meine Frau und ich faulenzten am See und bewunderten die ungestörte Schönheit dieser friedlichen Kleinstadt, als ich das altbekannte Läuten der Glocken der evangelischen Kirche hörte. Ihr Läuten klang wie eine persönliche Einladung und so fuhren wir zur Kirche. Die Türen standen weit offen. Ein schwarz gekleideter Pfarrer stand dort im Gespräch mit einigen Menschen. Ich stellte mich in deutscher Sprache vor, hoffend, er würde mich verstehen. Er antwortete, indem er mich einigen anderen Osterodern vorstellte, die wie ich in dieser Kirche getauft und konfirmiert worden waren. Unser sich ergebendes Gespräch schloss schnell

Verbindungen, die 1945 getrennt worden waren. Einer dieser früheren Osteroder war einst ein Angestellter meines Vaters gewesen, eine andere war die Freundin eines meiner Freunde gewesen, der dritte hatte im Gymnasium die Klasse unter mir besucht. Alle hätten sicherlich Bücher über ihre individuellen Schicksale schreiben können. Der Angestellte meines Vaters war in der deutschen sechsten Armee gewesen und war 1943 in Stalingrad gefangen genommen worden. Seine Frau hatte ewig keine Nachricht von ihm erhalten, aber nach langen Jahren in sowjetischer Kriegsgefangenschaft wurde er schließlich entlassen. Aber von meinem Freund, der 1944 als „im Kampf vermisst" gemeldet wurde, wurde nie wieder etwas gehört. Während unsere gemeinsame Vergangenheit den Kern unseres Gesprächs bildete, konnten wir nicht anders, als auch die Bezüge zur Gegenwart herzustellen. Unsere Gefühle waren die einer tief greifenden emotionalen Befriedigung über die Rückkehr, dauerte sie auch nur für einen kurzen Moment. Die meisten von uns fühlten Dankbarkeit dafür, dass die altbekannte Umgebung noch immer existierte, dass wir uns zu Hause fühlten, obgleich die Stadt nun die Heimat der polnischen Menschen war. So viel war sicher: Wir hofften alle, diese so lang eiternde Wunde in der polnisch-deutschen Beziehung würde bald heilen. Vielleicht half es, wenn auch nur auf einer kleinen Ebene, dass die früheren Bewohner der sogenannten verlorenen Territorien entlang der Oder-Neiße-Grenze ihr einstiges Heimatland besuchten und sich mit dessen neuen Bewohnern bekannt machten. Ein besonderer Besuch galt meinem Gymnasium, meiner „Penne", wie wir die Schule damals nannten. Der Direktor empfing mich deutsch sprechend. Er entschuldigte sich, dass er nur wenig Zeit hätte, da die Abiturvorbereitungen seinen Einsatz erfordern würden. Er stellte mir die fließend englisch sprechende Lehrerin vor, die mir zunächst nicht glauben wollte, dass ich in Osterode zur Schule gegangen wäre, weil ich kein Polnisch sprechen würde. Hier war ein gutes Beispiel für die damals bestehende Geschichtsfälschung. Sie war anscheinend überzeugt, dass diese Gebiete schon immer polnisch gewesen wären. Als ich sie dann durch die Schule führte, glaubte sie mir schließlich, dass ich hier Schüler gewesen wäre. Ich durfte einige Worte mit bildhübschen Schülerinnen wechseln. Dass Gerüche in der Erinnerung eine Rolle spielen, merkte ich im ehemaligen Kaiser Wilhelm Gymnasium. Der Mief war noch der gleiche. In den letzten Jahren haben sich die Beziehungen zwischen den alten und neuen Bewohnern Ostpreußens positiv entwickelt. Ostroda/Osterode hat ein „Deutsches Haus" in der Herder-Straße. In diesem Jahr findet das jährliche Osteroder Treffen wieder in der alten Heimat statt, wobei der polnische Bürgermeister die Begrüßungsrede hält. 1907 war das Jahr, in dem das deutsche Gymnasium im jetzigen Gebäude eröffnet wurde. Im Frühjahr 2007 findet in der gleichen Schule ein deutsch-polnisches Jubiläumsfest statt. Die Pionierarbeit, die vom Barsinghausener Kreis in den 1960er Jahren geleistet wurde, trägt Früchte.

Möser

Du machtest dich auf die Reise, um deine Heimat wiederzufinden, ich machte mich auf die Reise, um Abstand von meiner Heimat zu gewinnen. Die gefundene Inschrift auf dem alten Grabstein war unser gemeinsames Gedankengut. Unser Alltag hatte noch gar nicht wieder richtig begonnen, da erhielt ich ein Telegramm von meinem Bruder Reiner: „Erika verstorben, bitte kommen." Wir waren alle völlig am Boden. Das konnte doch gar nicht sein. Sie waren aus der DDR geflohen, hatten es zu einer Praxisniederlassung gebracht, hatten unter unsäglichen Mühen ein Haus gebaut, die beiden Söhne waren aus dem Gröbsten raus und nun das! Es war ein großes Problem, eine Ausreise zu bekommen. Erika war „bloß" meine Schwägerin und keine Blutsverwandte. Aber da ich zu dem Zeitpunkt nicht berufstätig war, bekam ich für fünf Tage eine Ausreise. Ich wusste nicht, was mich erwartete und war voller Ängste und Trauer. In ein Trauerhaus zu kommen, ist schrecklich. Plötzlich ist da einer fort, der unbedingt dazugehörte. Das kann man so schnell gar nicht nachvollziehen, die Seele schafft es nicht. Diese Schwere in allen Gliedern, diese Sprachlosigkeit, dieses „sich anders sehen als vorher", war wie ein Erwachen aus einem bösen Traum, den man nun als Wirklichkeit realisieren musste. Sie war freiwillig aus dem Leben geschieden und hinterließ drei Menschen, die sie dringend gebraucht hätten. Es war da eine große Hilflosigkeit. Wie es weitergehen sollte, wusste niemand, der Begriff „Zeit" stand in einem gefühlsleeren Raum. Schweren Herzens fuhr ich wieder nach Hause und war dankbar, dass wir uns alle noch hatten. Der Briefwechsel mit meinen westdeutschen Arbeitsdienstfreundinnen wurde immer wichtiger für mich, war er doch ein Ventil gegen die vielen Unzulänglichkeiten und Bedrängnisse des Alltags. Meine Kieler Freundin war Bibliothekarin, und sie hatte ein Buch über pädagogische Themen entdeckt, dessen Verfasserin unsere ehemalige Maidenoberführerin war, die mir die Dienststrafe verpasst hatte. Über den Verlag machte sie MOF ausfindig und schrieb ihr. Sie war nach Arbeitsdienst und sogenannter „Entnazifizierung" Leiterin einer Pädagogischen Hochschule gewesen und jetzt im Ruhestand. Sie erkundigte sich nach mir und hatte das Bedürfnis nach einem „klärenden Gespräch". Ich auch! Dazu musste ich sie aber erst auf dem Papier zu einer Verwandten machen, damit sie die Einreise in die DDR erhielt. Das klappte alles und mit klopfendem Herzen erwartete ich ihre Ankunft. Eines musste ich von vornherein anerkennen, sie stellte sich, und dies freiwillig. Wir hatten viele Gespräche und diese waren ergiebig. Sie hatte längst eingesehen, dass das Strafmaß völlig überzogen war und dem damaligen Zeitgeist entsprach. Inwieweit sie sich damit identifiziert hatte, war eine Frage, die sie sich selbst stellen musste, und diesen Gewissensmarathon konnte ihr niemand abnehmen. Es endete damit, dass wir noch einige Jahre einen Briefwechsel hatten. Auch einer Einladung in ihr schönes Berchtesgadener Altersdomizil folgte ich späterhin. Ich kann sagen, dass es unerlässlich ist, miteinander zu reden, nichts zu verdrängen oder zu verschweigen. Für unsere Persönlichkeitsbildung ist es ein Muss!

Als wir wieder einmal mit den Kindern an der Ostsee waren, erhielt ich ein Telegramm: „Vater verstorben". Günther blieb mit den Kindern dort und ich fuhr nach Hause. Ich war tief betroffen, weil zwischen uns noch so viel unausgesprochen war, wobei bei ihm die Bereitschaft gefehlt hatte. Niemand will mit Vorwürfen an einem offenen Grab stehen, aber ich stand dort nicht mit stiller Trauer, ich stand dort innerlich aufgewühlt und haderte. Mutter trat auf mich zu und sagte laut hörbar für alle: „Ich danke dir, dass du mit uns getrauert hast." Damit hatte sie mir vor allen einen Platz außerhalb der engsten Familie zugewiesen. Mir fehlten die Worte, aber ich konnte dann endlich weinen. Zu Günther und den Kindern zurückzukehren, bescherte mir ein unglaubliches Glücksgefühl.

Ein Auto zu haben, es schneller als die anderen zu bekommen, war nach wie vor ein Privileg. Das alte abzusetzen war überhaupt kein Problem, viele warteten schon darauf, um auf diese Weise zu einem Auto zu kommen, und es wurden horrende Preise dafür geboten. Natürlich war das ein ungesunder und zu verurteilender Zustand, aber solche Zustände ergaben sich bei dieser Wirtschaftsführung zwangsläufig, und alle machten mit, obgleich wir beide kein Talent dazu hatten. Günther überließ mir solche Dinge, weil ihm eine derartige „Verkaufsstrategie" höchst unangenehm war. Ich verkaufte also unser Auto erfolgreich und der Käufer übergab mir die Summe in bar in einer Aktentasche. Wir wollten eine Probefahrt machen und bei dieser Gelegenheit das Geld bei uns zu Hause deponieren. Beide „Parteien" waren zufrieden, und als ich zu Hause ankam und die Tasche dort abgeben wollte, war sie nicht mehr da. Der Schreck fuhr mir durch alle Glieder. Das war ja nicht auszudenken! Mir fiel siedendheiß ein, dass ich beim Einsteigen die Tasche auf die Straße gestellt hatte, um sie dann auf den Schoß zu nehmen. Das hatte ich wohl im Eifer vergessen. Jedenfalls musste demnach diese Geldtasche an einem Sonnabend auf offener Straße vor einer viel begangenen Bäckerei stehen. Da trat ich wirklich mal das Gaspedal durch und raste mit dem guten Mann dorthin. Die Tasche stand unberührt und für alle sichtbar auf der Straße, und ein paar spielende Kinder hielten sich in der Nähe auf. Als ich erregt auf die Kinder zulief und sie fragte, ob sie auch nicht an der Tasche gewesen seien, sagten sie verwundert: „Sie gehört uns doch nicht!" Das lasse ich mir manchmal auf der Zunge zergehen, wenn ich heutzutage die Zeitung lese.

In Reiners Leben wurde unbedingt eine neue Frau und Mutter gebraucht. Er lernte eine Kollegin kennen, die geschieden war und zwei Töchter hatte. Diese Ausgangspunkte waren gut und alle freuten sich mit ihm zu dem schnellen Entschluss. Die Hochzeit sollte auf einer Ritterburg im Hessischen gefeiert werden und wir Schwestern aus dem Osten wurden dazu eingeladen. Ute konnte von vornherein nicht mit, da sie in einem Krankenhaus als Internistin arbeitete und nicht verheiratet war. Ärzte bekamen keine Ausreise und deren Angehörige nur, wenn die Familienverhältnisse in Ordnung waren. Mit dieser Einladung hatten wir Schwierigkeiten, da die angegebene Adresse die Ritterburg war. Reisen waren zu Verwandten aus besonderen Anlässen erlaubt und dies war stets der Willkür der örtlichen Behörden überlassen. Wir mussten also als Anreisepunkt andere Verwandte angeben, und auch nur dorthin erhielten wir eine Fahrkarte. Wir mussten dann die Verwandten bitten, uns dorthin zu fahren. Als wir drei Schwestern in der Ritterburg ankamen, war kein Brautpaar zu sehen. Auf dem Zimmer lag ein „Veranstaltungsplan", und nebenbei lag ein Kärtchen, in dem wir aufgefordert wurden, es uns recht gut gehen zu lassen. Allmählich trafen Verwandte ein, die wir jahrelang nicht gesehen hatten, außerdem die Verwandten und Freunde der neuen Familie. Von dem Brautpaar immer noch keine Spur. Wir kamen uns ziemlich verloren vor. Das Leben in der Entbehrungsgesellschaft hatte schon eine Prägung hinterlassen und wir hatten Schwierigkeiten mit der Anpassung. Wir konnten in der Unterhaltung kaum mitreden. Reisen, Bücher, Lebensqualität in für uns unvorstellbaren Möglichkeiten, das alles konnten wir uns anhören, aber uns bewegten ganz andere Probleme. Wir mussten von ganz anderen Voraussetzungen ausgehen, wir mussten zwangsweise ganz andere Prioritäten setzen, aber eines wurde mir bei den Gesprächen zur Gewissheit: Wir lebten näher an der menschlichen Basis. Bei uns wurde dafür gesorgt, dass die Bäume nicht in den Himmel wuchsen! Am nächsten Tag sollte die Trauung in der kleinen Burgkapelle stattfinden. Beim Geläut der Glocken gingen wir alle zur Kapelle und erst, als wir wartend vor der Kirche standen, trafen die beiden Brautleute ein. Ich hatte den Eindruck, dass sie sich gestresst in das Trauungsgeschehen stürzten und erst später zur inneren Ruhe kamen. In der Burg wurde in mittelalterlichen Trachten serviert und wir fühlten uns in eine andere Welt versetzt. Leider kam es nicht zu persönlichen Gesprächen. Am nächsten Morgen gab es dann einen riesigen Autokonvoi zum Wohnort, wo wir dann alle mit einem Sektfrühstück und launigen Gesprächen verabschiedet wurden.

Nach diesem Ausflug in eine andere Welt mussten wir wieder hinter der Mauer verschwinden. Meine Rebellion galt nicht der Tatsache, dass ich dies oder jenes nicht haben konnte, sie galt der Tatsache, dass eine „staatliche Macht" darüber befinden durfte, unter welchen Bedingungen ich zu leben hatte. Diese Beschneidung menschlicher Freiheit, diese Persönlichkeitsverletzung, das war mein Problem. Die jungen Grenzbeamten, die in dieses System hineingewachsen waren und nichts anderes kannten, waren erfüllt von dem Gedanken, ihre Arbeit gegen den Klassenfeind buchstabengetreu verrichten zu müssen. Diese strammgestandene Kontrolle erregte mich nicht, weil ich befürchtete, sie würden mir etwas wegnehmen, sie erregte mich, weil ich diesen Eingriff in mein Leben als Bedrohung menschlicher Freiheit empfand, außerdem empfand ich Mitleid mit diesen irregeleiteten Menschen. Meine Alltagsprobleme holten mich ganz schnell wieder ein und mit großer innerer Bereitschaft hielt ich Günther den Rücken frei für seinen aufreibenden Beruf. Trotzdem fehlte mir meine Tätigkeit in der Schule, ich wollte unbedingt wieder arbeiten. Es war kein Problem, eine Stelle zu bekommen, Musiklehrer waren gesucht, aber ich machte mir völlig falsche Vorstellungen über die Entwicklung, die sich in den Schulen vollzogen hatte. Günther ließ mir dabei absolute Entscheidungsfreiheit und ich glaubte, Kinder, Haushalt und Schule in den Griff zu bekommen. Ich hatte meine Schaffensfreude und meine Erfüllung von einst vor Augen und begann mit großem Elan 1968 mein neues Berufsleben. Beim Studium der neuen Stoffverteilungspläne wurde schon ersichtlich, wie eingeengt mein persönlicher Spielraum war. Pro Minute war vorgeschrieben, was im Unterricht in Rostock, Cottbus oder Magdeburg zu geschehen hatte. Wo blieb der Ermessensspielraum? Mit welcher Begeisterung hatten wir damals unsere Arbeit getan, welchen Ideenreichtum hatten wir eingebracht, mit welchem ehrlichen Wollen hatten wir versucht, den Kindern etwas zu vermitteln! Diese Möglichkeiten bestanden auch heute, aber es war weitaus schwerer, und die Belastung, zum Handlanger eines Systems zu werden, war stets vorhanden. Ich fand andere Schulkinder vor als damals. Sie bewegten sich innerhalb des vorgegebenen Rahmens mit der Disziplin eines als Vorbild hingestellten Pioniers, der „immer bereit" zu sein hatte. Ich will damit nicht sagen, dass es keine Disziplinschwierigkeiten gab wie heute, aber durch den gegebenen Rahmen war es leichter, die Kinder anzusprechen. Außerdem waren sie dazu erzogen, sich mitverantwortlich zu fühlen für die Leistungen innerhalb des Klassenkollektivs. Dies enthielt erzieherische Gedanken, die durchaus vertretbar waren, bloß dahinter stand stets der Marxismus-Leninismus als Impulsgeber, und diese Methode kannte ich aus der Nazi-Zeit. Das war eine Form der Manipulation. „Nicht für die Schule, für das Leben lernen wir", stand großflächig an den Wänden. Jenes Wort von Lenin konnte jeder bedingungslos bestätigen, bloß folgten auch andere Sätze, und ich war oft erschüttert über die Vorgehensweise. Besonders schlimm war es, dass es von vielen nicht so empfunden wurde. Das Kollegium lief vollkommen „in der Spur". Ich fühlte mich von vornherein als Außenseiter. Erst bei näherem Kennenlernen merkte ich, dass den Einzelnen nichts anderes übrig blieb. Ich ging also nicht wie früher beschwingt und voller Tatenlust zur Schule, ich ging bedrückt und mit Ängsten dorthin. Ich wollte unbedingt wieder einen Chor nach meinen Vorstellungen erziehen und ich wollte mit den Kindern ein Bühnenstück erarbeiten, das sie völlig in ihren Bann zog. Da für die Chorarbeit nicht viel Unterrichtszeit zur Verfügung stand, hängte ich noch Privatstunden in meiner Wohnung dran. Allmählich entstand ein Chor, jedoch nicht in der gleichen Qualität wie damals. Eine Erklärung hierfür fand ich nicht. Ich merkte, dass ich mich völlig verausgabte, weil ich ein Ziel vor Augen hatte, das ich unbedingt erreichen wollte. Als Bühnenstück wählte ich „Peter und der Wolf" von Prokofjew. Ich hatte ja in meiner früheren Tätigkeit hinlänglich Erfahrungen gesammelt, zu welchen Leistungen Kinder fähig sind, wenn man sie richtig anleitet. Dieses Stück bot sich an und ich war hingerissen von den Darstellungskräften der Kinder. Dies zog sich über Monate hin und ich spürte, wie kräftezehrend diese Arbeit war, ich erlebte Erschöpfungszustände, die ich vorher nicht gekannt hatte, führte dies aber auf meine lange Berufspause zurück. In diesem Schulsystem war es üblich, dass unter den Schulen sogenannte „sozialistische Wettbewerbe" stattfanden, bei denen sich die Schulen in ihren Leistungen messen sollten. Dabei gab es Punkte. Durch meine kulturelle Arbeit verhalf ich meiner Schule zu einem Sieg dieses Wettbewerbs und gewann so ein bisschen an Boden in diesem Kollegium. Dies schloss jedoch nicht aus, dass mein Schulleiter mich bei einer Diskussion einen unverbesserlichen Bourgeois nannte. Es schloss auch nicht aus, dass unser jüngster Sohn Jürgen, als er von der Polytechnischen Oberschule in die Erweiterte Oberschule überwechseln wollte, die Genehmigung nicht erhielt mit der mündlichen Begründung: „In Ihrer Familie sind genug Akademiker." Das bedeutete für Jürgen, dass er über eine Berufsausbildung zum Abitur und anschließendem Studium kam. Die Schularbeit verschaffte mir oft schlaflose Nächte. So hatte ich einmal in der Vorweihnachtszeit mit den Kindern nebenbei, außerhalb des Lehrplans, Weihnachtslieder gesungen. Die Kinder kannten sie zum großen Teil nicht. Es gab eine Beschwerde, sie kam nicht aus der Schule, sondern von einer Mutter. Das erstaunte mich sehr. Es war eine Geschäftsfrau, die ich kannte und bei der ich niemals so eine Einstellung vermutet hätte. Sie verwahrte sich dagegen, Kindern über diese Lieder christliches Gedankengut zu vermitteln. Ich wurde zum Direktor gerufen, als die Mutter ihre Beschwerde vorbrachte. Ich sollte meine Handlungsweise begründen. Ich sagte, dass in der Verfassung die Pflege deutschen Kulturgutes eine Aufgabe sei und dass im weitesten Sinne eine Pflege deutscher Traditionen zum Weihnachtsfest kein Vergehen sein könne. Ich war sprachlos, mein Schulleiter verteidigte mich und nahm die Beschwerde nicht an. Da ich immer noch einen regen Briefwechsel mit meinen westdeutschen Freunden hatte, was ja in meiner Stellung nicht erwünscht war, wurde mir „besondere Beachtung" zuteil. Eines Tages schickte mir meine Hamburger Freundin Zeitungsausschnitte mit, die originell und witzig waren, sie hatten keinerlei politische Aussage, sie waren einfach nur zum Lachen. Da das Schwarze Brett im Konferenzzimmer von den Kollegen keines Blickes gewürdigt wurde, beschloss ich, dies zu ändern. Ich heftete jene Witze daran, und im Nu bildete sich eine Traube Wissbegieriger davor. Ich war gerade zehn Minuten im Unterricht, als die Tür aufgerissen wurde und die Schulsekretärin mich bat, augenblicklich zum Chef zu kommen. Als ich das Direktorzimmer betrat, lagen ausgebreitet auf seinem Schreibtisch jene Zeitungsausschnitte. Er war empört und fragte mich, wieso ich westdeutsche Schmutz- und Schundliteratur an das Schwarze Brett einer sozialistischen Schule heften würde. Ich entgegnete, dass ich lediglich die Absicht hätte, die Kollegen zum Lachen zu bringen. Daraufhin erklärte er mir, dass ich den Sinn, Lehrer an einer sozialistischen Schule zu sein, nicht begriffen hätte. Er gab mir mehrere Bücher über Marxismus-Leninismus und bestellte mich für einige Tage später zu sich. Zum gegebenen Termin befragte er mich nochmals nach meiner Motivation. Ich gab die gleiche Antwort, denn diese entsprach ja der Wahrheit. Er meinte, ich hätte den Sinn der Bücher überhaupt nicht verstanden, ich solle sie noch einmal lesen und dann schriftlich eine Erklärung abgeben. Ich fragte Günther: „Du bestätigst lediglich, dass du sie gelesen hast", sagte er. Dies tat ich auch, ich schrieb „gelesen" und signierte mit meinem Namen. Der Schulleiter schaute mich durchdringend an, er verstand genau, aber er verzichtete auf eine weitere Diskussion mit mir. Die intensive Arbeit und die seelische Belastung führten dazu, dass ein latent vorhandener Herzfehler, der bisher nicht erkannt worden war, belastend in Erscheinung trat. Ich konnte nicht mehr arbeiten. Dass man uns eine Brille verpassen wollte, durch die wir ein gewünschtes Weltbild zu sehen hatten, war ein gegenläufiger Prozess zu deiner Tätigkeit. Es war schmerzlich, und es gab immer wieder ein Freiheitsbegehren. So sagte Günther eines Tages: „Da wir uns nicht frei gen Westen bewegen können, tun wir dies Richtung Osten." Eine genormte Flugreise wollte er auf keinen Fall, er wollte mit dem PKW durch die Sowjetunion, was zur damaligen Zeit, in den 70ger Jahren, undenkbar war. Er träumte davon und der Gedanke ließ ihm keine Ruhe mehr. Er wandte sich mehrmals vergeblich an die russische Botschaft. Schließlich gab ihm ein russischer Kollege einen Tipp. Neben dem Krankenhaus gab es seinerzeit ein russisches Lazarett, und die russischen Kollegen kamen bei Bedarfsfällen schon mal rüber, hospitierten auch im OP. Dieser Kollege meinte: „Gehen Sie in die Deutsch-Sowjetische Freundschaft." Das war eine gegründete Vereinigung, die wenig Zulauf fand. Über diesen Weg gelang es nach zweijährigem Bemühen, eine Einreise mit dem PKW in die Sowjetunion zu bekommen. Aber unter welchen Auflagen!! Die von Günther gewünschte Reiseroute wurde nicht genehmigt, wir erhielten einen Propusk mit einer detaillierten Marschroute, die wir genau und auch zeitbestimmt einzuhalten hatten. Ein großes Problem war unser Wartburg, ein Zweitakter. In ganz Russland gab es keine Zweitakter. Das bedeutete, jede Menge Ersatzteile mitzunehmen. Aber diese zu bekommen, war genau so schwierig wie der Erhalt der Einreise. Wir beide waren technische Nieten, was eine mögliche Reparatur anbelangte, und im weiten Russland einen geeigneten Mechaniker zu finden, stand auch in den Sternen. Außerdem waren uns die kyrillischen Buchstaben nicht so geläufig, dass wir sie schnell umsetzen konnten. Mit wenigen Kenntnissen der russischen Sprache und mit einer unglaublichen Spannung machten wir uns auf den Weg. Über Krakau waren wir zum letzten Kontrollpunkt vor der russischen Grenze, in Medica, gekommen. Dort stellten wir die Uhren auf russische Zeit ein. Die Formalitäten in Shagina waren ein Papierkrieg ohnegleichen. Man hatte für vier Reisende einen Voucher und nur eine Marschroute gegeben. Das hätte bedeutet, dass man sich nie trennen könnte. Wir redeten auf den Beamten ein, dass sie dies nicht tun könnten, wir wollten „Chef sprechen. Dann ging es auf einmal, wir bekamen getrennte Papiere. Von nun an sollten „Marschroute" und „Dokument" die wichtigsten Wörter des Tages werden, neben den vielen Talons für Benzin, Propusk für die Stadt, Talons für Essen, für Camping, für Motels und so weiter. Unser erster Eindruck war die sichtbare Armut der Menschen in den Dörfern. Es war Spätsommer, alle liefen barfuß, saßen vor ihren kleinen Häuschen oder standen am Straßenrand und hüteten ihre Kuh. In Lwow verfransten wir uns zum ersten Mal. Hier wurde uns ein Campingplatz hinter der Stadt zugewiesen. Hier erwartete uns wieder der gleiche Papierkrieg wie an der Grenze, Voucher, Marschroute vorzeigen, viele Eintragungen in eine vorgefertigte Akte nur für uns. Dann konnten wir Bettwäsche in Empfang nehmen, die feucht war, sie waren wohl mit dem Trocknen nicht fertig geworden. Ein Pulk junger Studenten stand um uns herum, sie sollten bei Gebrauch dolmetschen. Als ich in der Rezeption unseren Namen mit „Bradja Grimm" zu erklären versuchte (Gebrüder Grimm ist in Russland sehr bekannt und wird immer noch gelesen), stürmten sie auf mich ein und wollten ein Autogramm, weil sie meinten, ich sei ein Nachfahre der Gebrüder Grimm. Da gab ich fleißig Autogramme, und mein lieber Schatz schwitzte derweil, weil er so etwas nie machen würde.

Seine Korrektheit war auch in Kleinigkeiten unanfechtbar. Viel später hat er auch mal darüber gelacht. Dann bekamen wir ein Holzhäuschen zugewiesen, eine lausig kalte Bretterbude mit zwei Stahlbetten von Anno Knipp. Als Lampe: Birne von Decke. Gemeinsame Toiletten für das ganze Camping, Waschräume etc. Wir froren die ganze Nacht. Am Morgen verließen wir dann froh die unfreundliche Stätte und wärmten uns im geheizten Wagen. Die Fahrt durch die Ukraine zeigte die unendliche Weite der Landschaft und das Farbenspiel an einem Himmel, der kein Ende zu haben schien. Überall an den Straßen standen Kühe hütende alte Männer oder Frauen, unvermutet führten sie oft ihre Kühe über die Fahrbahn, oder es kam ein Panjewagen von irgendwoher auf die Straße geschossen, oder ein LKW scherte aus ohne Blinklicht, welches in den seltensten Fällen ging. Die Gullies in den Städten waren unterschiedlich hoch oder tief, jedenfalls waren sie eine Autofalle. Man musste unausgesetzt aufpassen. Mit den Sicherheitsvorkehrungen nahmen sie es auch nicht so genau, die LKW' wären bei uns längst aus dem Verkehr gezogen worden, zum Beispiel fiel wegen mangelnder Absicherung bei einem Viehtransport einfach eine Kuh vom LKW und verblutete am Straßenrand. Wildernde Hunde liefen oft einfach über die Fahrbahn auf freier Strecke. Die Fahrt nach Kiew war teilweise recht anstrengend durch den LKW-Verkehr, denn man wusste nie, ob ein heraushängendes Bein aus der Fahrerkanzel einen Richtungsanzeiger ersetzen sollte. In Kiew fanden wir ein freundliches Camping vor; auch ein Häuschen für zwei Personen, aber fester gebaut als das in Lwow. Die Fahrt in die Stadt war aufregend, da jeder so fuhr wie er wollte. Die Ampeln waren oft im Geäst der Bäume verschwunden, und nur die Einheimischen wussten, dass dort welche waren. Das hieß, immer schön anzuhalten, wenn andere hielten. Im Zentrum ließen wir den Wagen stehen und spazierten zum Dnjepr und schauten in diesen breiten Strom. Am gegenüberliegenden Ufer sah man das moderne Kiew mit seinen Hochhäusern. Die Stadt zog sich endlos in die Länge. Wir kauften einen Stadtplan in russischer Sprache und fragten Passanten, wo wir uns gerade befanden. Dies kam zu keinem Ergebnis, selbst ein Offizier konnte es uns laut Karte nicht sagen.

Wir bummelten durch den großen Boulevard und tranken Quas, ein bräunliches, säuerliches Getränk, welches in Mengen aus großen Behältern verkauft wurde, eine Art „Nationalgetränk". Die Fahrt im Dämmern ohne Licht (hier schaltet man es erst nachts ein) war wieder aufregend bis zum Camping. Wir nähten uns aus unseren mitgeführten Wolldecken jeder einen provisorischen Schlafsack, dann bereiteten wir den Wagen für den nächsten Tag vor, um früh nach Charkow zu starten. Wir fuhren auch früh los, gerieten aber dann in dieser Millionenstadt versehentlich auf die Ausfallstraße nach Odessa. Es gab für uns wegen der Sprach- und Leseschwierigkeiten immer nur die Möglichkeit, den russischen Atlas zu nehmen den Ort zu zeigen, wo wir hinwollten. Viele Passanten schüttelten den Kopf. Obgleich wir kein Wort verstanden außer geradeaus (pramo), links (nalewa), rechts (naprawa), klappte es immer. Die Fahrt in Richtung Charkow ging über die große Dnjepr-Brücke, sie ist gewaltig, und mitten auf der Brücke sah man dann rechts und links die anderen Brücken den Dnjepr überspannen, ein wunderbares Bild. Ein Tragflächenboot brauste vorüber. Dann ging es durch die endlosen Ebenen der Ukraine. Solche Weiten zu durchfahren bedeutete ein Gefühl zu bekommen für die russische Mentalität, es stimmt melancholisch. Die Katen in den Dörfern ließen eine Vorstellung aufkommen, wie es in den Woyewodschaften zur Zeit der Leibeigenschaft gewesen sein muss. Die Städte waren großzügig gebaut, sauber und modern, die Menschen lebhaft, selbstbewusst, freundlich und bildungshungrig. Die Landbevölkerung hingegen schien Jahrhunderte zurück zu sein. Der Campingplatz von Charkow lag auf der Strecke nach Simferopol. Da wir aber von Charkow noch etwas sehen wollten, erledigten wir erst alle Formalitäten und fuhren dann in die quirlige Stadt. Das Zentrum wurde beherrscht von zwei herrlichen alten Kirchen. Eine orthodoxe Kirche war geöffnet und wir beobachteten viele Gläubige, die sich beim Betreten der Kirche mehrfach verneigten und bekreuzigten. Der Innenraum duftete nach Kerzen und Blumen. Alles war reich vergoldet und die Kuppel mit dem Christusgemälde erinnerte an das Kloster am Schipka Pass. Alte Mütterchen küssten voller Demut die Heiligenbilder, küssten der Christusfigur die

Füße und warfen sich auf den Boden, um den Fußboden zu küssen. Jahrelang stand dieses Volk unter atheistischer Staatsführung, wir hatten nicht den Eindruck einer solchen Prägung. Das war ja unser Anliegen, uns selbst ein Bild zu machen. Sie nickten uns freundlich zu, ließen sich aber in ihrer Andacht nicht stören Vor und in der Kirche hockten Bettler, die um Kopeken baten. Vor der Kirche sprach uns ein Mann an und fragte, ob wir Deutsche seien. Als wir es bestätigten, weinte er, die Tränen liefen ihm nur so über das Gesicht und er drückte uns die Hände und sagte: „Kamerad". In einem Trödlerladen erstanden wir einen Teeglasbehälter aus Altsilber, der einmal bessere Zeiten gesehen hatte. Von einem freundlichen Taxifahrer wurden wir aus der Stadt herausgelotst. Die Fahrt nach Rostow führte uns durch das Donezbecken, schwarze Erde, Industrie, viele Sonnenblumenfelder, Weite, LKW und wieder Weite. Rostow na Donju, Rostow am Don, sehr übersichtlich angelegt, gut beschildert. Unser erster Weg führte uns zum Don. Flüsse haben für mich eine magische Anziehungskraft, sie erzählen Geschichte, sie sind ein Stück Ewigkeit im Wandel der Zeiten, sie verweisen uns auf unser kleines Menschsein und lassen uns demütig werden vor der Schöpfung. Am gegenüberliegenden Ufer stand ein Pavillon aus der Zarenzeit, der mit viel Phantasie Bilder aus der Vergangenheit aufkommen ließ. Als wir ein verdientes Essen einnehmen wollten und endlich mal nicht Kappes mit Knoblauchgewürztem vom Kiosk essen wollten und gerade anfuhren, rief uns ein Russe zu: „Ballony" und wies auf unseren Vorderreifen. Er war platt. In Russland eine Vulkanisierwerkstatt zu finden, ist so etwas wie ein Kreuzworträtsel. Wir hatten zwar Reserveräder mit, mussten jedoch sofort für Reparatur sorgen, da neue Reifen hier nicht erhältlich waren, und wir hatten ja noch viele 1.000 Kilometer vor uns bei ungewissen Straßenverhältnissen. An der Tankstelle (man muss sich selbst bedienen und seine Benzintalons vorher abgeben) spritzte ein Tscheche Günther eine volle Ladung Benzin aus dem Schlauch über den Anzug, da er nicht wusste, dass das Büro schon eingeschaltet hatte und er den Schlauch in die Gegend gehalten hatte. Die Fahrt aus Rostow führte uns noch einmal über die große Don-Brücke. Die Strecke war wieder endlos durch Agrarland. Wir überqueren den Kuban, der so malerische Uferböschungen hat, und plötzlich geisterte eine Sondermeldung aus dem Krieg durch meinen Kopf von heißen Kämpfen um den Kubanbrückenkopf. Damals war das so weit weg und unvorstellbar und nun standen wir hier. Ich musste mit tiefer Trauer an den sinnlosen Krieg denken, bei dem so viele Menschen ihr Leben lassen mussten. Langsam stiegen wir ein, und bei herrlichem Sonnenschein fuhren wir dem Kaukasus entgegen, der sich wie aus einem Scherenschnitt als Silhouette erhob. Plötzlich gab es einen lauten Knall und unsere Frontscheibe war zertrümmert. Ein vorüberfahrendes Fahrzeug hatte einen Stein aufgewirbelt. Mit kleinen Schnittwunden, etwas geschockt bei dem Gedanken, wie es nun weitergehen würde, kamen wir bei Dämmerung in Pjatigorsk an. In der Administrace wurde uns für den nächsten Tag ein Dolmetscher versprochen, der mit uns einen Autoservice aufsuchen sollte. Als wir am Abend noch ein Glas Mineralwasser an einem „Bufet" tranken, sprach uns ein Russe an, der vier Jahre in Deutschland Militärdienst geleistet hatte. Als er hörte, woher wir kamen, nahm seine Freude kein Ende, denn genau dort hatte er gedient. Er trank mit uns und kaufte sto gramm Wodka und für mich eine Flasche Krim-Sekt, und ob wir wollten oder nicht, um ihn nicht zu beleidigen, mussten wir mithalten. So „full" waren wir noch nie. Aber es war sehr lustig. Es kamen noch ein paar russische Studenten hinzu, die Sprachen studierten. So unterhielten wir uns. Es gab Bruderküsse unter den Männern, die bloß mit sto gramm zu verkraften waren. Hier in Pjatigorsk war schon ein Schmelztiegel von Völkerschaften: Kalmücken, Armenier, Grusinier, Ukrainer, Ossethen und so weiter, und alle fühlten sich der großen Sowjetunion zugehörig und bewahrten dabei ihre völkische Eigenständigkeit. Der Dolmetscher fuhr uns zu einer großen gepflegten Werkstatt. „Genosse Direktor" besah sich den Schaden und führte ein Telefongespräch. Dann wurde uns gesagt, wir könnten den Wagen am Abend wieder abholen, sie würden eine Plastikscheibe als Notlösung einsetzen. Für die Rückreise versprachen sie uns, eine Original Wartburg-Scheibe einfliegen zu lassen. Wir rechneten uns schon im Geiste eine utopische Summe aus, doch da beschwichtigte uns „Genosse Direktor" und sagte: „Druschba", was soviel wie „Freundschaft" bedeutete. Gastfreundschaft und Freundschaft haben in Russland einen Stellenwert, der für uns nicht nachvollziehbar ist. Wir sind in unserem Miteinander schon sehr unterkühlt und erstarrt. Wir besorgten uns inzwischen einen Propusk für Itkol, welches wir am nächsten Tag besuchen wollten. Nur mit einem Dolmetscher durften wir ins Elbrusgebiet fahren. Zunächst war der Himmel bewölkt und ein leichter Dunst hing über den Bergen, aber allmählich riss die Bewölkung auf, und wir hatten das herrlichste Panorama des Elbrusgebirges vor uns. Hinter Pjatigorsk (Pjatigorsk bedeutet „fünf Berge") endete die CSFSR, und wir kamen in die autonome Republik der Kabardiner und Balkaren. Ein wildes Bergvolk. Puschkin beschrieb die Kämpfe dieses Volkes mit den Russen vor der Vereinigung aller Sowjetvölker. Hier wird übrigens Russisch als Fremdsprache gelehrt, hier lebt man von Viehzucht und Teppichweberei und Heimarbeit (Spinnen von Schafwolle). Die kleinen Katen waren von hohen Mauern umgeben, nur die Dächer schauten heraus. Die Dolmetscherin sagte uns, dies bedeute: je höher die Mauer, desto schöner die Frau, die dahinter wohne. In den Dörfern liefen Kühe, Kälber und Esel sowie Federvieh herum, sodass man ständig aufpassen musste. Selbst auf den Fernstraßen lagen Kühe mitten auf der Fahrbahn und ließen sich durch den Verkehr nicht beirren. Wir stiegen immer höher etwa auf 2.600 Meter und fuhren immer tiefer in den Kaukasus hinein. Am Fuße des Elbrus war ein Sessellift, der auf einen gegenüberliegenden Berg führte. Von dort konnten wir den 5.600 Meter hohen Elbrus mit seiner zweigeteilten Spitze sehen. Schöner im Panorama, mit einem eisbedeckten Gipfel, ist der 4.000 Meter hohe Don Gus Orin, der bisher nur von einer Seite bestiegen wurde. Einige Bäuerinnen wollten uns Schafwolle und wundervoll gestrickte Tücher verkaufen, aber sie wollten zu viele Rubel dafür. Die Rückfahrt bescherte uns herrlichen Sonnenschein und wir fuhren durch die angestrahlten Berge. Am nächsten Morgen hatten wir die kürzeste Strecke nach Ordschonikitze vor uns. Obgleich wir unmittelbar am Kaukasus entlangfuhren, waren die Berge verschwunden, dann tauchten plötzlich Riesenbergwände vor uns auf und wir dachten zunächst, es seien Wolkenbildungen, weil wir uns gar nicht vorstellen konnten, dass die Berge so hoch sind. Unser Motel lag direkt vor diesem Panorama und wir hatten wieder das Glück, strahlend blauen Himmel zu haben. Nach kurzer Pause fuhren wir los und suchten die Totenstadt. Das sind Grabmäler aus der Zeit des 5. bis 9. Jahrhunderts in der Gegend, wo die kobanische Kultur an der Wende des zweiten Jahrtausends v. d. Z. entstand. Der Weg führte in eine einmalig wilde Klamm. Die Bicaz-Klamm in Rumänien, in den Karpaten, war dagegen gar nichts. Eine ganz verwilderte und unberührte Bergwelt fanden wir. Es gab weder Bergführer zu den Gräbern noch abgesicherte Pfade. Wir mussten über die Felsbrocken klettern, um zu den oben gelegenen Gräbern zu gelangen. Die Gräber waren große Steinhaufen, in denen sich jeweils eine Öffnung befand. Drinnen lehnte ein sitzendes Skelett an der Wand. Irdene Gefäße standen zur Wegzehrung rings um den Verstorbenen. Die Toten waren Angehörige des Volksstammes der Ossethen, die heute fast ausgestorben sind. Auf diesem felsigen Gelände war eine unbeschreibliche Stille. Ein großer Adler kreiste am Himmel. Wir kamen uns vor wie Eindringlinge. Die Fahrt nach Tbilissi, früher Tiflis, führte durch den sogenannten Großen Kaukasus, der um den mit ewigem Eis und schneebedeckten Kosleck herum liegt. Wir stiegen zwischen Viertausendern auf eine Höhe von 2.500 Metern auf den ehemaligen Maultierpfad, der jetzt in ein schmales Schotterband umgewandelt ist, welches sich um die Berge schlingt. Rechts neben sich hatte man die steil aufragenden Felswände, links die Abgründe, und so wand man sich stundenlang in die Höhe. Beim Anhalten umgab uns wieder diese lautlose Stille, die den kreisenden Adlern gehörte. Die Russen hatten mehrere Tunnel gebaut, einen mit offener, durchbrochener Front, sodass man einen herrlichen Ausblick auf die Schluchten hatte. Da lag auf einmal Tiflis vor uns in einem großen Talkessel, eine moderne Riesenstadt. Wir kamen in unser schönes Motel, wo man uns Schwierigkeiten machte, weil unsere Marschroute nicht mit den Akten des Motels übereinstimmte. In jedem Quartier lag ja bereits vor unserer Ankunft eine Akte über uns vor. Nach deren Daten hätten wir schon in Jerewan sein müssen. Diese Strecke hätten wir gar nicht an einem Tag bewältigen können. Es gab ein großes Palaver, und da hier nur Grusinisch gesprochen wurde und wir mit unserem wenigen Russisch nichts anfangen konnten, mussten wir warten, bis ein Englisch sprechender Dolmetscher kam. Wir bekamen dann ein Zimmer und nahmen uns ein Taxi für die Stadt. Ohne Kenntnis der Sprache sich durch eine Riesenstadt zu fragen mithilfe von Karten, war ein Nervenkrieg. Wir zeigten dem Taxifahrer eine Ansichtskarte von der steilsten Seilbahn der Welt, die in Tiflis ist. Er fuhr uns dorthin, und wir stiegen auf den Tazminda und hatten von dort einen herrlichen Ausblick auf die ganze Stadt. Man sah wenige Kuppeln von alten Kirchen, der Fluss „Kura" wand sich mitten durch die Stadt, und die Berge des Kaukasus umrahmten sie. Dort oben befand sich ein wunderschön angelegter Park mit einem Planetarium. Mit zünftigem grusinischem Schaschlik beendeten wir die Tour und ließen uns wieder ins Hotel fahren. Wir lagen gerade im ersten Schlaf, da klopfte es mehrfach laut an unserer Tür. Jemand rief mit hartem Akzent: „Tourist Grimm, öffnen Sie." Ein Dolmetscher stand vor der Tür, der uns erklärte, dass wir unsere vorgegebene Marschroute nicht eingehalten hätten und deswegen am nächsten Tag nicht weiterfahren dürften. Wir sollten uns um neun Uhr bei einem Mister Eremann einfinden zu einer Besprechung. Günther platzte bald vor Empörung und rief aus seinem Bett: „Kommt ja gar nicht in Frage." Darauf sagte der Dolmetscher: „Wie Sie wollen, Sie werden Schwierigkeiten bekommen, da Sie an die türkische Grenze fahren." Wir waren gerade wieder am Einschlafen, da bullerte es wieder an der Tür: „Tourist Grimm, öffnen Sie sofort!" Als ich aufmachte, erklärte er in süßsaurem Ton, er habe telefoniert und wir könnten nun fahren, es wäre alles in Ordnung. Als wir am nächsten Morgen die Ausfallstraße nach Jerewan suchten und verzweifelt vor den Verkehrstafeln mit grusinischer Schrift standen, fuhren wir aus Versehen in die falsche Richtung. Hinter uns her raste ein Wagen und hupte ununterbrochen. Es war Miliz. „Stoi! Dawai, dawai!" Wir mussten zurück zum Kontrollposten der Miliz. Dort wurde in grusinischer Sprache ein Protokoll über unser Vergehen verfasst und ich sollte in deutscher Sprache schreiben, warum ich den falschen Weg gewählt hätte. Wieder endloses Palaver ohne gegenseitiges Verstehen. Mithilfe eines russischen Atlanten wurde uns dann der rechte Weg gezeigt. Jetzt fuhren wir durch das Steppengebiet von Asabaidshan, eine völlig öde Landschaft mit sehr ärmlichen Dörfern. Die Menschen leben dort von der Schafzucht. Angrenzend folgte der sogenannte Kleine Kaukasus, der uns auch wieder in die Höhe von 2.000 Metern führte. Wir durchfuhren drei autonome Sowjetrepubliken, die balkarische, die kasachische und die asabaidshanische. Das war die älteste Straße der Welt, die Transkaukasische Straße. Dann lag vor uns der Sewansee, ein großes Binnengewässer 2.000 Meter über dem Meeresspiegel. Für uns unerreichbar befand sich auf einer Halbinsel ein altes Kloster aus dem vierten Jahrhundert. Hier stand Geschichte einfach so rum und nichts stand dazwischen. Ein ganz eigenes Gefühl. Unserem Traumziel kamen wir immer näher. Auf armenischem Boden waren wir schon. Jerewan, die Stadt mit dem Sender Jerewan, der weltbekannt als Impulsgeber für Witze hinter dem Eisernen Vorhang stand. Wir fuhren bis an die türkische Grenze nach Echmiadsi, dem Sitz der armenischen Weltkirche. Sie enthält ein Museum, das in der Welt wohl einmalig ist, was die dort versammelten Kunstschätze anbelangt. Eine Sammlung kirchlicher Ritualgegenstände aus Jahrhunderten in Gold und Silber und Elfenbein. Kostbare Mitren und Talare aus Samt mit Goldfäden bestickt, gemalte und gewebte Teppiche, alte Handschriften, Miniaturen mit Blattgold, übrigens mit Knoblauchsaft aufgeklebt, der gut hält und die Farben für Jahrhunderte frisch erhält. Goldene und silberne Bucheinbände, Folianten, kostbare Weihrauchgefäße, Kelche, Schalen, vieles Geschenke der im Ausland lebenden Armenier. Anschließend fuhren wir zu den Ruinen der Kathedrale von Swartnoz aus dem Jahre 661. Die Kathedrale lag einst mit dem Blick auf den Ararat gerichtet. Dieser geschichtsträchtige Berg bot uns einen überwältigenden Anblick. Wir versuchten noch, Antiquitäten in Jerewan zu erstehen, stellten aber fest, dass alles verstaatlicht war und Kunstgegenstände in den üblichen Geschäften zu Dollarpreisen verkauft wurden. Für einen Witz über ihren Sender waren die Jerewaner immer zu haben. Es gab die Frage: „Wo ist eigentlich der Sitz des Erfinders der Witze von

Jerewan?" Die Antwort lautete: „Sein Sitz ist unbekannt, aber dass er sitzt, ist klar."
Die Rückfahrt von Jerewan nach Tiflis war sehr reizvoll, die Steppe, hügelig, gelbgoldbraun, angestrahlt von der Sonne bot ein unwirkliches Bild. Der Sewansee leuchtete ganz blau, das Ganze eine Farbkomposition von eigener Schönheit. Der Semjonowskipass lag in einer dicken Wolke, man sah fast nichts, und die Haarnadelkurven in der Wolke zu fahren war kein Genuss. Die alten Orte aus der Geschichte der Handelskarawanen Dilijan und Hejan lagen wie die schönsten Luftkurorte in der Schweiz, aber nur ärmliche Hütten und Häuser standen dort, keine Spur von Tourismus. Wieder passierten wir Asabaidshan und die kleinen Enklaven der Kasachen und Absachen. Leider konnten wir eines der schönsten Bauwerke des Altertums, eine Brücke, nicht fotografieren, da es in der SU grundsätzlich verboten ist und außerdem der Milizkontrollposten genau davor stand. Er salutierte vor uns, als wir anhielten. Wir bekamen direkt einen Schreck und wussten gar nicht, wie wir uns verhalten sollten, als er so zackig herumwirbelte. Ein Kopfnicken brachten wir gerade noch zustande, wobei Günther sich das Lachen schwer verkneifen konnte. In Tiflis angekommen, stürzten wir uns gleich ins Stadtgeschehen, bummelten durch die Stadt, sahen in Hinterhöfe, die immer viel aussagen über die Lebensgewohnheiten der Menschen, erlebten die U-Bahn, die in 50 Meter Tiefe, wie auch in Moskau, in marmorgetäfelten Bahnhöfen dahinbraust. Die Rolltreppen gehen steil in die Tiefe, die Menschen stehen oft lesend auf den Stufen. Wir sprachen einige Studenten an und fragten in Englisch, was die Stadt noch für Sehenswürdigkeiten biete. Sie sprachen ein tadelloses Englisch und waren sehr höflich. Sie wiesen jedoch alle auf Bauten wie Universität, Schulen, Ministerien hin, erst auf unsere ausdrückliche Frage nach alten Kirchen wurde uns lediglich bestätigt, dass es sie gibt, sie würden jedoch nicht arbeiten (wie man in Russland sagt). Am nächsten Morgen fuhren wir sehr früh los in Richtung Suchumi. Das ganze Landschaftsbild war hier lieblicher, der Kaukasus nicht so wild, eher wie die Karpaten, Ein Wolga aus Tiflis verfolgte uns ständig. Als wir hielten, hielt er auch. Es war ein Taxifahrer aus

Tiflis, der privat zum Baden nach Suchumi fuhr. Er fragte uns, woher wir kämen, nach unserem Zuhause. Wir fragten ihn, ob ihm der Wolga gehöre. Er bestätigte dies. Da drohte ihm Günther scherzhaft und sagte: „Du Kapitalist." Er lachte schallend und stellte uns die gleiche Frage. Als er hörte, dass unser Wartburg auch uns gehörte, schrie er vor Vergnügen: „Du Kapitalist", und er umarmte Günther herzhaft. Das war urkomisch! Wir sahen zuerst das Meer bei Osanuira und fuhren an der Küste entlang, rechts die Berge, links das Meer. In ziemlichen Serpentinen schlängelte sich die stark befahrene Küstenstraße entlang. Viele Bauarbeiten behinderten das Fortkommen, streckenweise ging es durch wahre Steinwüsten, die erst asphaltiert werden sollten. Aber heil und sehr müde erreichten wir Soci. Herrliche Palmen, Zypressen und Oleanderbüsche sowie seltene Pflanzen waren in den gepflegten Parkanlagen entlang der Küste zu sehen. Man hatte für die Touristen ein Ausländerghetto geschaffen und nur mit Propusk gelangte man dort hinein. Hier war der Boden mit großen, glatten Steinquadern ausgelegt, aufgestellte Holzgestelle schützten vor der Sonne, man konnte Liegestühle mieten, Pritschen gab es umsonst, eine Kaffeebar sorgte für die Gäste. Zementierte Buhnen mit Leitern ermöglichten das Hineingehen ins Wasser. Kurz hinter dem Ghetto war das russische Erholungszentrum, sie hatten nur die Steinwüste, um sich darauf zu legen, beziehungsweise konnten sich gegen Entgelt eine Pritsche holen, Wellblechdächer schützten vor der Sonne. Darunter bot sich eine Fülle von Zillebildern. Einmalige Gestalten, fast alle übermäßig dick, völlig ungeniert im sich Geben, in der Nase bohrend, mit einem Schiffchen aus Zeitungspapier auf dem Kopf, fröhlich und laut gestikulierend waren unter sich. In unserem Hotel lief seit Tagen der Wasserhahn, zwei Klempner bemühten sich bisher darum ohne Ergebnis. „Nitswchewo!" Wir wollten unsere Strecke, unsere Marschroute ändern und uns mit dem Auto von Soci nach Odessa einschiffen lassen, da stießen wir wieder auf ein „Niet". Es ging nicht, kein Dokument wurde ausgestellt, wenn es nicht Wochen vorher durch die erforderlichen Instanzen gegangen war. Übrigens sahen wir, als wir nach dieser Möglichkeit fragten, dass sie tatsächlich einen Aktendeckel hervorholten von „Grimm" und darin herumblätterten. In jedem Camping, Motel oder Hotel holten sie so ein Ding unter dem Tresen hervor. Wir aßen außerhalb unseres Hotels in einem uns vorgeschriebenen Restaurant. Als wir eines Abends zum Essen wollten, stand da ein Zerberus von Weib und ließ uns nicht hinein, und ein regelrechter Wasserfall russischer Worte prasselte auf uns hernieder. Wir verstanden nur, dass sie uns nicht zum Essen lassen wollten, da es heute nur Essen für Russen gab. In einem anderen Restaurant wurden nur Reisegruppen abgespeist, für uns war absolut kein Platz. Es gab eben offiziell keine Autotouristen. Als wir morgens unsere Schlüssel abgaben, um den Propusk der Etagenwärterin zu erhalten, damit wir unten in der Rezeption unseren Passport erhalten konnten, zählte sie erst im Zimmer alle Kleiderbügel, Bettwäsche und Handtücher nach, ob wir auch nichts geklaut hatten, und dann zählte sie unsere Gepäckstücke und notierte dies auf dem Propusk. Unten am Fahrstuhl stand der Portier. Er sah den Propusk nach und zählte wiederum die Gepäckstücke. Erst dann erhielten wir unsere Pässe. Mit einem zweiten Propusk wollten wir unser Auto wieder einlösen, welches auf dem Hof des Hotels stand. Es war restlos eingekeilt, russische PKW standen ringsherum. Auf unsere Frage, wann denn die Fahrer dieser Wagen kämen, wurden die Achseln gezuckt. Wir bestanden aber energisch darauf, unser Fahrzeug zu bekommen. So wurden einige starke Männer geholt und die anderen Autos wurden tatsächlich fortgetragen. Aus dieser Begebenheit lernten wir, jeweils beim Parken auf den nächsten Tag hinzuweisen, um eine freie Ausfahrt zu ermöglichen. In allen Hotels ging es uns so, dass man in unserer Gegenwart alles eilig kontrollierte. Sie versahen diese Kontrollen mit großer Geschwindigkeit und ohne jegliche Diskretion. Sie konnten sich gar nicht vorstellen, dass man nach unserem Empfinden einen Gast damit kränkte. Im schönsten Hotel bei Tisch passierte es immer wieder, dass die russischen Männer ungeniert in der Nase bohrten, dass sie beim Essen auch fleißig die Finger gebrauchten, viel Alkohol zu sich nahmen und recht ungehemmt auftraten. In einem Restaurant am Straßenrand aßen wir, es gab den für diese Gegend typischen Hirsebrei mit einer Art Knoblauchboulette, dazu Mineralewody, ein schwefelhaltiges Mineralwasser. Eine Köstlichkeit dieses Landstrichs sind gekochte Hahnenkämme und Hühnerpfoten mit pikanter Soße, Graupen- oder Hirsebrei. Das nennt man: „Tartarisches Asu". Der Weg von Gelenschik über Tuapse, Noworossisk nach Krasnodar ist mit der schönste. Der Hafen von Noworossisk ist der malerischste Hafen, den ich je gesehen habe, er liegt an den Ausläufern des Kaukasus und hat tiefe Buchten. Wir mussten beim Einkaufen viel „Schlange stehen", das waren wir ja gewöhnt. Wir hatten uns vor allem auf Obst gefreut, auf Weintrauben und Pfirsiche. Weintrauben bekamen wir nicht und die Pfirsiche waren knüppelhart. Weintrauben bekamen wir erst in Charkow und das waren dann bulgarische Importweintrauben! Wir waren nun auf der Rückfahrt und hatten beschlossen, nicht mehr in den unzureichenden Camps zu übernachten, sondern auf Motel oder Hotel umzusteigen. Wir suchten ein sowjetisches Reisebüro von Intourist auf und schickten Telegramme an die nächsten Städte. Wir mussten aber die Erfahrung machen, dass man die Telegramme zwar freundlich aufnahm, sie aber niemals abschickte. Wir hatten uns so zu verhalten, wie man es für uns vorgesehen hatte, irgendeine Änderung war unmöglich. Diese einengenden Bestimmungen und diese Vorgehensweise trafen uns zutiefst, weil sie den Umgang mit Menschen deutlich machte, und wir dachten angstvoll: „Was steht uns noch bevor, wird man das auch mit uns Deutschen machen?" In Rostow erklärte ich dem Dolmetscher, nicht wieder in nasser Bettwäsche im lausig kalten Camp schlafen zu wollen. Er brachte uns im Sanitätszimmer unter, welches geheizt war. Abends hörten wir vor unserer Tür einen Rapport. Der Dolmetscher meldete dem Campleiter: „Zwei deutsche, kranke Touristen!" In Charkow klappte es mit dem Hotel. Wir sollten zwar das Zimmer am nächsten Tag in der Frühe geräumt haben, aber wir fuhren ja sowieso bei Tau und Tag los. Hier wieder diese Kontrolle der Gepäckstücke und des Zimmers. In Kiew versprach man uns ein Motelzimmer, bloß um uns loszuwerden. Später bestritt man, unseretwegen ein Telefonat geführt zu haben. Wir mussten wieder ins kalte Camp. Diesmal teilten wir einen Bungalow mit einem russischen Ehepaar aus Jalta. Sie luden uns gleich in ihr Zimmer ein und stellten, was sie hatten, auf den Tisch: rohe Eier, Wodka, getrocknete Leber, Ölsardinen, Weißbrot, Butter, Knoblauchzwiebeln und eine Gabel für alle. Der Russe war Oberstleutnant, seine Frau Ingenieur bei der Post, der Sohn fuhr auf einem Fischtrawler. Bei Sto Gramm radebrechten wir und lachten viel. Die Begegnungen mit einzelnen Menschen sind herzlich und aufgeschlossen, ungezwungen und rührend in der Art der Gastfreundschaft, die uns in dieser Form fremd ist. Menschliche Begegnung ist sofort und ohne Vorbehalt möglich. Auf unserer Rückfahrt sahen wir viele russische Frauen hart im Straßenbau arbeiten. In glühender Sonne zogen sie die Teerstraßen ab und bedienten die großen Straßenwalzen. Sehr nachdenklich kehrten wir wieder in die DDR zurück. Es kam uns vor, als seien wir auf einem anderen Stern gewesen. Dass Menschen durch ihre landschaftliche Umgebung geprägt werden, dass sich daraus Gegebenheiten entwickeln, die ihr Leben bestimmen, ist nachvollziehbar. Dass aber ganze Völkerschaften unter Zwang in ein System gepresst werden, dem sie auf Gedeih und Verderb ausgeliefert sind, war eine Erfahrung, die uns bislang in der DDR noch nicht so bewusst geworden war. Insgesamt waren wir 10.000 Kilometer gefahren, waren nicht erholt, und eine Gedankenmühle setzte sich bei uns in Bewegung, die uns mit Angst erfüllte. Wir lagen nachts wach und dachten sorgenvoll an den Werdegang unserer Kinder. Infolge meiner Arbeitsunfähigkeit wurde ich invalidisiert, ein demütigender Vorgang. Dies führte aber dazu, dass ich wie ein Rentner in den Westen fahren durfte. Das bedeutete für uns viel, es war eine Öffnung, die wir brauchten wie die Luft zum Atmen. Nicht, weil wir dadurch in den Genuss so mancher Mangelware kamen, nein, weil wir uns immer wieder neu messen konnten an den Entwicklungen, den geistigen Strömungen in der freien Welt und die eigene Kritikfähigkeit immer wieder überprüfbar war. Das war lebensnotwendig für das innere Überleben.

Reisterstown

Weitere Besuche in die alte Heimat machte ich in den Jahren 1973 und 1975 mit einem Mohrunger Freund, Karl Dziggel, der mich hier an der Towson Universität auffand und mit meinem Vater, der das Bedürfnis hatte, seine Heimat noch einmal in seinem Leben wiederzusehen. Karl Dziggel, ehemaliger Bauinspektor für den Staat Maryland, konnte das Haus, in dem er aufwuchs, in gutem Zustand wiedersehen. Mit einer Polnisch sprechenden Begleiterin fuhren wir zu „seinem" Haus in Mohrungen. Wir drückten die Hausschelle. Ein junger Mann öffnete die Haustür, wir erklärten ihm den Grund unseres Kommens. Er bat uns herein, bewirtete uns mit Kaffee, erzählte uns von seinem Leben, dass er Eisenbahningenieur war und seine Frau auch arbeitete. Karl fand in „seinem" Haus noch die gleiche Lampe an der Decke, gleiche Schränke, den gleichen Tisch im Wohnzimmer vor, ein eigenartiges Gefühl, nach so vielen Jahren wieder zu Hause und doch nicht zu Hause zu sein. In diesen Tagen feierte ich meinen 50. Geburtstag in der Heimatstadt Osterode. Wir wohnten im Hotel am Drewenzsee, früher einmal „Am Bismarckturm", der heute noch an der gleichen Stelle restauriert dort steht. Im Hotel traf man ein internationales Publikum an, da in unmittelbarer Nähe von Osterode eine Fleischverarbeitungsfabrik gebaut wurde. Wir freundeten uns mit einem Ingenieur und seiner Familie an.

Bei unserem ersten Besuch in der alten Heimat im Jahr 1972 kamen wir im ehemaligen Försterhaus am Pausensee – früher Alt Jablonken – unter. Jetzt, 1972, war es eine gemütliche polnische Familienpension für nur wenig Gäste, darunter DDR-Bürger, Polen und uns U.S.-Bürger. Am Frühstücksnachbartisch saß eine DDR-Familie. Die gemeinsame deutsche Sprache half uns, eine menschliche Brücke zu bauen. Wir befreundeten uns bald. Auf der DDR-Seite eine Familie mit zwei Kindern unter der Vaterschaft eines DDR-treuen, marxistischen Professors einer technischen Universität. Auf unserer westlichen demokratischen Seite eine gebürtige U.S.-

Amerikanerin und ein deutsch-amerikanischer U.S.-Professor für Neue Geschichte. Es entwickelten sich freundschaftliche Gespräche über Vor- und Nachteile des Kapitalismus und Sozialismus/Kommunismus. Eines Nachmittags bat mich die 16-jährige Tochter, ob ich mit ihr auf den See hinausschwimmen würde. Ihre Eltern würden es nur gestatten, wenn ich auf sie achtgeben würde. Gern willigte ich ein, ihr eigentlicher Grund, mit mir auf den See hinauszuschwimmen, war, dass sie sich frei fühlte, frei von der väterlichen Aufsicht, um über das Verhältnis zur Diktatur in der DDR zu sprechen. Sie erzählte, dass sie es nicht verstehen könne, warum sie nicht in westliche Länder reisen dürfe, um ihre natürliche Wissbegier zu befriedigen. Sie würde wohl in die DDR zurückkehren. Sie sprach vom Druck, der vom Schulleiter auf die Schüler ausgeübt werden würde. Die Schüler sollten nicht konfirmiert werden. Sie sollten nicht in die Kirche gehen, obwohl Glaubensfreiheit in der Verfassung gewährleistet sein sollte. Sie beklagte sich über die Ungerechtigkeit, dass sie nun als Tochter der Bourgeoisie-Klasse nicht Medizin studieren dürfte, obgleich dieses ihr größter Wunsch war. Mir wurde die Tragik dieser DDR-Familie daraufhin klar. Ich hielt die Verbindung zu dieser Familie nach dem Fall der Mauer aufrecht. Der Vater blieb Professor; man konnte ihm kein ehrenwidriges Verhalten vorhalten. Die Tochter, mit der ich mich ehrlich und ohne Angst auf dem Pausensee unterhalten konnte, durfte letztendlich Medizin studieren. Der Sohn wurde Ingenieur.

Am 6. Juni, meinem Geburtstag, fanden wir uns im Vergnügungssaal des Hotels am Drewensee ein. Um Mitternacht machte die Tanzkapelle einen Tusch und der Dirigent sagte, dass er Professor Armin Mruck herzlich in seiner alten Heimat, unserer neuen polnischen Heimat, zum Geburtstag beglückwünsche. Besonders berührte mich, dass mein ältester Sohn Dieter aus Cambridge/England anrief und mir zum Geburtstag gratulierte. Schade nur, dass der Rest der Familie nicht zugegen war. 1973 war es zum zweiten Mal in die alte Heimat gegangen, dieses Mal fuhren Marlene und ich zum dritten Mal mit meinem Vater über Berlin und Posen nach Osterode in das alte Hotel am Bismarckturm. Das besondere Erlebnis für meinen Vater war der Besuch in seiner Volksschule, der Jahnschule, wo er für viele Jahre begeisterter und geachteter Lehrer war. Diesen Besuch wollte er allein, ohne unsere Begleitung machen. Freundlich wurde er von seinen polnischen Kollegen empfangen. Sie führten ihn durch „seine" Schule, plauderten mit ihm im Lehrerzimmer. Als er zu uns zurückkam, war er begeistert, da er „seine" Schule im besten Zustand fand. Die Schüler sähen gut aus, so meinte er, der Unterricht schien diszipliniert vor sich zu gehen und das Lehrerzimmer hatte sogar Polstermöbel, was es zu seiner Zeit nicht gegeben hätte. Nachdem mein Vater die Jahnschule besucht und für gut befunden hatte, ging die Fahrt weiter über Gilgenburg im ehemaligen Kreis Osterode zu einem kleinen verlassenen Ort Altstadt. In Gilgenburg hatten meine mütterlichen Großeltern ein Geschäft, die Poststelle und ein kleines Hotel. Sie hatten es dort zu einigem Wohlstand gebracht. In Gilgenburg wurden meine Eltern 1920 getraut. Die Kirche, in der die Trauung stattfand, steht heute noch. In dieser Kirche findet man auch eine Gedenktafel an die deutschen Gilgenburger Soldaten, die im Ersten Weltkrieg gefallen sind, darunter auch ein Leutnant Paul Mruck, ein Bruder meines Vaters. Altstadt ist der Ort, in dem mein väterlicher Großvater viele Jahre Lehrer war und in dem mein Vater geboren wurde. Er war Teil einer Großfamilie mit über zehn Kindern, von denen vier Lehrer wurden. Auch hier stand die alte Schule noch, jetzt allerdings Wohnhaus einer polnischen Bauernfamilie. Auch mit den jetzigen Eigentümern sprach mein Vater, um herauszufinden, wie es ihnen jetzt ging. Brücken wurden gebaut von der Vergangenheit zur Gegenwart, menschliche Brücken. In der Gegend von Altstadt gibt es einen kleinen See, an und in dem mein Vater als Kind gespielt hatte. Er ging an das Ufer des Sees und grub ein Stück Erde aus, wickelte diese Heimaterde in sein Taschentuch und brachte sie mit in sein neues Zuhause in Hann.-Münden. In Altstadt hatten wir ein Erlebnis, das man nicht leicht vergisst. Eine alte Frau hatte herausgefunden, dass deutsch-amerikanischer Besuch im Dorf sei. Sie war die einzige deutsche Überlebende an diesem einsamen Ort. Sie wollte, aber sie konnte nicht ausreisen. Sie weinte, als wir uns von ihr verabschiedeten. Von Altstadt ging die Fahrt weiter über Warschau und schließlich zu einem kleinen Gutshof in der Posener Gegend. In diesem kleinen Gutshof, der unserem ehemaligen polnischen Landarbeiter und Freund Leo Matysziak gehörte, erlebten wir osteuropäische Gastfreundschaft. Leo Matysizak, ehemaliger Soldat in der besiegten polnischen Armee, dann Zwangsarbeiter auf dem Heiligenwalder Gut von Verwandten, war nicht nur ein guter und verlässlicher Arbeiter in der Landwirtschaft, sondern wurde ein Freund und Vertrauter der deutschen Inhaber-Familie. Als der Herr des Gutshofes zum Volkssturm eingezogen wurde und wie viele andere niemals wiedergesehen wurde, brachte Leo die Frau des Hofes mit drei kleinen Mädchen, mit Trecker, Pferd und Wagen in die von Sowjet-Soldaten nicht eroberten Gebiete Nord-West-Deutschlands. Dieser Leo unterhielt sich während des Krieges mit meinem Vater, der die Uniform eines deutschen Reserveoffiziers trug, auf Polnisch über die politischen und kriegerischen Entwicklungen. Mein Vater ermutigte Leo immer wieder, indem er ihm sagte, dass Deutschland den Krieg nicht gewinnen würde und dass er nach dem Krieg wieder in seine Heimat zurückkehren würde. Seit 1945 hatten wir uns nicht gesehen. Trotz der kargen Lebensverhältnisse war der Esstisch brechend voll. Die einzige Frau, die am Tisch saß, war meine Frau Marlene. Die anderen weiblichen Familienmitglieder schafften in der Küche. Man musste aufpassen, dass immer noch etwas auf dem Teller blieb, denn, wenn das nicht der Fall war, wurde der Teller schnell wieder mit allen möglichen Leckerbissen gefüllt. Dabei wurde der landesübliche Wodka getrunken. Das Sich-Zuprosten wollte gar nicht aufhören. Wollte man zur Toilette gehen, wurde man von zwei jüngeren Polen zum üblichen Häuschen mit eingeschnittenem Herz geleitet. Todmüde von den Anstrengungen des Tages fielen wir ins Bett in der Hoffnung auf einen ausgiebigen Schlaf. Wir täuschten uns. Wir hatten vergessen, dass wir auf einem Bauernhof waren und dass Hühner, Enten und Gänse mit Sonnenaufgang munter wurden. Ich fühlte mich in die Ferien in Heiligenwalde versetzt. Vor unserer Weiterfahrt wurde das übliche Großfamilienfoto gemacht. In Kürze standen unsere polnischen Freunde in ihrer besten Kleidung da. Mein Vater schloss eine besondere Freundschaft mit einem Neffen von

Leo, der Tiermedizin studierte. Über Jahre half mein Vater diesem polnischen Studenten mit Geld und mit Literatur, die in Polen nicht verfügbar war. Von Posen ging es über Berlin zurück nach Hann. Münden. Überglücklich war mein Vater in Berlin, wo wir bei unseren Baltimore-Freunden, der Familie Ehrlich, einkehrten. Gerd Ehrlich hatte für ein Jahr eine Gastprofessur in Berlin und gewann seine alte Heimat zurück. Warum gewann er seine alte Heimat zurück? Gerd Ehrlich, Ph. D. der renommierten John Hopkins Universität in Baltimore, Md. Politikwissenschaftler an der Towson-Universität, war gebürtiger Berliner, Sohn von wohlhabenden deutsch-jüdischen Eltern. Sein Vater, renommierter Anwalt in der Reichshauptstadt, starb vor dem Zweiten Weltkrieg, nachdem er einige Wochen in einem Konzentrationslager nach dem Pogrom im November 1938 inhaftiert war. Die Mutter und seine Schwester kamen in Auschwitz um. Gerd war als Arbeiter in der Kriegsindustrie in Berlin und als Luftschutzhelfer eingesetzt. Als die Nationalsozialisten im Jahr 1943 begannen, auch diese jüdischen Deutschen, die in der Kriegsindustrie tätig waren, zu verhaften und sie nach Auschwitz verfrachteten, ging Gerd in den Untergrund. Er fand Unterkunft bei christlichen Deutschen, die ihm Schutz und Nahrung gaben und ihm halfen, in die Schweiz zu entkommen. In einem Lager verbrachte er dort den Rest des Krieges, bis es ihm gelang, in die USA auszuwandern, wo er Politikwissenschaften studierte und diese Disziplin, wie auch Deutsch, am Morgan State College und seit den 1960er Jahren am Towson State College in Baltimore unterrichtete. Armin Mruck und Gerd Ehrlich wurden bald Freunde, ihre beiden Familien mit ihren drei Kindern wurden ebenfalls Freunde. Ihre Leben verliefen parallel zueinander. Ein Teil der Familie Ehrlich war christlich geworden. Mrucks und Ehrlichs gingen zur gleichen Lutherischen Kirche. Es ist in den USA Sitte, am Sonntag in die Kirche zu gehen, was nicht nur ein religiöses, sondern auch ein gesellschaftliches Ereignis ist. Zwischen Gerd Ehrlich und Armin Mruck gab es einen wesentlichen Unterschied. Armin Mruck verlebte in regelmäßigen Abständen mit der Familie Zeit in Deutschland. Gerd Ehrlich litt darunter, dass er für viele Jahre wegen der bedrückenden Nazizeit, die viele Menschenleben seiner Familie auslöschte, nicht nach Deutschland fahren konnte. Doch letztendlich gelang es ihm, die Brücke zur Vergangenheit zu schlagen. Regelmäßige und auch längere Aufenthalte als Gastprofessor ließen aus Gerd wieder einen Berliner werden. Sein Schicksal ist sicherlich typisch für Deutsche jüdischer Religion; viele von ihnen waren mehr deutsch in ihrem Fühlen und Denken als jüdisch. Viele von ihnen waren deutsche Patrioten. In Hann.-Münden nahm uns unsere treue Mutti, die diese Fahrt nicht mitmachen wollte, in ihre Arme. Sie und wir waren überglücklich, dass die Reise in die alte Heimat so gut verlaufen war. Über die Erlebnisse wurde mit Schrift und Vorträgen berichtet. Betont wurde immer wieder das Positive, dass es möglich war, menschliche Brücken zwischen Polen und Deutschen und U.S.-Amerikanern zu bauen oder wiederherzustellen.

Möser

Inzwischen hatte unser ältester Sohn sein Abitur gemacht, und da er die erforderliche Benotung nachweisen konnte, erhielt er die Genehmigung zum Medizinstudium, eingeschlossen war ein Leistungsstipendium von 80 DDR-Mark. Doch bevor er mit dem Studium in Magdeburg an der Akademie beginnen konnte, musste er zur Nationalen Volksarmee und seine Zeit abdienen. Er konnte dies in unserer Nähe als Sanitätskraftfahrer tun. Seine langjährige Schulfreundin und Jugendliebe Jutta war in der Ausbildung zur Physiotherapeutin. Eines Tages standen die beiden etwas betreten vor mir, um mir „etwas" zu sagen. Ich wusste es, ehe sie es ausgesprochen hatten. Sie erwarteten ein Kind.

Unser Haus war groß genug und wir räumten der werdenden Familie einen Wohnbereich ein. Dann feierten wir eine schöne Hochzeit, zu der auch wieder Günthers Cousine aus dem Ruhrgebiet kam. Wieder ließ sie den Mercedes-Stern abbauen, der Chauffeur wurde erneut zum Verwandten gemacht und wie eine Symbolfigur für etwas, was es nicht mehr gab, war sie nicht integrierbar. Sie schenkte den beiden eine Gießkanne, symbolisch, um das Glück zu begießen. Dann gab sie ihnen eine kleine belgische Münze, die dem Aufbau der jungen Familie dienlich sein sollte. Die beiden hatten keinerlei Erwartungshaltung, das erlebten wir bei den Kindern nie, sie freuten sich über die Gabe und erhofften, dass ich ihnen bei meiner nächsten Westreise einige Notwendigkeiten dafür mitbringen konnte. Der Chauffeur genoss sichtlich den Familienanschluss und er gehörte wie selbstverständlich dazu. Ich grübelte darüber nach, ob das Verhalten von Günthers Cousine ein einzelnes menschliches Fehlverhalten sei oder ob es eine Prägung weltanschaulich unterschiedlichen Denkens sei. Ich wollte nur dies wertefrei beantworten. Es gelang mir nicht.

Als Juttas schwere Stunde kam, rief der leitende Gynäkologe Günther nachts an, ob er denn nicht sein Enkelkind selber holen wolle. Günther eilte ins Krankenhaus und nahm unsere erste Enkelin Kerstin per Kaiserschnitt in Empfang.

Reisterstown

Hier einiges zur Familiengeschichte. Dieter, unser Ältester, studierte Architektur zunächst an der University of Virginia, die im späten 18. Jahrhundert von Thomas Jefferson gegründet worden war. Die University of Virginia ist eine der öffentlichen staatlichen Prestige-Universitäten in den USA. Thomas Jefferson, Autor der Declaration of Independence, später President of the United States, Mensch der Aufklärung, setzte sich persönlich für die Gründung und die frühe Entwicklung seiner University ein. Das war in den frühen Jahren der amerikanischen Republik ein schwieriges Unterfangen, nicht zuletzt wegen der Geldknappheit. Doch Jefferson setzte sich immer wieder bei der Virginia Legislature durch. Mittel wurden bewilligt. Professoren von Europa und besonders von Deutschland wurden angeworben, einen guten Ruf der Universität in den Anfangsjahren zu schaffen. Jeffersons schlichter Grabstein erinnert daran, was für ihn in seinem Leben wichtig war: Autor der Declaration of Independence und Förderer der University of Virginia gewesen zu sein. Seine Residenz in Montecello gibt Ausdruck, wie sehr Jefferson als Amerikaner der europäischen Aufklärung verbunden war. Dieter machte seinen ersten Abschluss, Bachelor of Science, an der University of Virginia. Durch Bekanntschaft mit einem englischen Gastdozenten studierte er weiter am Caius College, Teil der Cambridge University. Auch hier erhielt er einen akademischen Grad. Eines der Projekte, an dem er in England mitarbeitete, war Wapping, das Hafenarbeiterviertel von London. Als Architekt arbeitete Dieter in Großbritannien und Deutschland, wo er eine Schwäbin kennen und lieben lernte. Sie heirateten und haben jetzt zwei muntere Burschen, Miles und Isaiah. Dieters Familie lebt in Unterzeismaring in unmittelbarer Nähe des Starnberger Sees, wo sie sich ein Heim gebaut haben. Die älteste Tochter Lauren studierte an meiner Universität, der Towson University, Pädagogik. Sie erlangte den Bachelor of Science und den Master oft Science Grad. Seit etwa 20 Jahren unterrichtet sie an öffentlichen

Meine Familie 1967: meine Frau Marlene, unsere Kinder Heidi (1957 geboren), Dieter (1953 geboren), Lauren (1956 geboren) und ich (von links nach rechts).

Schulen in Reisterstown. Lauren heiratete Lee Ensor, Sohn einer eingesessenen Familie in Reisterstown. Sie hat zwei Töchter, Christine und Leanne. Christine ist Studentin an der University of Maryland/College Park. Sie studiert Kinesiologie. Inzwischen ist auch Christine nach beendetem Studium im Schuldienst und Mutter eines hübschen und aufgeweckten Mädchens. In einigen Tagen soll sie Mutter eines Jungen werden...

Leanne hat ein ausgesprochenes Talent. Sie malt, vor allen Dingen Porträts. Auch Leanne folgt der Familientradition, ist inzwischen Kunstlehrerin an einer öffentlichen Schule in Baltimore County. Die Familie wohnt in einem hundert Jahre alten Bauernhaus, das einen alten und einen neuen Teil hat. Dreizehn Morgen Land gehören zu dem Grundstück.

Unsere dritte Tochter Heidi studierte Krankenpflege und Psychologie an der Towson University und der University of Maryland, wo sie ihren Master erwarb. Heidi ist mit einem

Psychiater verheiratet und hat zwei gute und intelligente Kinder, die sich beide im Studium befinden. Heidi praktiziert ihren Beruf an einer renommierten Heilanstalt in Baltimore. Marlene und ich dürfen dankbar sein, dass wir gute und tüchtige und erfolgreiche Kinder und Enkelkinder haben. Wie wohl die meisten der kindererziehenden Eltern hatten auch wir keine praktische oder theoretische Vorbildung für diese wichtige Aufgabe. Wir taten immer das, was uns im Augenblick als das Natürliche und Wichtige erschien. Neben der Erziehung nahmen uns unsere Berufe, Marlene als Kunstlehrerin, ich als Historiker und Lehrer, in Anspruch. Es galt, Beruf und Familie in der Balance zu halten. Für Marlene gab es da kein Problem, für sie hatte die Familie die erste Priorität. Bei mir war es der Beruf, was nicht bedeutete, dass die Familie zu kurz kam. Das jedenfalls dachte ich. Wesentlich war für mich, dass ich junge Studierende als Menschen kennenlernte. Ich glaubte, dass die Familie durch die stete Verbindung mit dem Leben der Universität in vieler Hinsicht profitierte. Im Morgan State College war dies vor allen Dingen das Weihnachtsfest, das Afro-Amerikaner mit besonderer Innerlichkeit und mit Enthusiasmus zu feiern verstanden. Morgan bot den Kindern der Fakultät einen progressiven Kindergarten an, an dem unsere Kinder teilnahmen. Früh lernten sie, dass es nicht auf die Rasse, sondern auf den Menschen ankam. Towson University hatte immer ein reiches kulturelles Familienprogramm, an dem wir regelmäßig teilnahmen. Wir betrachteten uns als die Towson Familie, was wir auch noch heute sind. Ein Sonderprogramm der Universität, von dem die Familie profitierte, war das sogenannte Minimester zwischen dem Herbst- und dem Frühjahrssemester. Es fällt in den Monat Januar. Studierende können diese Zeit entweder als Freizeit verwenden, oder sie können konzentriert unterrichtete Veranstaltungen belegen, darunter die sogenannte „Travel-Study" Veranstaltung. Als gebürtiger Deutsch-Europäer kam ich mir beinahe prädestiniert vor, Travel-Study Programme für U.S.-amerikanische Studierende anzubieten. Nach gründlicher Vorbereitung reiste ich mit Studenten etwa zwanzig Mal für drei bis vier Wochen nach Europa. Insgesamt begleitete ich etwa fünfhundert U.S.-Studierende und

Lehrer/innen auf Studienreisen nach Europa und trug dadurch zum Verständnis von U.S.Amerikanern/-innen der Geschichte, der Kultur, der Lebensverhältnisse in Europa bei. Ich schuf viele Brücken zwischen Europäern und Amerikanern. Es ist vielleicht aufschlussreich – auch für jetzige Ereignisse, wie zum Beispiel die Wiederwahl von Präsident Bush gegen den Willen der allermeisten Europäer – dass viele meiner Studierenden, die für Europa Bewunderung zeigten und auch manches in Europa besser als in den USA fanden, auf der Rückreise meinten, dass die USA das bessere Land wären. Der Patriotismus war nicht zu verkennen. Trotz vieler bereichernder Erlebnisse in den 1970er und 1980er Jahren gab es nicht nur andauernde politische, sondern auch persönliche Probleme. Politisch schien der sogenannte Kalte Krieg nicht aufzuhören. Die Mauer in Berlin schien permanent zu sein. Ebenso die Aufteilung der Welt in die sogenannte freie kapitalistische und die unfreie sozialistische Welt. Im persönlichen Bereich zeigten sich kulturell bedingte Unterschiede. Auf Marlenes Seite bestand ein guter Teil Puritanismus, auf meiner Seite eher Liberalismus in der weiteren Bedeutung des Wortes. So führten diese kulturellen Unterschiede zu einer Krise der Ehe. Es gelang, die eheliche Brücke zu erhalten. Ein zusätzliches Problem waren meine Verbundenheit und der volle Einsatz für den Beruf und Marlenes Verbundenheit mit der Familie. Ich dachte, dass durch meinen Einsatz im Beruf die Familie profitieren würde, was ich in vieler Hinsicht auch heute noch für zutreffend halte. In dieser Hinsicht sind Marlene und ich auch noch heute unterschiedlicher Meinung.

Unter den Zielorten unserer Reisen waren London, Paris, Amsterdam, Rom, Florenz, Venedig, Budapest, Frankfurt, München, Berlin-Ost und -West, Bonn, Linz/Rhein, Hanau, Wien und Innsbruck. Natürlich wurden all diese Orte nicht an einem einzigen Minimester besucht. Wir wollten ja nicht nur da gewesen sein. Wir wollten manche dieser Städte in drei bis vier Tagen oder auch länger gründlicher kennenlernen. In jedem dieser Orte wurden die Studierenden in deren Geschichte, Kultur und Wichtigkeit für die westliche Zivilisation eingeführt. Studierende hielten Referate, die sie dann an dem jeweiligen historischen Ort, an welchem sich ein bedeutendes Ereignis begeben hatte, vortrugen, Geschichte wurde lebendig. Wie überrascht waren manche eingeborene Innsbrucker, als sie erfuhren, dass U.S.-amerikanische Studierende über Andreas Hofer und die Tiroler Befreiungskämpfe gegen Napoleon Bescheid wussten. Wie erstaunt waren eingeborene Berliner, als sie herausfanden, wie gut amerikanische Studierende über die Geschichte der Mauer oder gar über das missglückte Attentat Deutscher gegen Adolf Hitler am 20. Juli 1944 Bescheid wussten. Erwähnenswert ist sicherlich, dass wir in Berlin stets durch die Übergangsstelle Friedrichstraße in den Osten der Stadt fuhren. Die Studierenden sollten auch den sozialistischen Teil Deutschlands, einen Teil der DDR, kennenlernen. Angstgefühle wurden offensichtlich. Auf der sowjetischen Seite der Mauer erwartete uns meine tapfere Cousine Lilo. Sie und ihr Mann Gerd waren Ost-Berliner, Bürger der DDR. Beide hatten renommierte Berufe, ohne jemals Mitglieder der SED zu werden, worauf sie stolz waren. Lilo, meine Cousine, war Antifa/Antifaschistin, die mit dem Münchener Studenten-Widerstand verbunden war, wenn auch nicht direkt ein aktiver Teil der Weißen Rose. Sie lud uns regelmäßig zum Abendbrot in ihre Wohnung ein. Wenn ich fragte, ob das für sie nicht unangenehme Folgen haben könnte, wenn sie U.S.-Studierende bewirte, da sicherlich Stasi-Spitzel in ihrem Haus wohnen, meinte sie, dass ihr dies egal wäre. Es wäre ihre Wohnung, und sie könnte Gäste empfangen, wen sie wollte, außerdem wären sie ja Antifa und öfter für ihre vorzügliche Arbeit mit Ehrenabzeichen der DDR ausgezeichnet worden. Als Lehrender sah ich mit Freuden, wie viel diese jungen Amerikaner in kurzer Zeit lernen konnten. Wesentlich war für mich, dass ich meine jungen Studenten als Menschen kennen und schätzen lernen konnte. Noch heute nach dreißig Jahren habe ich Kontakt mit manchen dieser Minimester-Studierenden. Was mehr kann sich ein Lehrer wünschen? An einigen dieser Minimester nahmen Marlene und manchmal auch Lauren und Heidi und David, unser Schwiegersohn, teil. Manchmal kamen die Schwiegereltern mit, manchmal trafen wir uns mit meinen Eltern in Innsbruck. Es gab viele Höhepunkte und wenige Tiefpunkte in diesen Minimestern. Höhepunkte waren, wenn wir von deutschen oder französischen Freunden/Verwandten eingeladen waren, sodass die Studierenden einen Blick in das Familienleben werfen konnten. Höhepunkte waren, wenn wir die über 400 Stufen des Duomo in Florenz oder des Palazzo Vecchio in Siena oder der Notre Dame Kathedrale in Paris bewältigen konnten. Der Blick von oben auf diese kulturellen Städte brachte Begeisterung und Staunen. Ein Höhepunkt war, dass wir in einem damals berühmten französischen Restaurant die Ankündigung der Geburt eines Kindes einer ehemaligen Studentin feiern konnten. Es war ein Erlebnis, wenn wir, ausgerüstet mit Skiern und begleitet von guten Ski-Lehrern, auf die Seegrube/Innsbruck mit dem Lift fahren konnten und die herrliche Bergwelt von oben genießen konnten. Tiefpunkte waren, wenn einer der Studierenden auf der Bahnstation in Verona ohnmächtig wurde und mit dem Krankenwagen in ein örtliches Spital befördert werden musste, wenn die italienischen Bahnen streikten und wir eine ziemlich lange Strecke im Postwaggon fahren mussten, als wir in Paris erfuhren, dass die französischen Bahnarbeiter streikten und wir nicht wussten, wie wir von Paris nach Florenz kommen würden, als es beinahe zu einer körperlichen Konfrontation mit einem Florentiner Busfahrer kam, der sich weigerte, nicht alle Teile einer Familie auf seinem Bus zu befördern, als wir uns am späten Abend in einem Innsbrucker Waldgebiet verirrten und beinahe im tiefen Schnee stecken blieben. Ein besonderes Erlebnis möchte ich an dieser Stelle erzählen. Meine Frau Marlene nahm an diesem Minimester teil. Sie wurde krank, klagte besonders über Halsschmerzen. Im Programm war eine Busfahrt von Innsbruck über Oberammergau zu der Wieskirche, herausragendes Beispiel Bayerischen Barocks. Die Wies ist bekannt durch Wunderheilung und dadurch als Pilgrimskirche. Ich sagte zu Marlene: „Du kannst eigentlich zu Hause bleiben und so am besten wieder schnell gesunden." Doch sie wollte mit. Es war ein richtig dunkler Wintertag. Es war nasskalt. Was half, war, dass jemand im Bus die Schnapsflasche herumgehen ließ, was nichts für Marlene war. Als wir an der Wies ankamen, hatte sich die Wetterlage nicht verbessert, und ich meinte, sie solle doch lieber im warmen Bus bleiben. Doch die paradiesische Ausgestaltung der Innenkirche war so einladend, dass Marlene mit der Gruppe in die Kirche ging. Als wir wieder im Bus versammelt waren, fragte ich sie, wie es ihr jetzt ginge. Ihre Antwort: „Mir geht es gut, ich habe keine Schmerzen mehr." Hatten wir einen ganz persönlichen Beweis für die Heilkraft der Wies? Ein anderes Mal allerdings musste Marlene leiden. Wie üblich ging es zur Seegrube/Innsbruck zum Skifahren. Marlenes Skilehrer machte ihr Mut, dass sie genügend gelernt hätte, um eine ihr ungewohnte Abfahrt zu machen. Doch sie fiel und verrenkte sich das linke Bein, musste ins Krankenhaus, bekam einen vollen Gipsverband und musste es für einige Tage im Hotelbett aushalten, musste nach der Rückkehr in die USA für sechs Wochen mit Gipsverband unterrichten. Andererseits hatten viele Studierende zu ihr Sympathie und besuchten sie oft im Hotelzimmer. Da ihre Eltern ebenfalls „Teilnehmer" dieses Semesters waren, trugen sie, wie auch ich, zum Trösten bei.

Möser

Nun waren wir drei Generationen im Haus und ich schaute nur zu gern in das kleine Bettchen. Wir waren eine glückliche Familie. Bei Reiner war es nach dramatischer Kurzehe zu einer kriegerischen Scheidung gekommen. Die zweite Frau hatte in einer Nacht- und Nebelaktion das halbe Haus geräumt, alle Wertgegenstände beiseite gebracht und Reiners Konto und Hausbesitz geplündert. Durch ihre Kaufräusche und ihr aufwendiges Leben. Wieder saß er da, reduziert auf eine große Niedergeschlagenheit und Hilflosigkeit diesem menschlichen Verhalten gegenüber. Was ließ ihn so scheitern? War es eine Art naiver Gutgläubigkeit, war es unrealistisches Vertrauen, war es eine Schieflage seiner Beziehungsfähigkeit oder war es nur einfach Pech? Niemand konnte es auf den Punkt bringen.

Günther war Oberarzt geworden, das bedeutete mehr Verantwortung, noch mehr disziplinierte Einsatzbereitschaft und volle Konzentration auf den Beruf. Für mich blieben Haushalt und Familie und die Bewältigung aller anstehenden Probleme. Das tat ich gerne und mit Hingabe, und die Musik blieb nach wie vor der Treffpunkt unserer Seelen. Jedes Jahr fuhr ich zum Geburtstag meiner ehemaligen Lehrerin in den Westen, die zu ihrem 75. Geburtstag gesagt hatte: „Jetzt bist du meine Freundin!" Es war bereichernd, mit ihr zu reden, und ich konnte jeden Kummer bei ihr loswerden. Abends saß sie auf meiner Bettkante und erzählte, wie es einst meine Großmutter getan hatte, und ich fühlte mich so geborgen. Sie machte unsere Probleme zu den ihrigen, es bedrückte sie, wenn ich morgens im Keller am großen Heizungskessel stand und das minderwertige Heizmaterial dort hineinschaufelte, es bedrückte sie, wenn Günther nicht genug Autoreifen bekam, es bedrückte sie, die Fülle der Engpässe vor Augen zu haben. Sie dachte an ihre ehemaligen Kollegen in der DDR und gab einen großen Teil ihrer Pension als Oberstudienrätin dafür aus, um ihnen eine Freude zu bereiten. Sie kümerte sich darum, dass ihr Vetter, der in der DDR als Pfarrer wirkte, endlich ein Auto bekam und sie sorgte dafür, dass unser ramponiertes Auto neue Lackie-

Drei Kinder wurden uns geschenkt: (von links nach rechts) Renate, Jürgen und Wolfgang. Schnell wurden sie groß und es dauerte nicht lange und wir wurden Großeltern.

rung erhielt. Ich fuhr mit dem großen Eimer, der fest in einem fahrbaren Gestell stand, in die DDR zurück. An der Grenze wollte niemand in den Eimer schauen. Günther holte mich vom Bahnhof ab und stellte das kleine Gefährt quer in den Kofferraum. Zu Hause angekommen, war unser Entsetzen groß, als wir entdeckten, dass die Farbe im Kofferraum schwamm. Mithilfe von Kellen und Schüsseln wurde gekratzt, was das Zeug hielt. Der Lackierer traute sich nicht ran bei der Vorstellung, freie Stellen zu haben. Aber bis zum letzten Tropfen reichte es gerade so. Improvisieren, Organisieren und spontane Kreativität, das waren meine bewegenden Impulsgeber für den Alltag. Da entstand keine Leere, weil man nicht ausgelastet war. Ich war voll ausgelastet und es war oft beglückend, dass nichts selbstverständlich war. Das klingt jetzt fast ketzerisch, wenn ich sage, dass ich dankbar war, dass meine Kinder nie etwas mit Selbstverständlichkeit erwarteten, es gab immer diese „Ah" und „Oh" freudigen Erstaunens. Dieses Empfinden wurde hilfreich für ihr ganzes Leben und sie hatten dem Anspruchsdenken etwas entgegenzusetzen. Ich erlebte hautnah die Unterschiede bei der Entwicklung der Kinder in Ost und West.

Reisterstown

Die restlichen 1970er und die 1980er Jahre blieben weiterhin Jahre der Familienentwicklung und des Reisens. Die Brücke über den Atlantik wurde mehr und mehr benutzt. Doch es waren auch Jahre des Verlustes. Marlenes Eltern starben in den 1970er Jahren, meine Eltern in den 1980er Jahren. Marlene hatte ein gutes Verhältnis zu meinen Eltern, ich hatte ein gutes Verhältnis zu Marlenes Eltern. Beide Eltern wurden wahre Freunde. So wurde der Verlust für uns besonders schwer. Für Marlene, weil beide Elternteile zu uns zu Besuch gekommen waren, von dem sie nie wieder in ihre Heimat Elmont, New York, zurückkehrten. Beide Eltern starben innerhalb von vier Wochen in einem Krankenhaus in unserer unmittelbaren Umgebung. Beide Eltern von Marlene wurden auf einem nahe gelegenen Friedhof begraben. Meine Eltern starben in Hedemünden bei Hann.-Münden. Seit dem Jahre 1990 waren meine Eltern in ein Seniorenheim gezogen. Meine Mutter konnte die Arbeit des alltäglichen Lebens in gewohnter Umgebung nicht mehr bewältigen. Das Hedemünder Haus der Heimat war landschaftlich schön gelegen. Vom Heim aus hatte man einen schönen Ausblick auf das Werratal. Ein Zuhause wurde das Haus der Heimat für meine Eltern nicht. 1981 starb mein Vater nach kurzer Krankheit, fünf Jahre später meine Mutter nach langem Leiden, Tinnitus und Altersschwäche. Beide Eltern fanden ihren letzten Ruheplatz auf dem schönen Stadt-Friedhof m Hann.-Münden.

Und auch hier sind wir dankbar für eine menschliche Brücke, die in das Jahr 1961 zurück reicht. Wir lernten viele Hann.-Mündener durch meine Lehrtätigkeiten am Lyzeum und Gymnasium kennen, darunter Edith Fütterer, eine Schülerin, mit welcher und ihrem Gatten uns seit einigen Jahren eine Freundschaft verbindet. Seit einigen Jahren pflegt Edith das Grab meiner Eltern.

Möser

Meine Hamburger Freundin hatte auch drei Kinder gleichen Alters, wir konnten uns da austauschen, außerdem war ihr Sohn auch mal über einige Zeit unser Gast. Der Junge war erfüllt davon, den Kindern in Biafra zu helfen, er hatte ein Weltbild, das unsere Kinder nicht hatten, seine Weltoffenheit war durch die Erziehung vorprogrammiert, während die Weltoffenheit unserer Kinder zusammengeschnitten war auf eine Sichtbrille. Durch diese Erfahrungen war es uns möglich, unseren Kindern eine andere Sicht zu vermitteln. Bis auf die Breslauer Tante Kläre, die in Berlin eine Art Umschlagplatz zwischen Ost und West bildete, waren alle Verwandten ihrer Generation gestorben. Sie hatten die Familie geprägt, sie hatten Orientierungs- und Wegemarken gesetzt für die nächsten Generationen, sie waren noch da in unserem Denken und Tun. Anlässlich eines großen Familientreffens im Westen konnte ich dorthin fahren. Es gab eine große Wiedersehensfreude bei allen, die übernächste Generation war schon mitbestimmend vertreten, und bei der Gestaltung der Feier war die tragende musikalische Begabung voll wirksam. Alle hinzugekommenen Verwandten hatten auch viele musische Talente eingebracht, sodass die Familie für etwas stand, wofür sie immer gestanden hatte. Dies schuf ein Zusammengehörigkeitsgefühl eigener Prägung. Darüber hinaus war es für mich schmerzlich fühlbar, in einer Deutlichkeit wie nie zuvor, dass die unterschiedlichen Lebensbedingungen Spuren im menschlichen Verhalten hinterlassen hatten, die ich als gravierend empfand, die aber von „der anderen Seite" gar nicht bemerkt wurden. Hier begann eine Teilung, die sich unmerklich einnisten sollte. Mehr Geld in einer anderen Währung konnte es ja nicht sein; sicher verursacht dies ein anderes Lebensgefühl, aber es konnte doch unmöglich die Werteskala für den Umgang miteinander so schnell verändern? Es war ein Zusammenwirken verschiedener Faktoren. Aus dem Besitz der anderen Währung ergaben sich Möglichkeiten, die uns total verschlossen waren. Abgesehen von Bedarfsdingen stand die Welt offen, der freien Entfaltung waren keine Grenzen gesetzt, sobald das Geld stimmte. Diese Voranstellung von Geld ändert die Sichtweise unmerklich. Jeder Einzelne hätte diese Einwirkung weit von sich gewiesen. Sie saßen am Nabel des Zeitgeschehens, sie erweiterten ihren Horizont durch frei zugängliche Literatur und Reisen, sie waren frei in der Urteilsbildung, sie erhielten einen Lohn für ihre Arbeitsleistung, der eine echte Steigerung des Lebensniveaus ausmachte, wir hatten auf einmal unterschiedliche Ausgangspositionen für das Leben. Ich war kein Kommunist, ich war kein Sozialist, ich war ein sozial denkender Mensch, frei von Neid. Ich versuchte einfach nur, den Entwicklungen auf den Grund zu gehen. Alle sammelten fleißig und legten Schein auf Schein in ein Körbchen, das für mich zur Mitnahme für die da drüben Gebliebenen bestimmt war. Es war absolut gut gemeint, keiner wusste, wie tut man das am besten? Keiner hatte ein richtig gutes Gefühl dabei, ich weinte, als ich allein war. Günther sagte zu mir: „Wie hast du das bloß ausgehalten?" Ich antwortete ihm: „Ich musste an die denken, die sich darüber freuen." Es hat etwas zu tun mit dem Schamgefühl. Als ich versuchte, Wolfgangs und Juttas geschenkte Hochzeitsmünze auf der Bank einzutauschen und ich den Gegenwert in Händen hielt, schämte ich mich zutiefst für den Geber. Zum ersten Mal in meinem Leben wurde ich mit Gefühlen konfrontiert, die ich nie gekannt hatte. Das geht an die Wurzeln deines Seins, es ist ein Eingriff in deine Persönlichkeit, und ich glaube, dass dieser nagende Wurm zu einem Dauergefühl wurde für die „hinter der Mauer". Ausgesprochen wurden diese Gefühle nicht, sie wurden unter den berühmten Teppich gekehrt. Sprach jemand diese Dinge unverblümt an, hieß es: „Ihr wisst ja gar nicht, wie hart wir uns diese Mark erarbeiten müssen", oder „Denkt ihr, die gebratenen Tauben fliegen uns nur so in den Mund?" Das war auch eine Art der Rechtfertigung, die eine Kluft entstehen ließ. Ich kam seelisch belastet wieder zu Hause an, ich dachte an meine anstehenden Tagesprobleme und auf einmal hatte ich das Gefühl, als ob ich am Nabel des Zeitgeschehens säße und Erkenntnisse in mich hineinschaufelte, die den anderen verborgen waren. Fontane hätte gesagt: „Das ist ein weites Feld." Und das war es auch. Der Berliner hätte gesagt:

„Dafür kannste dir nischt koofen!" So musste zu den Erkenntnissen auch immer ein Quäntchen Humor hinzukommen, um es erträglich zu machen. Tante Kläre, der weisheitgetränkte Oberguru der Familie, befragte morgens als Erstes die Börse nach ihrem Stand. Reiner verhielt sich beim Autokauf nach dem Motto: „Sage mir, welches Auto du fährst, und ich sage dir, wer du bist." Das war so eine Art Statussymbol. Selbst die größten Idealisten unter ihnen begingen gewagte Spekulationen, um zu mehr Geld zu gelangen. Trotz des gewachsenen Familienbewusstseins gab es jene schwer zu beschreibende, undefinierbare Kluft. Wenn ich wieder nach Hause kam, hatte ich das Gefühl, in einen sicheren Hafen einzulaufen. Meine Familie bedeutete mir alles. Renate war zu einem munteren Teenager herangewachsen, sie spielte recht gut Klavier und auch etwas Gitarre und hatte von unseren Kindern die meiste Beziehung zur Musik. Bei aller Musikalität war mir nichts einfach so zugefallen, ich musste mir alles hart erarbeiten; Renate musste dies auch tun, niemand von unseren Kindern hatte diese Fähigkeit, Musikalität spontan umzusetzen, eins zu werden mit dem Impuls. Das besaß nur Reiner. Vetter Werner, der eine tüchtige Musikerin geheiratet hatte, brachte mit seinen fünf Kindern gleich ein kleines Orchester zustande. Zu einem meiner Geburtstage reisten sie zu siebt in voller Besetzung an und schrummelten eines der Brandenburgischen Konzerte. Als Vetter Werner späterhin das Bundesverdienstkreuz erhielt, bestritt seine Familie das gesamte Kulturprogramm. Diese prägenden Begabungen, die eine Familie auszeichnen können, tauchen nicht zwangsläufig wieder auf. Wie alle Teenager war Renate auch modebewusst und sie entwarf und nähte sich ihre Kleidung selbst. Sie verkroch sich gern ganz oben in der Mansarde und ließ dort ihre Kreationen entstehen. Da war sie dann auch sicher vor dem „Lärmpegel", den Günthers Musikhören hervorrief. Günther hörte gerade Orchesterwerke, die Partitur lesend, mit voller Lautstärke. Davor zog sich Renate gerne zurück. Jürgen mochte dies auch nicht und als er die ersten Schriftzeichen erlernt hatte, schrieb er auf einen Zettel: „Bitte, Vati, stell die Musik leiser, dein Ralli." Ralli war sein kindlicher Spitzname. Ich besitze diesen Zettel noch heute und werde ihn „eingerahmt" an Jürgen verschenken. Als kleiner Junge lief Jürgen gerne zur nahe gelegenen russischen Kaserne. Er kam dann aufgeregt wieder und zeigte stolz seine „Trophäen". Das waren Uniformknöpfe, ein Koppelschloss, eine Kochmütze, diverse Abzeichen. Als wir ihn fragten, wie er dazu käme, meinte er: „Ich spreche Russisch." Das sollte er uns aber vormachen. Er brachte ein süßes Kauderwelsch zustande und als wir sagten, er solle es mal ganz langsam sprechen, kamen die zwei Worte „Kamerad Abzeichen" heraus. „Wenn man das ganz schnell spricht, ist das Russisch", meinte er. Zu einem anderen Zeitpunkt musste er mit dem Fahrrad vor einer Bahnschranke halten, vor ihm stand ein russischer LKW mit Rekruten beladen. Einer der Rekruten sagte, dass er Jürgens neue, pelzgefütterte Handschuhe gerne mal probieren würde. Jürgen reichte ihm diese vertrauensvoll auf den LKW. Die Schranke ging auf, der LKW fuhr davon, der Rekrut grinste schadenfroh und Jürgen stand da. Kurz entschlossen fuhr er in die Kaserne, meldete sich bei einem Offizier und trug diese Begebenheit vor. Der Offizier ging mit ihm durch die ganze Kaserne, bis er den dreisten Dieb ausfindig gemacht hatte. Jürgen erhielt seine Handschuhe zurück. Die Strafe für den Rekruten wird gepfeffert gewesen sein. Sie erhielten empfindliche Strafen, auch Schläge, das wussten wir. Renate wollte gern Lehrerin für Deutsch und Englisch werden, aber ihre Bewerbung in Halle wurde abgelehnt. Günther wollte sich für sie für ein Medizinstudium verwenden, aber das wollte sie nicht. Sie wählte selbst die Ausbildung zur medizinisch-technischen Assistentin. Nach bestandenem Abitur ging auch Renate zur Ausbildung fort. Wenn die Kinder zum Studium oder zu einer Ausbildung fortgehen, beginnt allmählich ein neues Gefüge für die Familie. Vater, Mutter und Kinderschar waren im Bewusstsein eine gelebte Einheit mit einer Art „Regelvorstellung" im Hinterkopf. Jetzt änderte sich das. Sie wurden erwachsen, in gleicher Augenhöhe standen wir uns gegenüber. Das war auch ein Lernprozess für Günther und mich. Darin lag auch ein Abschiednehmen, ein Loslassen von dem kindlichen Menschen und ein Entdecken von dem werdenden Erwachsenen. Wie gut, dass da noch so ein kleiner Knuddelbär Jürgen war und im oberen

Stockwerk die kleine Kerstin, die gerade ihre ersten Schrittchen machte. Man selbst steht im Zenit seines Lebens und ahnt schon, dass es da einen ganz neuen Weg gibt, den des Nachrückens. Eine schwierige Zeit, gleichermaßen für Kinder und Eltern. Gelingt es, in diesem Prozess das Familiengefühl zu erhalten und zu nähren, so gehört dies zu den dankbaren Erfahrungen, die das Leben uns schenkt. Wir waren dankbar, und mir schien es oft so, als sei dies auch ein Bollwerk gegen die unüberwindbar scheinende Mauer.

Reisterstown

Reisen blieb und bleibt ein wesentlicher Teil der Familiengeschichte. Ich war das erste Mal in den 1970er Jahren in Florenz. Instinktiv fühlte ich, dass hier der Geburtsort der westlichen Zivilisation war. Vielleicht auch durch meine literarischen Kenntnisse der Renaissance und damit von Florenz, fand ich mich gleich in dieser herrlichen Stadt zurecht. Ich fühlte mich „kulturell" zu Hause. Andere Länder, die wir in Europa, mit Freunden, Studierenden oder Kollegen/innen bereisten, waren Spanien, Großbritannien, Irland, Dänemark, Schweden, Finnland, Polen, Tschechien, Ungarn, Kroatien, Griechenland. In Spanien begeisterte uns vor allem der Süden, Torremolinos, Ronda, Granada. Eine Autofahrt von Torremolinos nach Granada in einem kleinen Audi Seat wird in meinem Gedächtnis haften bleiben. Die Straßen waren zum Teil noch nicht ausgebaut. Man fuhr nahe an furchterregenden Abhängen, auf welchen man auch abgestürzte Autos sah. Ich bat die drei mit mir fahrenden Frauen, dass sie ihre Einkäufe in Granada schnell beenden sollten, da ich keine Lust hatte, diese gefährliche Strecke in Dunkelheit zu fahren. Meine Bitte war ohne Erfolg. So fuhren wir in völliger Dunkelheit diese gefährliche Strecke. Als wir im Hotel anlangten, waren meine Nerven am Ende. Ich setzte mich an die Bar, bestellte einen „stiff drink", um mich abzureagieren. Ich hatte gehofft, dass wenigstens eine der drei Frauen sich zu mir setzen würde, doch sie waren zu müde und ich musste meinen „drink" ohne Gesellschaft austrinken. Ein anderes Erlebnis hatten wir in Ronda, einer zweigeteilten Stadt, zweigeteilt durch eine tiefe Schlucht. Natürlich wollte Marlene die die Schlucht verbindende Brücke von unten sehen. So fuhren wir mit dem kleinen Seat die Schlucht herunter. Die Fahrt aus der Schlucht heraus konnte der arme Motor nicht schaffen. So halfen Menschenhände, den Seat wieder auf die fahrbare Ebene zu befördern. All dies verminderte nicht die Bewunderung für die Schönheiten Südspaniens, für die weiß getünchten Häuser, durch Geranien lebhaft gemacht, für die zum Teil noch maurische Stadt Granada mit ihrer mächtigen Burg, für die Küste mit ihren Stränden, für die bequemen Hotels, für das angenehme Klima und die freundlichen Südspanier. Und was wäre Spanien ohne Mallorca? Marlene und ich durften Spanien bereits genießen, als es noch nicht eine „deutsche Kolonie" war, sondern eher die Insel der Erholung für privilegierte Engländer.

England lernten wir durch unseren Sohn Dieter kennen, der zwei Jahre am Caius College in Cambridge Architektur studierte. Hier schien die Zeit stillgestanden zu sein. Studierende fuhren in ihren Talaren auf Fahrrädern durch die mittelalterliche Stadt zu Veranstaltungen. Abendessen waren formell. Niemand von den Studierenden setzte sich zum Essen, bevor die Professoren Messer und Gabel in die Hand nahmen. Auf dem Fluss Cam wurde wie eh und je gepunted. Der „Kapitän" hatte lediglich ein großes Ruder in seiner Hand, mit dem er das Boot vorwärts bewegte und steuerte. Wenn auch die Atmosphäre von Cambridge mehr als eindrucksvoll war, so war unser Sohn Dieter von der Art der Lehre nicht begeistert. Im Unterschied zum amerikanischen System, an das er gewöhnt war, kümmerten sich die Dozenten wenig um ihre Studierenden. Man ließ sie selbstständig arbeiten.

London beeindruckte durch seine Größe, durch seinen Weltstadtcharakter, durch die Denkmäler und Museen, durch den Hyde Park und durch die Disziplin seiner Bewohner, durch die St. Paul's Cathedral, Westminster und das Parlament. Während der Eisenbahnfahrt nach Edinburgh in Schottland konnten wir die parkähnliche Landschaft der britischen Insel bewundern. Edinburgh wiederum hat seinen eigenen Charakter, eher düster als hell mit langen Häuserzeilen. Ein schöner Park mit dem Denkmal von Robert Burns lichtet das Ganze ein wenig. Calvin und die Presbyterianer haben Edinburgh ihren Stil und Stempel aufgedrückt. Eine Busfahrt über das Land durch die Hügellandschaft ist nicht vollständig ohne den Bagpipepfeifer mit seinen wehleidigen Melodien „My hearts in the Highland..."

Und im Westen von Großbritannien finden wir die grüne Insel Irland. Dublin, die kleine Großstadt, Hauptstadt des Landes, beherbergte uns im altehrwürdigen Trinity College mit einer Mensa mit riesengroßen Räumen und bunt verglasten Fenstern. Nahe gelegen finden wir im Museum das „Book of Kells", eines der frühen Schriftdokumente der westlichen Welt. Irland war in den ersten Jahrhunderten des Mittelalters Europas Kulturzentrum. Von hier kam Bonifazius zu den deutschen Landen und brachte das Christentum. Eine Busfahrt um den südlichen Teil der Grünen Insel führt durch Waterford mit seiner Kristallindustrie; über Cobh, die Hafenstadt, über steilwändige Cliffs, über steinige Inseln mit wenig Menschen und vielen Schafen; über hübsche und kleine Ortschaften, wo man wollene Jacken und Pullover kaufen kann, geht es zurück nach Dublin. Wir hatten Angst, dass die Grüne Insel mit der Zeit braun werden würde, nicht wegen irgendeiner Trockenperiode, sondern eher durch das Zigarettenrauchen, das den Aufenthalt in den Pubs nahezu unerträglich machte. Kaum konnte man das Guinness-Bier genießen, da einem der Qualm den Atem verschlug. Doch auch das übermäßige Rauchen in den Pubs hat sein Ende gefunden. Die östlichen Länder Europas waren für die Westler besonders interessant, weil sie einfach anders waren. Städte und andere Ortschaften zeigten die Patina des Alters oder man kann auch sagen, es fehlte an Reparaturmaterial und an Farbe. Man merkte, dass die Menschen mit ihrer politischen Umwelt unzufrieden waren. Dafür wandten sie sich mehr dem Familien- und Freundesleben zu oder sie wandten sich auch dem Wodka zu. Trotz vieler Unterschiede in den östlichen Ländern schienen sie eines gemein zu haben: die negativen Gefühle dem großen Bruder im Osten gegenüber. In Tschechien, wo wir bei Freunden unserer Ostberliner Verwandten unterkamen, hatte man Angst, das Radio im Wohngebäude abzuhören. Der Wirt des Hauses ging in seine Garage, um dort BBC auf seinem Batterieradio zu hören. Man traf sich im Yalta-Hotel, wo viele andere Menschen waren, sodass nicht erkannt wurde, dass man sich hier mit einem „Westler" traf. Mit ortskundiger persönlicher Führung von Einheimischen lernten wir, was man einmal die „Goldene Stadt" nannte, kennen, die „Goldene Stadt" mit dem Hradschin, der Altstadt und den Antiquitätengeschäften, dem jüdischen Friedhof, dem Rathausturm mit der alten Uhr, der Karlsbrücke. Trotz der

Patina war der alte Glanz der böhmischen Hauptstadt, der früheren Kaiserstadt, zu erkennen. In Ungarn schien das politische Klima unbeschwerter zu sein. Die geteilte Stadt auf beiden Seiten der Donau, Buda und Pest, erschien trotz des westlichen Anstrichs als eine Hauptstadt mit großen, wenn auch zum Teil altmodischen Hotels, mit einem funktionierenden Verkehrssystem, mit gutem reichhaltigem Essen und natürlich den Heißwasserquellen, die öffentliches Baden im kalten Winter möglich machten. So gingen auch wir in ein solches öffentliches Bad, in dem sich Kinder und Erwachsene tummelten und Erwachsene auf den fest eingebauten Schachbrettern Schach spielten. Die Abende verbrachte man in Restaurants mit bunt bemalten Wänden, gutem Essen und der traditionellen Zigeunermusik. Bis hierher hatte uns unser roter Mercedes gebracht. Doch die östliche Kälte war zuviel für seine Batterie.

Als wir von Budapest weiter nach Jugoslawien fahren wollten, streikte er. Und wie konnte man in Budapest eine passende Batterie für einen Mercedes finden? Kaum, da die einzigen Leute, die in Budapest Mercedes fuhren, Parteiführer und Regierungsmitglieder waren. So ging es in eine in einem kleinen Keller gelegene Werkstatt, die den Mercedes so umbaute, dass man eine ungarische Batterie einbauen konnte. Doch inzwischen war es dunkel geworden und unsere Visa für Ungarn waren abgelaufen. Was tun? Wir fuhren einfach östlich Richtung Jugoslawien und kamen bis zum Balaton, wo wir Unterkunft in einem der vielen Hotels zu finden hofften. Was wir nicht einkalkuliert hatten, war, dass in Ungarn Jagdzeit war und dass viele Italiener zu dieser Zeit ihrer Jagdpassion folgten. Es gab keine Hotelunterkunft. Was es gab, war ein warmes Schlafzimmer in einem Privathaus, deren Eigentümer deutschsprachige ehemalige Schwaben waren, die sich freuten, deutschsprechende Amerikaner in ihrem Haus aufnehmen zu können. Selten haben wir uns so wohl gefühlt, als wir uns mit diesen guten Menschen unterhalten konnten, Familiengeschichten austauschten und unter einer dicken Decke in bequemen Betten in einem warmen Zimmer schlafen konnten. Am nächsten Tag ging es weiter durch wildes Bergland über Zagreb nach Opatija, dem ehemaligen Habsburger Kurort an der Adria. Wir hielten am ersten gut aussehenden Hotel in Opatija, fragten, ob Zimmer frei wären. Die Antwort war „ja". „Dürfen wir das Zimmer sehen?" fragten wir. „Aber ja, natürlich", hieß es. Das Zimmer war eine Suite mit Balkon mit Blick auf das blaue Adriatische Meer. Der anfängliche Preis war so günstig, dass man es kaum glauben konnte, doch der Zimmerpreis erhöhte sich, als man in der Rezeption erfuhr, dass wir Amerikaner waren. Es gab zweierlei Preise, einen für Ostler, einen für Westler. Wir verlebten herrliche Tage in Opatija trotz Dezember. Wir durften auch als Gäste der Stadt Opatija an Konzerten teilnehmen, die moderne Musik anboten. Weiter ging es auf einer Fähre auf adriatische Inseln, auf denen die Zeit stillgestanden hatte: alte Fischerdörfer mit Männern, die ihren Kaffee in kleinen Restaurants tranken und Frauen, die sich um Haus und Hof kümmerten. Westler bevölkerten die herrlichen Strände und trugen das Ihre zur funktionierenden Wirtschaft dieser Inseln bei. In einem anderen Jahr lernten wir die Gastfreundschaft der Kroaten kennen. Wir waren mit Freunden unterwegs, die Verwandte in Pula, der alten römischen Hafenstadt an der Adria, hatten. Obwohl wir keine genaue Anschrift hatten, gelang es, diese kroatischen Verwandten zu finden. Wir wollten ihnen nicht zur Last fallen und hatten uns in einem Hotel bereits eingemietet. Dieses Arrangement traf auf heftigen Widerstand. Wir mussten ihre Gäste sein. Zimmer wurden umgeräumt, damit wir bequeme Schlafstätten hatten. Die Frauen der Familie versammelten sich in der Küche, um ein großes kroatisches Mahl vorzubereiten. Die Männer zeigten ihren Gästen das alte und das neue Pula. Im alten Pula sahen wir das gut erhaltene römische Kolosseum. Im neuen Pula sahen wir modern angelegte Freizeitanlagen und einen steinigen Strand. Vor wenigen Stunden hatten wir uns vorgestellt und jetzt waren wir schon wie alte Bekannte/Verwandte. Wir sprachen Englisch und Deutsch miteinander. Es gab keine Sprachgrenze. Ein Sich-Näher-Kommen gelang durch das Ess- und Trinkfest am späten Abend. Ich weiß heute nicht mehr, wie wir ins Bett kamen. Unsere Freunde waren zu dieser Zeit gute Katholiken und wussten aus der Familiengeschichte, dass ihre Pula-Verwandten eigentlich auch Katholiken sein müssten. Doch sie fanden kein Weihwasserbecken im Haus und auch kein Kruzifix oder Jesusbild, was meinen Freund erstaunte. So fragte er nach diesen Symbolen des Katholizismus. Seine Verwandten sagten ihm, dass sie nicht mehr der Kirche angehörten und dass sie gute Humanisten seien, die Frieden, soziale Gerechtigkeit und Freundschaft unter den Menschen als Ziele und Glauben hätten. Damit musste sich Joseph zufriedengeben. Mit Palmisanos reisten wir auch nach Polen, von Berlin durch Schlesien und Breslau nach Krakau. Auf nächtlicher Autofahrt nach Breslau entkamen wir einem Anschlag, der wohl von Straßenverbrechern geplant war. Ein hoher Zementstein, der quer über die Autobahn gelegt war, sollte unser Auto zum Anhalten bringen, doch das Auto überwand diese Falle und wir entkamen dem Anschlag. In Breslau half uns ein Student, unser Hotel zu finden. Wir wollten ihm mit einer Geldgabe Danke sagen, was er ablehnte. In einer Kneipe, die für Westgeld genügend Bier hatte, spannten wir von den Anstrengungen des Tages aus. In Krakau konnte man den kaiserlich/königlichen Habsburger Einfluss erkennen, große safranfarbene Häuser, den großen Marktplatz mit den Lauben, wo man handgefertigte Sachen zu günstigen Preisen kaufen konnte, altmodisch elegante Restaurants und Hotels. In der St. Vitus-Kathedrale sah man zumeist ältere Gläubige. In Tschenstochau, dem berühmten polnischen Wallfahrtsort mit der Schwarzen Madonna, sah man allerdings alle Generationen von Polen versammelt. Hier wurde einem die tiefe Gläubigkeit dieses Volkes bewusst. Alles drängte sich, um beim Anblick der Schwarzen Madonna zu beten.

Möser

Es gab Tage, nein Jahre, in denen schwand der Zeitbegriff dahin. Sie verliefen gleichförmig, relativ ereignislos, und ich fühlte mich wie in einem Getriebe, in dem ich zu funktionieren hatte. Ich erlöste mich aus diesem Gefühl und schrieb ein Gedicht.

Die Jahre rinnen hin wie Tropfen,
und du weißt es nicht.
Bis einmal du den Tropfen fallen hörst,
ein Ton, der weh tut und dich weckt!
Du siehst, wie Perlenschnüre aufgereiht,
die Tropfenjahre, die da sind und kommen.
Doch die vergangen, sind verronnen,
dir nicht bewusst!
Nun werde wach und lebe!
Die Jahre rinnen hin wie Tropfen,
und du weißt es nicht.

Ich wollte wissen, ich wollte bewusst leben, aber wie? Über dem Land hing eine große Resignation, wohin man blickte Stagnation. Meine Schwester Ute, die in einem Krankenhaus als Internistin arbeitete, erhielt für ihre Patienten nicht mehr die erforderlichen Medikamente, weil die Valuten ausgegangen waren. Die gestellten Ersatzmedikamente hatten nicht die gleiche Wirkung. Es bedrückte sie sehr und sie litt unter ihrer Verantwortung den Patienten gegenüber. In der Diagnostik gab es die entsprechenden modernsten Geräte nur im Regierungskrankenhaus, wo die Politprominenz behandelt wurde. Dort einen Termin zu bekommen, war nahezu unmöglich. Die viel gepriesene Gleichheit der „Genossen" beziehungsweise die von „Genosse Mensch" ließ zu wünschen übrig. Die Obrigkeit fuhr zur Hasenjagd und entwickelte Lebensweisen, die früher verächtlich als „kapitalistisch" abgestempelt waren. Man war unter sich und ließ Volk Volk sein. Auf den großen Paraden zeigte man sich huldvoll winkend, aber die zum

Himmel stinkende Misere hatte es nicht zu geben. Die ausländischen medizinischen Fachzeitschriften, die es früher in bescheidenem Rahmen gegeben hatte, verschwanden von der Bildfläche. Eine große Frustration machte sich breit. Meine ehemalige Lehrerin, die mir nach ihrem 75. Geburtstag angeboten hatte, ihre „Freundin" zu sein, ermunterte mich zum Schreiben. Ich schrieb eine Erzählung und einige lyrische Gedichte. Sie war sehr angetan davon und gab sie einem befreundeten Lektor. Er gab mir eine lobende Kritik, riet mir aber davon ab, dafür einen Verlag zu suchen, da meine aus jeder Zeile sprechende Gesinnung zu „Änderungen" Anlass geben würde und dies solle ich mir ersparen. Zu diesem Zeitpunkt hatte ein entferntes Familienmitglied, das im Vertrieb von Konzertinstrumenten tätig war, seinem Unmut über die Zustände Luft gemacht und einen anonymen Brief an die Regierung geschickt. Da er es unvorsichtigerweise auf der betriebseigenen Schreibmaschine geschrieben hatte, kam die „Stasi" schnell dahinter. Er erhielt vier Jahre Zuchthaus, wurde aber nach zwei Jahren von der bundesdeutschen Regierung freigekauft. Dieses Ereignis ließ mich im Innersten erzittern und ich legte meine Schreiberei in den letzten Winkel des Schreibtisches. Ich fühlte mich schlecht bei der Vorstellung der Machtbefugnisse eines Erich Mielke. Der Gedanke, dass ein Mensch dieser „Qualität" an einer Schaltstelle der Macht saß, lähmte mich in meinem Lebensgefühl und nur Günthers aufreibende, aber so sinnvolle Tätigkeit gab mir immer wieder den Impuls zum Durchhalten. Mein Schreibkontakt zu meinen westdeutschen Freunden wurde mir so zum Bedürfnis, als hinge ich an einer Nabelschnur. Die Kontrolle bemerkte dies mit Sicherheit. Der Austausch über die Erziehung unserer Kinder unter so unterschiedlichen Gegebenheiten war ein ständiges Anliegen. Unser inniger Kontakt hatte ja seine Wurzeln in der Arbeitsdienstzeit, eine meiner Hamburger Freundinnen war mir besonders ans Herz gewachsen. Sie stammte aus bestem hanseatischem Elternhaus, hatte eine gute Erziehung genossen und war idealistisch durch und durch. In diesem Sinne war sie eher etwas weltfremd, was bei uns Beschützerinstinkte weckte und sie aber auch besonders liebenswert machte. Dieses wirklich besondere

Mädchen war in eine unglückliche Ehe geraten, hatte nacheinander vier Jungen geboren und war mit dieser Situation völlig überfordert. Getrennt von ihrem Mann lebend, geriet sie in finanzielle Bedrängnis, wurde krank und kam sozial auf einen Tiefpunkt. Zwei ihrer Kinder lösten sich schnell aus diesem Zuhause und wurden in der Hamburger Hausbesetzer-Szene aktiv. Von dort aus gerieten sie in die Gruppe der RAF. Meine Freundin wusste zunächst nichts davon, hatte auch wenig Kontakt zu den beiden Söhnen und keinerlei Vorstellungen von den Gedankengängen der RAF. Erst als ihr ältester Sohn bei einer Aktion umkam und ihr zweiter Sohn verschwand (er lebte unter anderem Namen in der DDR), wurde ihr die Tragik der Entwicklung bewusst. Zu allem Unglück kam ihr jüngster Sohn noch ums Leben, als er das Grab seines Bruders in Stuttgart besuchen wollte und sich von Staatsbeamten verfolgt glaubte. Meine Freundin geriet in eine furchtbare Bedrängnis. Einerseits traf sie der Verlust ihrer Kinder zutiefst und andererseits wurde sie von den Medien abgestempelt als Terroristenmutter. Ich kannte die Lauterkeit ihres Charakters, ich wusste um die Verletzbarkeit ihrer Seele, ich kannte ihre Gedankenwelt und sah keinen begehbaren Weg für sie. Sie war sehr allein und sehr verstört. Ich erfuhr dies nur aus der Ferne, konnte nur ratlos mitfühlen, wie einem wehrlosen Menschen noch die letzte Würde genommen wurde. Die Kinder meiner anderen Hamburger Freundin, deren Vater zu den letzten Spätheimkehrern gehörte, nahmen an allen sich bietenden Sitzstreiks teil, sie waren voller Protest, sie waren die unbequemen Jugendlichen, die der älteren Generation die Stirn boten. Sie fingen an, die Vergangenheit zu hinterfragen, sie wollten kein Gedankengut ungefragt übernehmen, sie waren rebellisch. Unsere Kinder waren nicht rebellisch. Wie unter einer Käseglocke „absolvierten" sie den vorgegebenen Entwicklungsweg. Ihre Rebellion fand bei uns im Elternhaus statt, indem sie sich und uns fragten, warum sie gerade in diesem System leben müssten. Es war eine gärige Zeit und immer wieder musste ein Deckel dafür gefunden werden. Als Ute ihre Doktorarbeit schrieb über eine seltene genetische Erkrankung, mussten Blutuntersuchungen an den Chromosomen durchgeführt werden, die nur in Bonn am Venusberg erledigt werden konnten, da dies damals das einzige Institut war, in dem solche Untersuchungen durchgeführt werden konnten. Über die Formalitäten gab es feste politische Vereinbarungen. Auch bei Erfüllung all dieser Formalitäten verschwanden die Sendungen im Niemandsland. Ute musste mehrfach bei diesen Patienten Blutentnahmen durchführen und nach Bonn senden und hoffen, dass wenigstens eine das Ziel erreichte. Es war eine Aneinanderreihung von Schikanen. Oft waren es nahezu lächerliche Begebenheiten, die den Unwillen der Obrigkeit auslösten. Da das Verpackungsmaterial knapp war, hatte ich aus einem Westpaket eine mit Reklame versehene Plastiktüte mit zur Schule genommen. Dies wurde mir als „offene Provokation" ausgelegt. Es war mir unmöglich, deren „Denkwege" nachzuvollziehen. Wir hatten uns mit meinem Bruder Reiner in Berlin getroffen. Bei der Ausreise hatte er sich in die Schlange der Autofahrer eingereiht und war am Kontrollpunkt etwa einen halben Meter über den angezeigten Haltepunkt gefahren. Er musste sich daraufhin wieder am Ende der Schlange einreihen. Das Bild des „Klassenfeindes" war von der nachfolgenden Generation verinnerlicht worden. Und „treu" agierten sie auf allen Gebieten bis zur Unerträglichkeit. Es lahmte so, weil es so dumm war, und das Lachen verging einem. Manchmal geriet Günther auch Politprominenz unters Messer und er nutzte die Gelegenheit oft zum Gespräch unter vier Augen. Es war erstaunlich, was dabei herauskam. Einige sahen sich als unschuldige Opfer, als Enttäuschte ihres idealistischen Wollens. Günther hatte da manchmal eine Beichtvaterrolle. Ute war nach ihrer Krankenhaustätigkeit Betriebsärztin in der Warnow-Werft. Dort hatte sie einen sehr kranken jungen Mann als Patienten, der bei der Volksarmee einen schweren Unfall erlitten hatte. Er war beim Durchqueren eines Flusses mit einem Panzer stecken geblieben und hatte, bis er gerettet wurde, einen längeren Sauerstoffmangel erlitten. Es gab schwere Folgeschäden. Über den Unfall und seine Folgen durfte er nicht sprechen, er musste sein Stillschweigen unterschreiben. Ute hatte jedoch alles dokumentiert. Ein neunjähriger Junge war beim Radeln durch den Wald bewusstlos vom Fahrrad gefallen. Nachdem er gefunden worden war, wies er schwere Vergiftungserscheinungen mit Lähmungen auf. Es stellte sich heraus, dass die russische Armee in dem Waldstück ohne jegliche Vorwarnung Giftgasübungen gemacht hatte. Offiziell wurde dieser Fall als Kinderlähmung bezeichnet und alle, die informiert waren, wurden mit Unterschrift zum Schweigen vergattert. Es war eine Unterminierung des Lebensgefühls, sie drang in alle Lebensbereiche ein und vieles, was früher scherzhaft von Mund zu Mund geflüstert wurde, konnte von einer Sekunde zur anderen zum bitteren Ernst werden. Es war eine Zeit der inneren Bedrängnis. Gerade in dieser Zeit erhielt ich eine Einladung zu einem großen Familientag in Kassel. Da ich Invalide war, konnte ich fahren, wobei natürlich als Angabe für die Beweggründe der Reise nicht „Familientag" stand. Ich traf dort viele liebe Verwandte meiner Generation und viele der nächsten Generation. Im Mittelpunkt stand wieder die Musik und die Darbietungen der jungen Generation waren nicht nur beeindruckend, sie legten sich tröstend auf meine Seele. Was mich aber überhaupt nicht zur Ruhe kommen ließ, war das innerliche Auseinanderdriften. Wir lebten zu lange unter anderen Bedingungen, unsere Erfahrungen bewegten sich in völlig anderen Bereichen, die nicht vermittelbar waren, wir waren einfach ausgeschlossen. Diese unsägliche Mauer hatte auch eine Mauer in den Köpfen erzeugt. Bedrückt fuhr ich wieder nach Hause. Hier stand gerade bei Jürgen ein Wechsel von der sogenannten Polytechnischen Oberschule zur Erweiterten Oberschule bevor, damit er dort sein Abitur machen konnte. Dieser Wechsel wurde ihm verweigert mit der Begründung, dass seine mathematischen Fähigkeiten nicht ausreichten. Aber gerade hier hatte er besondere Fähigkeiten. Ich ließ dies von einer Mathematiklehrerin des Gymnasiums überprüfen und diese bestätigte meine Beurteilung. Jener Ausspruch von damals „in Ihrer Familie sind genug Akademiker" fiel mir wieder ein. Er musste den Weg über die Berufsausbildung mit Abitur gehen und kam dann letzten Endes doch noch zu einem Studium. Meine Generation, die noch ein Deutschlandbild im Herzen trug, hatte einer neuen Generation Platz gemacht, und diese war aufgewachsen mit dem geteilten Deutschland. Diese Generation hatte keine Vorstellung vom ganzen Deutschland; was ihnen an Wissen hierüber in der Schule vermittelt wurde, trug eher dazu bei, ein neues Staatsbewusstsein für die DDR zu entwickeln und die Menschen im anderen Teil Deutschlands als „Klassenfeind" abzustempeln. Unseren Kindern drohte nicht die Gefahr, das zu verinnerlichen, sie waren gefestigt in ihrer Denkungsart durch das Elternhaus und die vielen Kontakte, die wir hatten. Sie hatten eine große Geschicklichkeit entwickelt, sich durchzulavieren. Als mir vor der Flucht 1945 Frau Oberin sagte: „Nehmen Sie nur das Nötigste mit", hatte ich meine Bücher genommen, weil der Inhalt für mich ein bleibendes Gut darstellte. Richtig bewusst wurde es mir erst, als der totale Zusammenbruch Deutschlands kam und mit dem Tod Hitlers besiegelt wurde. In diesem Augenblick ging alles dahin, Besitz, Heimat, Familie, Vaterland, und jeder suchte auf seine Weise nach etwas fest Bestehendem. Du hattest als verwundeter Soldat Armin Mruck in dieser Situation auch nach jenem Bestehenden gefragt und ich hatte dir eines meiner Bücher abgegeben. Dieser unbedingte Glaube an den Bestand des deutschen Kulturgutes hatte uns beiden damals Hoffnung bedeutet, es war wie ein Rettungsanker. Zu diesem Zeitpunkt war noch ein umfassendes Vaterlandsgefühl beherrschend gewesen. All die Jahre bis zur schmerzlichen Teilung hatte es gehalten und nun musste man hilflos zusehen, wie eine Generation heranwuchs, der man es kaum vermitteln konnte. Für mich bedeutete dies einen Dauerschmerz. Es gab viele meiner Generation, hüben wie drüben, die so dachten und fühlten und sich nichts sehnlichster wünschten als die Einheit unseres Volkes. Es wurde ein Leidensdruck. Gott sei Dank stand wieder eine fröhliche Hochzeit an. Renate heiratete ihre Schülerliebe. Sie arbeitete schon als MTA in Magdeburg an der Medizinischen Akademie und er studierte noch in Weimar Architektur. So etwas in der DDR zu organisieren, war ein „full time Job", und dies erfüllte mich mit großer Freude. Es war ein Phänomen, dass in der DDR so viele junge Leute heirateten. Altersgenossen im Westen hatten nach Abitur oder Ausbildungszeit breit gefächerte Angebote, das Leben im In- oder Ausland auszuprobieren oder in WG sich im Studium in der Gemeinschaft zu erproben, es drängte sie nichts zu einer so frühen ehelichen Bindung. Hier war es zum erstrebenswerten Ereignis geworden und der Staat musste unwillig zusehen, wie seine atheistisch erzogene Jugend nach planmäßig vollzogener Jugendweihe durch die Hintertür wieder in die Kirche drängte, weil eine kirchliche Trauung der Inbegriff dieses Ereignisses wurde. Unsere Kinder hatten diesen Umweg nicht nötig, wir hatten diese atheistische Erziehung nicht zugelassen. Die fröhliche Hochzeit konnte also stattfinden. Eingeladen war unter anderem der „Schwedenopa" unseres Schwiegersohnes, und dieser gute Mann hatte bei stürmischer See mal kurz über die Reling gemusst und bei diesem Vorgang seine dritten Zähne der Ostsee überlassen. So erschien er todunglücklich zahnlos zur Hochzeit. Aber, oh Wunder, ein tüchtiger Zahntechniker zauberte ihm über Nacht gegen Schwedenkronen neue Dritte in den Mund und er war überzeugt, nie so gute Zähne gehabt zu haben. Die prothetische Panne war das einzige Hindernis dieser Hochzeit. Die entstandene Leere in der Familie durch Renates endgültigen Weggang machte Günther und mir zu schaffen, die Worte „alles hat seine Zeit" oder „das ist der Lauf der Dinge" halfen da nicht, es war ein Prozess schmerzlicher Einsicht. Dieser Prozess wurde erweitert und vertieft durch eine traurige Meldung, die ich erhielt; mein Vetter Dieter war plötzlich gestorben, herausgerissen aus seinem Künstlerleben, der Letzte der so besonders musikalischen Berliner Familie. Es berührte mich sehr. Hatten mich doch diese vielen musikalischen Erlebnisse in dieser Familie nachhaltig geprägt. Günthers Bedürfnis, Konzerte oder Große Oper in Berlin zu erleben, wurde immer stärker. Er brauchte diesen Ausgleich. Es konnte vorkommen, dass er nach Dienstschluss bei Eis und Schnee mit mir nach Berlin fuhr, um Tristan und Isolde noch zu erreichen. Die Fahrt mit dem Blick auf die Uhr, die widrigen Straßenverhältnisse bereiteten mir eher Pein als Vorfreude, doch wenn ich sah, wie Günther bei den Klängen der Musik aus sich herausging, wie er am Schluss zum Orchestergraben stürmte und begeistert „bravo" rief, war all das vergessen. Die Rückfahrt war oft noch schlimmer als die Hinfahrt, doch er summte begeistert die melodischen Tonfolgen der Oper und ließ sich nicht beirren. Diese hingebungsvolle, vorbehaltlose Liebe zur Musik war und blieb ein starkes Band unserer Ehe. Der Satz über dem griechischem Tempel: „Mensch erkenne Dich selbst" war eingebrannt in meine Seele und ich hatte mich stets aufs Neue bemüht, „ich selbst" zu sein. Mit diesem ewigen Rollenspiel konnte ich nicht zurechtkommen. Vor dieser Haltung scheiterte ich. Der Alltag erforderte immer wieder das Erfinden von Motivationen, bloß nicht diesem scheinbaren Arrangement der Menge folgen. Es gab so Sätze: „Ab Freitag um eins macht jeder seins", oder „privat geht vor Katastrophe", um das Geschwafel von der „volkseigenen Besitzerfreude" abzuwehren und um sich ganz der kleinen Besitzerfreude einer eigenen „Datsche" hinzugeben. Von der Laube bis zum Kleingartenhaus war dies der erstrebenswerte Luxus des DDR-Bürgers und „Datsche" war einer der wenigen russischen Begriffe, die in die deutsche Umgangssprache aufgenommen waren. Nicht wie im Westen, wo ungehemmt Anglizismen in die Sprache eindrangen und unseren Sprachfluss spürbar veränderten. Die Sprache blieb in der DDR von russischen Einflüssen verschont. Unser Haus war spürbar leerer geworden. Wolfgang hatte eine staatliche Landarztpraxis übernommen und war ausgezogen. Renate hatte geheiratet und war auch fortgezogen. So waren wir mit Jürgen allein, der mitten in der Berufsausbildung mit Abitur war. In die obere Etage zog eine Familie ein und meine Gedanken richteten sich schon auf die Zeit, wo wir allein sein würden und wo auch das Ende von Günthers Berufszeit abzusehen war. Ich plante diesen neuen zu erwartenden Zustand durch und begann mit der allmählichen Umgestaltung und Renovierung unserer Wohnung. In diese Vorbereitungszeit platzte eines Tages ein Mann aus einer der umliegenden Landgemeinden herein. Er bot uns sein Häuschen im Grünen, am Waldrand gelegen, zum Kauf an. Er wollte die DDR verlassen und suchte nun gezielt einen Käufer für sein Grundstück. Wir lehnten zunächst ab. Wir hatten nie an einen Hauskauf oder gar einen Umzug gedacht, vielmehr wollten wir gerade alles in unserem gewohnten Rahmen für die weiteren Jahre herrichten. Aber der Mann bat uns dringlich, uns wenigstens das Grundstück anzusehen. Eher aus Höflichkeit kamen wir der Aufforderung nach. Verzaubert saßen wir wie „Hänsel und Gretel" im Wald und machten uns damit vertraut, völlig umzudenken. Schließlich waren wir dazu bereit, unsere weitere Lebensplanung über den Haufen zu werfen und neu anzufangen. Wir ahnten jedoch nicht, was es in der DDR bedeutete, das Haus eines „Ausreisewilligen" zu kaufen. Es gab mehrere Auflagen. Die Familie des Verkäufers musste für ein Jahr in unsere Wohnung ziehen und wir mussten für ein Jahr zur Probe im neuen Heim wohnen. Inzwischen wurde die Ausreisefamilie nach allen Richtungen hin überprüft. Es ging darum, ob sie sich nichts hatten zuschulden kommen lassen, ob sie irgendjemandem Geld schuldeten und so weiter. Dazu ließen sich die Behörden ein Jahr Zeit. Für beide Familien bedeutete dies eine Belastung, aber schließlich brachten wir dies in gegenseitigem Einvernehmen über die Bühne. Während dieser Zeit befragten wir bei Zusammenkünften die Familie mehrfach, ob sie diesen Schritt nicht bereuen würden und eines Tages ihr Häuschen wieder zurückkaufen möchten. Sie lehnten dies mit Überzeugung ab und allmählich begannen wir, heimisch zu werden und uns über unsere veränderte Lebenssituation zu freuen. Einen Großteil unserer Möbel hatten wir verkauft, da sie viel zu groß für das Landhaus waren, wir fingen noch einmal „neu" an. Zu diesem Zeitpunkt hatte Jürgen schon mit dem Studium der Elektrotechnik in Magdeburg begonnen und meine Kieler Freundin, die Jürgens Patentante war, fand immer Mittel und Wege, ihm Hilfe zukommen zu lassen. Endlich kam der große Tag, an dem die „Verkäuferfamilie" ausreisen durfte, und mit einem letzten Blick auf ihr ehemaliges Zuhause und mit fröhlichem Winken verabschiedeten sie sich von uns. Nun waren wir endgültig in unserem neuen Leben angekommen. Bisher hatten wir nur in der Stadt gelebt, der Ablauf der Jahreszeiten war „kalendergesteuert". Die intensive Wahrnehmung der Natur blieb auf Spaziergänge und Urlaube beschränkt und nun lebten wir plötzlich mitten in der Natur, ganz nahe am Walde, mitten im Grünen. Verstaubtes Wissen wurde täglich neu zum Erlebnis, es erschloss sich eine Welt wachsenden Denkens und Fühlens. Wir konnten nicht mehr begreifen, wie „eingebaut" wir vorher gelebt hatten. Dankbar erlebten wir diese Umwandlung und damit fühlten wir uns auch neu. Wir waren verliebt wie am ersten Tag, ja, eigentlich noch mehr, es war viel tiefer und bewusster. Wir sagten zum ersten Mal: „Das Leben ist ein Geschenk." Es gab Augenblicke, in denen ich dachte, wie kann ich dieses Glück nur festhalten. Die Zeit lief so schnell dahin und es stand wieder eine Hochzeit ins Haus. Jürgen heiratete seine Schülerliebe. Unsere drei Kinder hatten alle ihre erste Schülerliebe geheiratet. Das war sogar ihren Lehrern aufgefallen. Nun waren wir allein, und dieser neue Lebensabschnitt wurde mildernd aufgefangen durch das Leben in der Natur und das hautnahe Erleben vom Werden, Wachsen und Vergehen. Durch den Umzug und die vielen Veränderungen unserer Lebensumstände hatten wir das nahende Ende von Günthers Berufsleben völlig verdrängt. Nun stand es plötzlich unerbittlich vor der Tür. Obgleich Günther sehr erschöpft war, obgleich er ja immer wusste, dass seine Arbeitszeit einmal vorbei sein würde, stand dies wie ein unüberwindlicher Berg vor ihm. Beruf ist auch ein Stück Identifikation mit dem Beruf, es wird etwas beendet, was ganz nahe zu dir selber gehört. Diese Wahrnehmung braucht eine lange Zeit, ehe sie in das Bewusstsein dringt. Es ist auch eine Art von Demontage. Im Laufe deines Berufslebens hast du dir einen Rang, eine Stellung erarbeitet; dies bricht allmählich weg und du findest zu dir selber. Du bist jahrelang über deinen Beruf definiert worden, nun befindest du dich auf dem Wege zu deinem Menschsein. Es ist ein langsamer Prozess des Begreifens und es ist gut, wenn man diese Zeit ausfüllen kann mit einer sinnvollen Tätigkeit, die einen befriedigt. Das konnte Günther. Er widmete sich nun ganz seiner geliebten Musik und hatte in den ersten Wochen ein „Urlaubsgefühl". Dann zog es ihn wieder ins Krankenhaus und er wollte „nur mal eben" die Mitarbeiter besuchen. Danebenzustehen und nicht mehr dazuzugehören, bereitete ihm Schwierigkeiten. Er hörte damit auf und als er eines Morgens nach dem Frühstück zu mir sagte: „Was liegt an?", wusste ich, dass er im Rentnerdasein angekommen war. Es entstand ein völlig neues Miteinander. Wir bewirtschafteten beide unser Waldgrundstück und nahmen ab und zu voller Freude Anteil an der Geburt von mehreren Enkeln. Im Lauf der Jahre brachten wir es auf fünf Enkel und beglückt überkam uns das Gefühl, wie „abgerundet" doch unser Leben war. In dieser Zeit belastete uns die

Situation „hinter der Mauer" nicht so wie vorher, wir praktizierten ein einfaches Leben in der Natur und schoben mit einem Hochgefühl unsere diesbezüglichen Probleme beiseite. Es war Februar 1989, draußen gab es nichts zu tun, und ich wollte für ein Wochenende nach Bochum fahren. Günther stimmte freudig zu, weil er intensiv „Elektra" von Richard Strauß hören wollte. So konnte er auf volle Orchesterstärke schalten. Wir hatten ein Telefongespräch vereinbart, was ja immer noch mit Schwierigkeiten verbunden war. Ich meldete mich mehrfach, doch er nahm den Hörer nicht ab. Ich war unruhig, ließ mich aber trösten von dem Gedanken, dass er bei der Lautstärke der Musik das Telefon überhört habe. Ich schlief sehr unruhig. Am nächsten Morgen rief mich ein Beamter vom Bahnhof Bochum an mit der Nachricht, ich solle umgehend zu Hause anrufen. Mein Schwiegersohn war auf diese Notlösung der Verständigung gekommen, weil sie keine Verbindung zu mir bekamen. Renate war am Telefon. Ich hörte schon an ihrer Stimme, dass etwas nicht in Ordnung war. Sie hatte Günther tot im Sessel vorgefunden. In dem Augenblick setzte bei mir alles aus, ich hörte, dass ich immer „nein" rief, stand aber dabei neben mir, unfähig, mich zu bewegen. Ich verrichtete alles Notwendige mechanisch und in mir war eine große unbestimmbare Leere, die nicht auffüllbar schien. Es gab keinen Interzonenzug sofort, ich musste bis zum nächsten Tag warten. Dieses Warten war eine Qual. Acht Stunden saß ich geistesabwesend in diesem Zug und fürchtete mich vor meinem Zuhause ohne Günther. Es war eine Ankunft im Nirgendwo, ich bekam mich und das Geschehen nicht zusammen. Meine Kinder hatten alles geregelt, was zu regeln war, und ich saß da unfähig und bekam keine Antwort. Es ist heute 17 Jahre her und rückschauend kann ich sagen, dass sich ein tiefer Friede in mir ausbreitete, der einer Erfüllung gleich kam. Ich ging wie getragen durch diese Tage und Wochen und brauchte fünf Jahre des leisen Abschiednehmens von diesem geliebten Menschen. Wenige Monate nach Günthers Tod fiel die Mauer.

Reisterstown

Politisch, das heißt außenpolitisch, erregten uns die Ereignisse des Jahres 1989. Der Kalte Krieg wurde weniger kalt. Eine friedliche Revolution entwickelte sich in Polen. Auch in Tschechien bewegte sich das politische Pendel in Richtung Demokratie. In der Sowjetunion gab es eine neue Führungsschicht unter Gorbatschow, dessen Politik sich nach Glasnost/ Offenheit, Perestroika/Umordnung ausrichtete. Lediglich die sogenannte DDR schien am alten Regime festzuhalten. Doch dann wurde der graue Himmel blau, trotz des Novembers. Es waren die historischen Ereignisse des November 1989, die wohl uns allen im Gedächtnis bleiben werden. Der November ist ohnehin ein geschichtsträchtiger Monat. Da war der 11. November 1918, Waffenstillstand am Ende des Ersten Weltkrieges, dann der 9. November 1923, der Tag, an dem Adolf Hitler versuchte, die Macht in der Weimarer Republik an sich zu reißen, dann der 8. November 1938, als die Synagogen in Deutschland niederbrannten, als Deutsche jüdischer Religion gedemütigt, verfolgt und in Konzentrationslager gebracht wurden. So standen die Novembertage 1989 im krassen Gegensatz zu den vorher genannten Novembertagen. Menschen der DDR vollbrachten eine friedliche Revolution, die von einem guten Teil der Welt mitgeschaut, mitgelebt und mitgefeiert wurde. Die Welt schien eine bessere Welt zu werden. Eine etablierte Diktatur musste sich dem Willen ihrer Bürger beugen. Obwohl Marlene und ich einige tausend Kilometer entfernt von Berlin wohnten, erschienen uns die Ereignisse so, als ob sie in unmittelbarer Nähe stattfanden. Ein jüdischer Nachbar brachte mir seinen Kurzwellenempfänger, damit ich die Entwicklungen direkt verfolgen konnte. Mein Seminardirektor sagte: „Armin, warum bist du noch hier? Du musst jetzt in Berlin sein!" Und so packten Marlene und ich das Allernötigste, und in wenigen Stunden standen wir an der Mauer mit Verwandten, Freunden/innen und Bekannten; Marlene mit einem Hammer in der Hand trug ihren Teil dazu bei, dass die Mauer abgebrochen wurde. Wir nahmen teil am

Gottesdienst in der Gethsemanekirche. Berliner sprachen über die Erlebnisse im DDR-Regime, stellten ihre Forderungen zur Etablierung der Demokratie. Bei Freunden die uns ihr Haus überließen, die selbst auf Mallorca waren, saßen wir am Fernseher bis in die frühen Morgenstunden und verfolgten die Diskussionen, die alle darauf ausgerichtet waren, eine bessere Welt zu schaffen. Wir saßen bei Verwandten und Freunden und toasteten Gorbatschow, der einen wesentlichen Teil zur friedlichen Revolution beigetragen hatte. „Gorbi, Gorbi, Gorbi" klingt es mir noch heute in den Ohren. Die Freude war groß, und das nicht nur in Deutschland! Auf dem Campus meiner Universität kam ein jüdischer Kollege auf mich zu, umarmte mich und sagte: „Armin, ich bin so glücklich für Deutschland!" Und das war das allgemeine Gefühl. Fernsehstationen bauten ihre Antennen vor unserem Haus auf, um nach unserer Rückkehr nach Towson/Reisterstown/Baltimore unsere persönlichen Erfahrungsberichte zu hören, um sie dann einer breiteren Öffentlichkeit zukommen zu lassen. Über Nacht wurden wir für kurze Zeit „berühmt". Man sah und erlebte uns im Fernsehen. In Washington DC. lud die deutsche Botschaft zu einer Feier ein. In einem großen Hotelsaal, wo vor Deutschen und U.S. Amerikanern die deutsche und amerikanische Nationalhymne gespielt wurden, fühlte man, dass die deutsch-amerikanische Brücke eine solide Brücke war, eine Brücke, die Belastungen ertragen konnte. Nach diesen geschichtlich wichtigen und emotionalen Tagen nahm uns der Alltag wieder in Anspruch. Ich hielt meine Veranstaltungen und Seminare, führte deutsche Kollegen/innen in die U.S.-amerikanische Kultur ein, forschte weiter in meinem Spezialgebiet „Deutscher Widerstand", lehrte „Renaissance", „Reformation", Deutsche Geschichte im 19. und 20. Jahrhundert, nahm an Conventions teil, hielt dort Vorträge, leitete ein weiteres Minimester, dieses Mal in Berlin, Prag, Wien und Budapest. Osteuropa war nun interessant. 1987 gelang mir in Zusammenarbeit mit Prof. Dr. Michael Daxner, Präsident der Carl von Ossietzky Universität Oldenburg, den ich auf einem Besuch einer Delegation deutscher Hochschullehrer an der Towson University kennengelernt hatte, eine weitere Brücke zu bauen, eine Brücke zwischen der Carl von Ossietzky Uni-

Mit Kollegen und Student/innen der Carl von Ossietzky Universität Oldenburg und der Towson University war ich auf Exkursion in Berlin. Zwischen beiden Universitäten besteht seit 1987 eine Partnerschaft.

versität Oldenburg und meiner, der Towson University. Ein glücklicher Zufall spielte eine Rolle, der Besuch einer deutschen Hochschullehrergruppe an der Towson University. Prof. Dr. Daxner, jetzt unser persönlicher Freund, saß bei einem Essen neben mir. Wir stellten fest, dass unsere beiden Universitäten sich in mancher Hinsicht und in ihrer Geschichte ähnlich wären. Für beide Universitäten war die Ausbildung von Lehrern wichtig, in beiden Universitäten wurde geforscht, beide Universitäten führten ihre Ursprünge auf Pädagogische Akademien zurück. Nach weiteren Besuchen und Gegenbesuchen kam es zur Unterzeichnung eines breit angelegten Partnerschaftsvertrages. Inzwischen ist die Partnerschaft 26 Jahre alt. In diesem Jahr 2013 wird das Jubiläum mit einer besonderen für dieses Ereignis kreierten A-cappella-Vorführung „Liebe in den Zeiten/Love Through Time/Amor Ent-

Als ich als Gastprofessor an der Carl von Ossietzky Universität Oldenburg tätig war, war ich oft mit dem Fahrrad unterwegs.

re Tiempos" an der Oldenburger Carl von Ossietzky Universität und der Towson University gefeiert. Es ist eine internationale Produktion mit deutschen, U. S. amerikanischen und kubanischen Studenten/innen. Sie bauen Brücken zwischen Menschen und Völkern. PAX NOBISCUM.

Möser

All die Jahre hatten wir uns nach diesem Augenblick gesehnt, ständig war diese Sehnsucht Teil unseres Lebens gewesen, und nun konnte er das nicht mehr miterleben! Nach dem Fall der Mauer erschien eines Tages der ehemalige Hausbesitzer. Ich empfing ihn freundlich, weil ich eine Art Kondolenzbesuch erwartete. Er eröffnete mir jedoch, dass er das Haus zurückerwerben wolle da ja nun die Verhältnisse sich geändert hätten. Ich war sprachlos. Er hatte uns seinerzeit aus freien Stücken das Haus angeboten zum Kauf, er hatte freiwillig zwecks Familienzusammenführung die DDR verlassen alles war juristisch unanfechtbar in gegenseitigem Einvernehmen über die Bühne gegangen, und nun das. Ich lehnte das Ansinnen ab und verwies ihn darauf, wie oft wir ihn gefragt hatten, ob dies auch seine Gültigkeit habe. Wie gut, dass Günther damals auf einer gerichtlichen Regelung und Beurkundung bestanden hatte. Ich war menschlich tief enttäuscht von diesem Ansinnen und musste erleben, dass dieser Mann durch drei Instanzen ging und mir das Leben schwer machte. Doch sein Ersuchen wurde jeweils abgewiesen. Nun zog Jürgen mit seiner Frau und seinen beiden kleinen Söhnen zu mir. Die Berechnung der Rente zog sich hin und als ich schließlich eine Nachzahlung bekam, entschloss ich mich spontan 1996, nach Amerika zu reisen. Es war mir bei der Teilung nie um fehlende Dinge des Bedarfs gegangen, die Beschneidung meiner Bewegungsfreiheit, die Behinderung meiner Beweglichkeit als Mensch hatte stets im Mittelpunkt meiner Bedrängnis gestanden. Der Wunsch, den Kontinent jenseits des Atlantiks von Ost nach West zu durchfahren, reichte eigentlich bis in meine Kinderträume zurück.

Reisterstown

Die 1990er Jahre waren trotz eines schweren Autounfalls Jahre des Wachstums der Familie, Jahre der Lehre an der TU und der Oldenburger Universität, Jahre der Vorträge an verschiedenen Universitäten, Jahre des Reisens, Jahre des Brückenbauens. Laurens, Heidis und Dieters Kinder wuchsen als liebe Kinder heran ohne besondere Schwierigkeiten. Lauren, Heidi, Dieter, David, Lee füllten ihre Berufe aus. Marlene hütete weiterhin Haus und Hof und begleitete mich auf Reisen und während meiner Lehrtätigkeit an der Carl von Ossietzky Universität Oldenburg. 1993 war das Jahr meiner offiziellen Emeritierung und des Umstellens auf die Verwaltung, was ohne Probleme vor sich ging, da ich einen bestimmten Aufgabenkreis hatte und unter der Leitung eines Kollegen und Freundes arbeiten konnte. Meine Aufgabe war die bereits enge Partnerschaft zwischen der TU und der Oldenburg Universität zu verwalten und weiter auszubauen. Es wurden Fakultäts-, Studierenden- und Verwaltungsaustausche organisiert und durchgeführt. Gemeinsame Konferenzen wurden in Oldenburg und Towson gehalten. Die Konferenzen hatten als Thema: „Die Rolle der Frau in der Universität und in der Lehre", „Das Verhältnis der öffentlichen Universität zum Staat". Ein besonders erfolgreiches Seminar, an welchem etwa 30 deutsche Hochschulmenschen teilnahmen, führte deutsche Kollegen/innen in die Kultur, insbesondere die US-amerikanische Universitätskultur, ein. In Anerkennung seiner Verdienste wurde Prof. Dr. Michael Daxner, Präsident der Oldenburger Universität, der Doctor of Humamties-Grad verliehen. Ich selbst wurde im Jahre 1997 mit der Verleihung des Bundesverdienstkreuzes in der Deutschen Botschaft in Washington DC geehrt wie auch im Jahre 2001 mit der Verleihung der Carl von Ossietzky Universitätsmedaille. Die German Society of Maryland wählte mich zum deutsch-amerikanischen Bürger des Jahres. Der Oberbürgermeister ernannte den 6. Oktober 1999 zum Dr. Armin Mruck-Tag der Stadt Baltimore/Maryland. Unsere Reisen ließen uns mehr von Europa,

Marlene und ich mit den Familien unserer Kinder David/Heidi Waltos sowie Lee/Lauren Ensor, Dieter/Sophia Wonner-Mruck.

den USA und der Karibik kennenlernen. Eine besonders schöne Europareise erlebten wir mit Marlene, Lauren und ihren zwei Töchtern Christine und Leanne. Es war deren erste Reise nach Europa. Sie führte uns von Amsterdam nach Bonn mit dem herrlichen Rhein, nach Hanau zu unseren guten Freunden, der Familie Seyfried, zum Bodensee zu unseren Verwandten, der Familie Beierer nach München und Unterzeismering, zu Dieters Familie und ihrem neu gebauten Haus am Starnberger See, nach Venedig an der Adria, nach Innsbruck, der attraktiven Stadt in den Tiroler Alpen. Seyfrieds hatten uns ihren komfortablen Kombi geliehen, was vieles für uns leichter machte. Überhaupt wurde die Reise nicht nur ein touristisches, sondern auch ein persönliches Erlebnis. Unsere menschlichen Brücken mit Freunden/-innen, Verwandten, Bekannten erwiesen sich als wertvoll. Doch wie heißt es in einem Gedicht: „Doch warn ich dich, dem Glück zu trauen." Und so war es auch in den 1990er Jahren. Im Juli 1994

Ehrung durch den Präsidenten der Towson University Prof. Dr. Hoke Smith (rechts) 1999.

hatte ich einige schöne Tage mit der Familie in Ocean City am Atlantik verbracht, fuhr mit meinem Acura Auto zurück nach Towson, um dort an einem Meeting teilzunehmen. An einer Kreuzung fuhr ein 16-jähriges Mädchen mit erheblicher Geschwindigkeit gegen meinen Wagen, der sich um 360 Grad drehte und in die falsche Fahrbahn gelangte. Schließlich kam der Wagen in einem Straßengraben zum Stehen. Ich wusste, dass ich schwer verletzt war, blieb bei voller Besinnung, stöhnte vor Schmerzen. Das Glück wollte es, dass eine Feuerwehr – und damit eine First Aid-Station in allernächster Nähe war, was bedeutete, dass Fachpersonal in wenigen Minuten zu unmittelbarer Hilfe da war. Ich wurde nach Aufschneiden der Tür aus dem Wagen befreit. In kurzer Zeit war ein Hubschrauber da, der mich in das nahe gelegene Krankenhaus in Salisbury, Md. brachte. Hier erhielt ich die erste ärztliche Versorgung, bekam Spritzen, die Lunge wurde punktiert, erste Verbände wurden angelegt. Man stellte fest, dass der rechte Oberschenkelknochen völlig zertrümmert war, dass einige

Rippen angebrochen waren, dass die Knochen in der linken Hand zertrümmert waren. Kopf-Lungen-Nieren-Herzverletzungen konnten nicht festgestellt werden. Die Chancen, zu überleben, sahen nicht schlecht aus. Der einzige Verwandte, der sofort erreicht werden konnte, war mein Schwiegersohn David. Wenig später „genoss" ich meine zweite Hubschrauberfahrt über die Chesapeake Bucht, die in ihrer majestätischen Ruhe unter mir lag. Ich wurde zur Notstation des University Maryland Hospitals in Baltimore geflogen, eines der besten in den USA. Hier „flickte" man mich in einer vierstündigen Operation zurecht. Die Ärzte waren mit dem Ausgang der Operation zufrieden. Der Handchirurg war besonders froh. Er sagte Marlene, dass er ein Meisterwerk vollbracht hätte und dass ich wahrscheinlich den vollen Gebrauch der linken Hand wieder haben würde. Der rechte Oberschenkelknochen wurde mit einem Platinumstab gerichtet und verstärkt. Und dann ging es in die Schock/Trauma-Abteilung des Krankenhauses, wo man Patienten behandelt, die „kritisch" und „stabil" sind, das heißt, wo Hoffnung auf Genesung besteht. Eine achtwöchige schwere Zeit lag vor mir. Ich hatte den Willen, wieder fit zu werden. Ich hatte die volle Unterstützung von Marlene, der Familie und dem ausgezeichneten Personal des Krankenhauses. Ein schwieriger Schritt, im wahrsten Sinne des Wortes, war, wieder gehen zu lernen. Auch das gelang mit Hilfe von Therapeuten in einer guten Reha-Klinik. So konnte ich im Dezember wieder auf meinen eigenen Beinen stehen und mit meinen eigenen Beinen gehen. Weihnachten wurde ein richtiges Dankesfest. Dankbar war ich Marlene gegenüber und den beiden Töchtern Lauren und Heidi, den Schwiegersöhnen David und Lee und den Enkelkindern Christine, Leanne, Sam und Jaime. Dieter und seine Familie kümmerten sich so, wie es aus der Entfernung nur möglich ist. Sie wurden informiert über den Zustand des „Patienten". Dankbar war ich auch gegenüber dem ausgezeichneten Personal in den zwei Krankenhäusern und in der Reha-Klinik. Dankbar war ich gegenüber den Freunden/innen, Bekannten, Kollegen/-innen, die sich um mich sorgten und mich in den Krankenhäusern besuchten. Darunter waren auch Studenten/-innen. Zum Frühjahrssemester stand ich wieder vorlesend und vortragend in Linthicum Hall, wo ich meine Veranstaltungen hielt. Ich erschien ohne Stock und ohne Krücken. Die Eitelkeit wollte das so. Noch einmal war der Kelch an mir vorbeigegangen. Das war nun schon das dritte Mal in meinem Leben, dass mir sozusagen das Leben wiedergeschenkt wurde, das erste Mal nach meiner Verwundung im Oktober 1944, das zweite Mal nach meiner Verwundung im März 1945, die Verwundung, die mich nach Ostseefahrt nach Kopenhagen und Lazarettzugfahrt von Kopenhagen in Lübeck landen ließ, wo ich in die guten Hände von Schwester Hannelore fiel. Der Rest der 1990er Jahre verlief mit weiteren Reisen, zumeist nach Europa oder im Winter in die Karibik, mit Veranstaltungen an meiner Uni, der Towson University und der Partneruniversität in Oldenburg, das zu meiner zweiten Heimat geworden ist. Auf regelmäßiger Basis verbringe ich vier bis sechs Wochen im Herbst an der Carl von Ossietzky Universität, stärke unsere Partnerschaftsbrücke durch Veranstaltungen, Vorträge, Teamteaching, Interviews mit Kollegen/-innen, Studierenden und Verwaltern, die ein Interesse am Austauschen und an akademischer interuniversitärer Zusammenarbeit haben. Unsere Reisen nach Europa haben oft die gleichen Zielorte, manchmal Orte, die wir nicht kennen. In Frankreich haben wir in der Vendée Verwandte, die Tochter meines Vetters Hans Lippitz, die mit einem Franzosen Andre Jean verheiratet ist. Durch Eka, meine Cousinentochter, lernten wir nicht nur einen Teil von Nordwestfrankreich, sondern auch das gute Leben kennen. Als wir Andy und Eka das erste Mal besuchten, gab uns Andy eine Einführung in die Landschaft von oben und unten. In seinem eigenen Flugzeug flog er uns durch Sturm und Regen über die Vendée, über das Einflussgebiet der Loire. Wir erkannten, wie dünn besiedelt das Gebiet ist mit kleinen Städten und Dörfern. Wir sahen die Überreste des von Deutschen und Franzosen in den frühen 1940er Jahren gebauten Atlantikwalls. Zu anderer Zeit fuhren wir mit Andy und Eka und ihren zwei Kindern auf einer Luxusyacht auf eine Insel, die nur zu bestimmten Zeiten auf dem Landweg zu erreichen ist. Wir lernten das gute französische Essen und die französische Gastfreundschaft kennen. Ein Freund meiner Verwandten war Mitglied des französischen Marquis im Zweiten Weltkrieg. Er hegte keinen Hass gegen die Deutschen. Er wollte sein Land nur frei von der deutschen Besetzung sehen. Marlene und ich durften in Andys Ferienwohnung direkt am Strand in St. Jean de Mont unterkommen. 1989 wurde das 200-jährige Jubiläum der Französischen Revolution gefeiert. Und da dies ein Weltereignis war, organisierte ich ein deutsch-französisch-amerikanisches Treffen in Paris. Es wurde zu einem nie zu vergessenden Ereignis mit Tausenden von Europäern und Amerikanern und Menschen aus vielen anderen Ländern. Wir erlebten die große Parade auf den Champs Elysees, die nicht nur eine Militärparade, sondern auch eine einfach menschliche Parade war. Die USA waren vertreten von einem Float mit einem Football Team und jungen Studentinnen, die dafür da waren, ihr jeweiliges Team anzufeuern. Niemals werde ich Jessy Norman, die afroamerikanische Sängerin, vergessen, die die Marseillaise sang: „Allons l'enfants..." Der Tag fand seinen Abschluss mit einem Riesenfeuerwerk. Die immer neugierige Marlene kehrte erst um vier Uhr morgens in unser Hotel Brighton an der Rue de Rivoli zurück. Ich hatte schon Angst, dass sie sich in der Masse von Menschen verloren hätte. In anderen Jahren waren wir mit guten amerikanischen Freunden, Dr. Joseph Palmisano und seiner Frau Kathy, in andere Teile des großen Frankreich gefahren. Je mehr wir in Europa reisten, desto mehr erkannten wir, wie es trotz örtlicher Unterschiede eine europäische Kultur gibt. Als prägende Kraft stehen das Christentum und die Klassik. Nirgendwo kann man den Bauwerken und dem Stil der Klassik entgehen. Die Gotik des Mittelalters wie auch die vorherige Romanik, das Barock und Rokoko sind europäische Stile. In Wien, in Prag, in Budapest, in Krakau erkennt man den starken Einfluss der Habsburger. Was der extreme Nationalismus des 19. und frühen 20. Jahrhunderts an Schaden angerichtet hat, versucht das späte 20. Jahrhundert durch Nato, die Europäische Union, bauend zu überwinden. Es gibt nur noch wenige Grenzen zwischen den Ländern Europas. Es gibt eine europäische Währung. Noch gibt es keine europäische Verfassung.

Möser

Im Laufe des Lebens hatte sich aus Gelesenem, Gehörtem und anderweitig Vermitteltem mit Phantasie eine Vorstellung entwickelt, die sich zu einer großen Sehnsucht formiert hatte. So war ich genug motiviert, das Angebot von Meyers Weltreisen „from coast to coast" anzunehmen, um meinen Traum zu verwirklichen. Nach der Zeit hinter der Mauer erschien es mir wie ein Aufbruch in ein neues Denken und Fühlen. Zunächst befreite ich eine Wand in meiner Küche von Wandtellern und allerlei Zierrat und hängte dort eine große Landkarte von Amerika auf. Daneben war noch Platz für einen Stadtplan von New York. Meine Reise begann in meinem Kopf, als ich die Reiseroute mit einem dicken Farbstift einzeichnete, aber sie wurde zu einer Sache des Herzens, je mehr ich mich damit befasste. Die Geographie des Landes, ein vages Vorstellungsbild, nahm Konturen an und sie belebte sich mit meiner Phantasie. New York, die Stadt der Städte, the big apple, wurde lebendig mit ihren fünf Stadtbezirken und aus Bronx, Brooklyn, Queens und Staten Island schälte sich Manhattan als eigentliches Zentrum heraus. Ich lernte, dass die Avenues von Nord nach Süd verlaufen und die Streets von Ost nach West. Ich ordnete in Gedanken alle Sehenswürdigkeiten ein wie in ein vorgegebenes Puzzle. Allmählich begann dieses Manhattan zu leben und wenn ich nachts nicht einschlafen konnte, wanderte ich von unserem angegebenen Hotel „Doral Inn" auf der Lexington Avenue an der 49 Street zur Fifth Avenue, Ecke 34 Street zum Empire State Building. Als ich in Frankfurt in den Flieger nach New York stieg, war ich diesem schon lange vorausgeeilt. Gegen 12 Uhr Ortszeit landeten wir nach acht Stunden Flug in New York auf dem Kennedy-Airport und das Gefühl, auf diesem Kontinent zu stehen, war für mich überwältigend. Ich war ganz auf Aufnahme vorprogrammiert. Es waren etwa 50 Kilometer vom Kennedy-Airport bis zur middletown von Manhattan. Wir fuhren durch Queens und mussten dann über eine der vielen schönen Brücken von New York, ich glaube, es sind 69. Es war Samstagmittag und was ich als verkehrsreich empfand, war Wochenendruhe. Die ersten Wolkenkratzer, die Straßenschluchten lösten bei mir ein Gefühl der Verlorenheit aus, das mich erst einmal blockierte. Unser Hotel „Doral Inn" war als Anlaufstelle für Sehenswürdigkeiten günstig gelegen. Der erste Eindruck war: riesengroße Lobby, Sprachengewirr von Reisegruppen, lautlos bewegte Kofferberge. Im Nu war man eingecheckt und befand sich in seinem Zimmer und schaute erstmals von oben in diese Straßenschluchten.

Gegenüber lag das bekannte „Waldorf-Astoria-Hotel". Ich sah die Flaggen, haltende Autos, bei denen der Wagenschlag durch einen betressten Portier geöffnet wurde. Unsere Reiseorganisation sah vor, dass wir uns allein verpflegen mussten und sehr schnell machte ich die Erfahrung, dass ich eine Kleinigkeit vom Hotelrestaurant für 34 Dollar bekam, die ein paar Häuser weiter, in einem der vielen Bistros, nur sieben Dollar kostete. Die erste Feststellung war also: Das Hotel ist ein Schlafplatz, nichts weiter, die Verpflegung erfolgt ambulant. Ich musste mich kneifen und einmal laut sagen: „Hanne, du bist in New York!" und das hier alles ist Gegenwart. Die Neugier ist groß, loslaufen und sehen, ob der Plan im Kopf einfach so umgesetzt werden kann. Er kann!! Ich laufe problemlos bis zur Fifth Avenue und während ich so gehe, könnte ich laut singen vor Freude. Aus vielen Einzelwahrnehmungen setzt sich ein korrigiertes Bild zusammen. Ich nehme in dem brausenden Verkehr die am Boden hockende barfüßige Schwarze wahr, die vor sich hindöst. Ich nehme den Seelenheilverkünder am Straßenrand wahr, der mit ausgebreiteten Armen vor sich hinpredigt, ich springe zur Seite, als zwei Rollerblader an mir vorbeizischen, ich sehe den Radfahrer, der sich sportlich strampelnd durch das Autogewühl schlängelt, ich bewundere die unentwegten Jogger, die sogar an der rot geschalteten Ampel ihren Laufschritt nicht unterbrechen und ihr Jogging bei Grün unbeirrt fortsetzen. Im Gehen setze ich mein Vorstellungsbild neu zusammen und als ich im Foyer des Empire State Building in einer Riesenschlange stehe und an den Wänden lese, dass ich mich dem 8. Weltwunder nähere, überschlage ich mit typisch deutscher Ungeduld ob dieser Schlange, wie viel Zeit ich noch stehen muss. Einige

Amerikaner vor mir haben eine Bierruhe, meine Ungeduld scheinen sie zu spüren, sie fragen: „How are you?" Das ist meine erste Begegnung mit der amerikanischen Gelassenheit. Sie stehen geduldig an, sie drängeln nicht; der einzig akzeptable Grund, keine stoische Ruhe zu bewahren, wären gesundheitliche Probleme. Es ist erwähnenswert, es ist ein Stück amerikanischer Mentalität. Der Fahrstuhl saust lautlos hinauf und dann stehe ich auf dieser luftigen Plattform und schaue auf diese Stadt, sehe das Häusermeer, sehe Manhattan bis zur Downtown, von Hudson- und Eastriver umschlungen, sehe Queens, Staten Island, Brooklyn und New Jersey; viele der herrlichen Brücken leuchten im Sonnenlicht. Dann fange ich an, die höchsten Gebäude herauszueinzeln; das mit den zwei Türmen muss das World Trade Center sein und so weiter. Wieder ein Stück Annäherung an diese Stadt. Im Hotel angekommen, beginnt die vierstündige Stadtrundfahrt. Nun blättert sie sich auf wie ein Buch. Mein Herz ist ganz wach, als wir am Time Square sind. Vom Kaufhaus Macy aus erreicht man auf dem Broadway den nordwestlich liegenden Timesqare, Theater, Musikschulen, das kulturelle Zentrum dieser Metropole. Fast alles hat man vor Jahren abgerissen und neu erbaut. Der Timesqare drohte im Drogenhandel zu verkommen, jetzt hat man das alte Flair wieder hergestellt. Dann geht es am westlichen Central Park vorbei, dann Soho mit kleineren Häusern und viel Leben und Treiben auf den Straßen, Greenwich Village mit seinem fast ländlichen Charakter. Hier haben sich die Einwanderer auch nach ihren Nationalitäten angesiedelt: Chinatown, Italienerviertel, Judenviertel mit vielen Billigläden. In der Canal Street, im südlichsten Viertel von Manhattan, der Downtown, werden die tollsten Imitate hergestellt. Von dort fahren wir auf die Avenue de Amerika und kommen zum World Trade Center. Im Wintergarden findet unter einer großen Glaskuppel, in einer riesigen mit Palmen bestandenen Halle, gerade eines der üblichen kostenlosen Konzerte statt. Es wird das Magnificat von J. S. Bach aufgeführt. Die Akustik ist nicht optimal, aber das ungezwungene Verhalten der Besucher, sitzend auf Treppen, Mauervorsprüngen, eine Mutter stillt sogar ihr Kind, ist ein Erlebnis für sich. Von der anderen Seite des Centers hat man einen schönen malerischen Blick auf den Hudson. Das verhältnismäßig kleine Rathaus von New York nimmt sich merkwürdig zwischen den Hochhäusern aus. Im Viertel der Finanzen hat fast jedes Land in den Hochhäusern eine Niederlassung. Zwischen all diesen Häusern um die Wall Street steht die älteste Kirche von New York, die Trinitatis-Kirche. Ursprünglich bildete sie die Grenze, das heißt den Wall zwischen den eingewanderten Holländern und den Indianern. Die Halbinsel wurde ja früher von den Manhattan-Indianern bewohnt. Ich gehe in diese Kirche. Ein historischer Boden. Was hat sich hier abgespielt? Gebete, Hoffnungen, Ratlosigkeit, sie war schon ein Fels in den stürmischen Entwicklungen! Wir fahren in die Downtown bis zum Batterie-Park, steigen aus und sehen die alte Hafenbucht von New York mit der Statue of Liberty und der Insel der Tränen, auf der die Einwanderer ihre Erlaubnis bekamen – oder auch nicht. An der Hafenbucht entlang sehen wir Brooklyn liegen mit der besonders schönen Brooklynbridge, dann folgen die Manhattanbridge und die Williamsbridge, drei der markantesten Brücken der 69 Brücken von New York. Ich denke an meinen Urgroßvater, der diesen Kontinent voller Hoffnung betrat. Ich bin von einer großen Dankbarkeit erfüllt, dass ich hier stehen kann und in Gedanken steht Günther neben mir, denn ich weiß, wie sehr er sich danach gesehnt hat. In diesem Moment werde ich von einem Reisemitglied gefragt (es ist Lothar aus Hannover), woher ich denn komme. Ich antworte: „Nicht weit von Ihnen bin ich zu Hause." Ich merke, dass er mich westlich „einsortiert", denn er fährt fort: Die Ossis erobern sich jetzt auch die Welt, und als ich ihm fröhlich zustimmen will, vollendet er den Satz: „und dies alles von unseren Steuergeldern!" Dies klingt nicht gerade gönnerhaft und ich schweige dazu. Ich frage mich, wieso meine zusammengekratzte Rentennachzahlung etwas mit „seinen" Steuergeldern zu tun hat. Ich komme ins Grübeln. Doch er entlässt mich noch nicht aus seinen Gedankengängen: „Neulich war ich bei einem Verwandten drüben, der hatte sich gleich nach der Wende ein neues Bad gebaut, ich sage Ihnen, so etwas habe ich ja noch nicht mal!" Dieser deutsch-deutsche Dialog auf amerikanischem Boden lag mir wie eine unverdauliche Speise im Magen und die leuchtende Gegenwart schrumpfte etwas zusammen. Am nächsten Morgen suchte ich mir einen der vielen Caféshops aus und frühstückte diesmal billiger. Das Straßenbild hatte sich verändert, viel dichter noch war der Verkehr und auf den Bürgersteigen kam man nur mühsam aneinander vorbei. Es war Wochenanfang und in die Millionenstadt New York strömten etwa vier Millionen Menschen, um dort zu arbeiten. Das ist kaum vorstellbar, das Gewirr ist nicht erfassbar, aber es funktioniert. Ich wollte mit dem Bus zum Pier 83 fahren, um an der Circle line mit dem Schiff auf dem Eastriver zu fahren. Aber der Busfahrer nahm mich nicht mit, da ich kein Münzgeld hatte, selbst abgezählte Scheine nahm er nicht. So winkte ich eins der vielen Yellowtaxis. Für acht Dollar und einen Dollar Trinkgeld kam ich zum Pier und erwischte auch gleich ein Schiff. Auf dem Eastriver entlang, vorbei an der herrlichen Skyline der down- und middletown. Am anderen Ufer vorbei an der Insel der Tränen sowie der Statue of Liberty, New Jersey mit dem großen Observatorium, welches sich vorwiegend mit der Vorhersage von Hurrikans und Blizzards befasst. Wieder bewunderte ich die schönen Brücken, die sich über den Eastriver spannen, diesmal von unten. Vorbei an dem lichten Grün im Batteriepark, vorbei an den vielen Sportanlagen der Stadt, erlebte ich Manhattan vom Wasser aus. Wieder angelangt an der Pier, ließ ich mich von einem Taxi in die Canal Street fahren, dem südlichsten Teil von Manhattan. Da war Chinatown mit den sehr spezifischen Gerüchen, frische Fische aller Art, Obst, Gemüse und jede Menge Schmuck sowie Lederwaren und Ersatzteile von allem Möglichen und Unmöglichen. Ein buntes Leben und Treiben! Ich durchlief das Viertel. Trotz des kühlenden Windes herrschte eine hohe Luftfeuchtigkeit, die mir Beschwerden bereitete. An der sogenannten Bowery, einer langen Straße, waren mehr das Kunsthandwerk und Reparaturwerk vertreten. Ein langer Marsch. Müde machte ich Rast in einem Bistro. Meine deutschen Ansprüche bröckelten schon langsam, und geduldig ließ ich mich als ehemaliger DDR-Bürger „einweisen", nahm den Lärm hin und sah auch nicht mehr so erstaunt zu den exotischen Gästen. Lediglich eine Frau, die im zerknitterten Nachthemd, mit lose übergeworfenem Mantel und zerzausten Haaren das Bistro betrat, löste bei mir Verwunderung aus. In Germany hätte man sie sofort hinausexpediert, hier ließ man sie gewähren. Im Hotel dann kurze Ruhepause, um mich um 18 Uhr in die gebuchte Nachtfahrt zu stürzen. Nun fuhren wir andere Avenuen entlang, zum Beispiel die dritte. Es begleitete uns ein charming boy von Reiseleiter zu einer alten Bierpinte oder Ale-house, wie man hier sagt. Das Ale-house war urig und total verräuchert, der Holzboden war mit Sägemehl bestreut und an den Wänden gab es keine freie Stelle, alles war mit Fotos aus alten Zeiten, alten Stichen und Erinnerungen geschmückt. An den zerkratzten Holztischen hatten sich schon viele Touristen verewigt. Für zwei Dollar trank ich ein selbstgebrautes Bier und unser charming boy erhielt offensichtlich Freibier für diese Busladung Gäste. Von dort aus liefen wir durch Eastvillage, dem Viertel, das den Punkern und Schwulen vorbehalten ist. Dann brachte uns der Bus zum alten New Yorker Hafen. Ein malerisches Fleckchen in dieser Stadt! Eine alte Viermastbark „Peking 2" lag dort vor Anker als Museumsschiff. Das Hafengebäude nennt sich „Pier 17", ein wunderschöner Holzbau, dreistöckig, luftig, in dem sich Läden und kleine Bistros befinden. Wir aßen dort und sahen uns noch den Vorplatz an der Pier an, wo gerade eine Gruppe Studenten Dixieland spielte. Malerisch aufgebaut standen auf einem altertümlichen Karren Fässer mit Bier und Limonade, kleine, auf antik getrimmte Verkaufswagen boten Souvenirs an. Dann folgte das überwältigende Erlebnis. Wir fuhren zum World Trade Center und sausten mit dem Fahrstuhl in den 107. Stock. Ja, nun stehen wir auf einer verglasten Plattform und bekommen einen unbeschreiblichen Eindruck vom lichterglänzenden New York. Nun kommt sie schon näher an mein Herz, diese Stadt, diese brodelnde Metropole, problemgeladen bis zur Schmerzgrenze, von eigenwilliger Schönheit, mit kleinen malerischen Oasenwinkeln, die alles vergessen lassen, mit einer Dunstglocke, die sich erst am Hudson verflüchtigt. Im Augenblick der Annäherung kommt auch schon der Abschied. Ich fühle mich wie der Prinz aus dem Märchen „Der Froschkönig", der nach und nach die quälende Enge seiner Verwandlung verliert. Ich bin frei! Es ist unbeschreiblich. Vor dem Hotel hielt ein Bus, auf dem mit großen Lettern stand: „Go America". Neben dem Bus hatte sich Sterling aufgebaut, ein 1,90 Meter großer Schwarzer, der von einem Ohr zum anderen grinste und meinen erstaunt fragenden Blick auf den Bus beantwortete mit einem fröhlichen: „California?" Vom ersten Augenblick an schloss ich Sterling in mein Herz. Er fuhr fantastisch, und wie er uns da aus New York herausfädelte, war schon bemerkenswert. Wir durchführen den Washingtontunnel und überquerten die gleichnamige Bridge, dann waren wir draußen. Wir fuhren durch New Jersey und kamen in den Staat Pennsylvania. Philadelphia ist eine bemerkenswerte Stadt dieses Bundesstaates. Wir hielten dort zu einem Spaziergang und besichtigten beeindruckt das Senatorhaus, in dem damals die Verfassung festgeschrieben wurde. Andächtig konnten wir den Klängen der großen Freiheitsglocke lauschen, und für mich verband sich damit das Ende des Eingemauert-Seins und ein beglückendes Gefühl, dies auf amerikanischem Boden tun zu dürfen. Mein Urgroßvater war mir nah, wie so oft. Dann ging es weiter über Delaware, den kleinsten Bundesstaat mit dem Delaware River. Die Landschaften von Pennsylvania und Delaware waren lieblich, eine Hügellandschaft, die mich an den Thüringer Wald erinnerte. Aber diese Landschaft war viel weiträumiger und der Baumbestand zeigte nur Laubbäume auf. Dort sah ich zum ersten Mal Espen, die, ähnlich der Birke, einen weißen Stamm haben. In dieser so friedvoll anmutenden Landschaft ist die Glaubensgemeinschaft der „Amish" ansässig. Sie leben wie vor 200 Jahren, sie verzichten auf Strom und jegliche Maschinen, sie bestellen ihren Boden mit der Hand, sie fahren mit Pferd und Wagen, ihre Kleidung nähen sie selbst und verzichten auf jeglichen Zierrat, dazu gehört schon ein Knopf, dieser wird durch Stecknadeln ersetzt. Sie bauen ihre Holzhäuser selbst und für jede Generation wird ein eigenes Haus gebaut. Sie leben eng beieinander und wer die Gemeinschaft verlässt, hat es sehr schwer, wieder einen Anschluss zu finden. Es gibt eine harte Bewährungszeit. Wir kamen nach Maryland mit der größten Hafenstadt an der Ostküste „Baltimore". Das riesengroße Hafenviertel erinnert an Hamburg. Hier muss ich innehalten. Zu diesem Zeitpunkt hatten wir uns noch nicht wiedergefunden und ich fuhr, ohne es zu ahnen, fast an deiner Haustür vorbei. Gegen 16 Uhr erreichten wir Washington und waren erstaunt über die vielen leer stehenden Einfamilienhäuser zum Teil im viktorianischen Stil, die restaurierungsbedürftig waren. Doch bei einer abendlichen Stadtrundfahrt kamen wir durch das Diplomaten-Viertel, eine Botschaft schöner als die andere, alle in gepflegten Gärten. Wir sahen viele hübsche Häuser, aber keine Hochhäuser oder gar Wolkenkratzer. In Washington darf kein Haus höher sein als das Capitol. So hat die rund 500.000 Einwohner fassende Hauptstadt der USA eher einen gemütlichen Charakter, wenn man vorher New York erlebt hat. Der schönste Stadtteil von Washington ist Georgetown. Hier fanden wir viele kleine Häuschen, eines origineller als das andere, vielfach im englischen Stil, viele Läden und Kneipen. Eine wunderbare Atmosphäre. Hier saß man gemütlich zum Plausch. Ein großer Flieger nach dem anderen schwebte ein und oft erschien es mir bedenklich niedrig. Lothar aus Hannover vergaß bei all den neuen Eindrücken nie das West-Ostproblem in „old germany". Der Nachholbedarf an Bildungsqualität sei doch nicht anzugleichen, er beschwor nahezu eine Art Klassifizierungsmisere im Bildungsbereich, wobei ich seine Haltung als „gönnerhaft-distanziert" empfand. Ich hatte das „einig Vaterland" intensiv erlebt und war immer wieder von Neuem schmerzlich befremdet von seinen Ausführungen. Er ging felsenfest davon aus, dass ich ein „Wessi" war und suchte eher in mir einen Verbündeten seiner Gedankengänge. Wir fuhren an den Patomac-River, an dessen Ufer herrliche Springbrunnen farbig erleuchtet waren. Am gegenüberliegenden Ufer beginnt der Staat Virginia, dort sah man dann auch erleuchtete Wolkenkratzer, denn hier durfte wieder hoch gebaut werden. Nach der Ermordung Kennedys wurde ihm zu Ehren ein Kennedy-Center errichtet, das alle Geschenke, die damals aus aller Welt gemacht wurden, beherbergt. Die Oper, das Theater und der Konzertsaal befinden sich in dem Center. Von der Terrasse aus konnte man den erleuchteten Arlington-Friedhof sehen, auf dem Kennedy bestattet worden ist. Wir fuhren am erleuchteten Weißen Haus vorbei und sahen das im Lichterglanz erstrahlende Capitol. Amerika, vielgestaltiges, farbiges Amerika! Am nächsten Tag fuhren wir über den Susquehanna River zum Arlington-Friedhof, wo 60.000 Soldaten beerdigt sind. Vor dem Kennedymonument am Rasenhügel steht ein schlichtes weißes Kreuz für Robert Kennedy. Die historischen Ereignisse liefen wie ein Film vor mir ab und es erschien mir unwahrscheinlich, auf amerikanischem Boden Geschichte nachzuempfinden. Ein großes Gefühl der Dankbarkeit überkam mich, jetzt und hier meine Vorstellungswelt so erweitern zu können. Am Vietnam Memorial im grünen Park sind schwarze Marmorwände errichtet, auf denen die Toten des Vietnamkrieges namentlich verzeichnet sind. Vor dem Memorial Day kommen viele Angehörige, um sich die Namen ihrer Angehörigen abzurubbeln oder abzupausen. Es kommen viele Reisegruppen und Schulklassen. Und immer wieder ist es ein Rätsel, dass die Menschheit offensichtlich nichts aus der Geschichte gelernt hat, um letztendlich in Demut und Trauer vor solchen Monumenten zu verweilen. Ich wurde sehr nachdenklich. In einer nach griechischem Vorbild gebauten Säulenhalle sitzt Präsident Lincoln auf seinem Sessel in Stein gemeißelt. Er wurde seinerzeit in Washington im Theater erschossen. Was für ein geschichtsträchtiger Boden! Von der Treppe des Lincolnmonuments aus sieht man den langen Obelisken stehen, vor dem sich eine grüne Rasenfläche ausbreitet. Diese Fläche wird „the mall" genannt. Am Memorial Day fahren die Washingtoner dorthin, campen dort, veranstalten ein Riesenfeuerwerk und begehen so ihren Heldengedenktag. Die Straßen von Washington D.C. (D.C. steht übrigens für Distrikt of Columbia) verlaufen diagonal zu Plätzen. Die Avenues tragen hier die Anfangsbuchstaben der Staaten der USA, die Streets hingegen werden mit Zahlen bezeichnet. So findet man sich hier auch mühelos zurecht. Wir fahren am Pentagon vorbei, am Wallstreetcenter, am amerikanischen Roten Kreuz und der Kunsthalle of Modern Art. Über einen Park gelangen wir direkt zum Weißen Haus. Bis zum Zaun können wir vordringen. Anschließend fahren wir zum Capitol, kommen auch hinein und sehen die Statuen aller amerikanischen Präsidenten, die magna carta, den großen historischen Sitzungssaal von 1859. Übrigens wird die schriftliche Niederlegung der amerikanischen Verfassung nächtlich unter der Erde versenkt und jeden Morgen mit Zeremonie wieder heraufgeholt. Einer der großen Männer Amerikas wollte ein ganz bescheidenes Monument. Am Straßenrand in Büschen steht ein schlichter weißer Kasten mit der Aufschrift „Roosevelt". Washington ist natürlich stark geprägt von seiner Rolle als Hauptstadt, aber es ist eine schöne Stadt mit Charme. Am nächsten Morgen haben wir 800 Meilen vor uns, und es regnet und regnet, als wir Washington verlassen. Auf der Autobahn strömt alles aus den umliegenden Städten und Siedlungen in Richtung Hauptstadt. Wir verlassen den Bundesstaat und kommen wieder nach Pennsylvania, streifen nochmals Baltimore und sind dann in der reizvollen Hügellandschaft Pennsylvanias mit dem üppigen Laubbaumbestand. Der Weißdorn blüht gerade und überall ist der Waldboden von Anemonen und wilden Osterglocken bedeckt. Die kleinen Villages mit ihren hübschen Holzhäusern im Countrystil, überall gepflegte Rasenflächen vor den Häusern, ohne Zaun, bieten einen schönen Anblick. Bei diesem großen Fahrprogramm fällt schon mal der Kopf nach vorn und man schläft eine Runde. Auf solchen Langstrecken kommt Lothar gern auf sein ihn stark bewegendes Problem „Mauerfall und Wende" zurück. „Was meinen Sie", sagt er, „wie viel in unseren Städten und Gemeinden renovierungsbedürftig oder restaurierungsbedürftig ist. Das ganze dafür vorgesehene Geld wird nun in die abgewirtschaftete ehemalige DDR gesteckt. Das kann doch nicht angehen! Jetzt müssen wir darunter leiden. Man muss sich wirklich fragen, ob sich das nach so vielen Jahren noch lohnt?" In meinem Hals würgt es und ich möchte ihm etwas entgegnen, aber ich bringe nichts heraus. Meine Gegenargumente würden auch ins Leere treffen, ihm fehlt etwas, was unsere Generation noch tief in den Herzen trägt. Wie soll ich ihm das vermitteln? Es werden reichlich Pausen für restrooms gemacht und der Halt vor einem großen Country-House, wo es ein reichhaltiges Büffet gibt, macht besonderen Spaß. Wir fahren über die Straße 15, rechts und links gesäumt von Villages. Lange fahren wir am Susquehanna entlang, der sehr breit und gewaltig aussieht, jedoch so flach ist, dass er nicht von Schiffen befahren werden kann. Wir verlassen den Staat Pennsylvania und kommen wieder in den Staat New York, der in einem langen schmalen Zipfel bis zur kanadischen Grenze geht. Auf dem Truway, der Hauptstraße, die von New York bis nach Buffalo führt, müssen wir Zoll zahlen. Dann kommen wir nach Grand Island, kleine Inseln, die den Niagarafällen vorgelagert sind. Hier sieht man schon Stromschnellen von der Grand-Island-Bridge aus. In Buffalo sehen wir die dem amerikanischen Teil zugehörigen hufeisenförmigen Falls und fahren dann weiter über die kanadische Grenze nach Niagara. Niagara ist eine indianische Bezeichnung, die Indianer sprechen es auch aus, wie es geschrieben wird, während die Amerikaner nur „Niag" herausknödeln. Wir fahren an den kanadischen Teil der Falls, „Brautschleier" genannt. Im Niagara Hotel sind wir sehr gut untergebracht. Wir werden abends zum großen drehbaren Aussichtsturm gebracht, dem Skylon. Dort fahren wir mit dem gläsernen Fahrstuhl an der Außenwand nach oben. Oben dreht sich die Plattform. Wir essen dort unser vorbestelltes Menü und haben dabei einen unbeschreiblichen Blick auf die farblich beleuchteten Falls und die erleuchtete Stadt. Hier herrscht der übliche Grenzverkehrsrummel mit vielen kleinen Geschenkshops. Am nächsten Morgen geht es durch eine große Schlucht und wir sehen das Riesenkraftwerk der Falls. Halt machen wir bei den türkisfarbenen Strudeln und Stromschnellen, „Whirlpool" genannt. Hier erfreuen uns graue Eichhörnchen, nicht rote wie bei uns. Wir können sogar ein schwarzes kanadisches Eichhörnchen erblicken. Zum Hufeisenfall können wir mit einem Fahrstuhl herunterfahren. Alle Teilnehmer bekommen ein gelbes Regencape und so kann man unmittelbar unter oder neben den Falls stehen. Das Boot „maid of mist", Nebelmädchen, ist wegen Vereisung noch nicht in Betrieb. Unsere Fahrt führt uns noch eine Strecke durch Kanada, das nicht in Staaten, sondern in Provinzen aufgeteilt ist. Nur 28 Millionen Einwohner zählt dieses große Land. Es ist eine weiträumige Landschaft, durch die wir fahren. Wir kommen an den Detroit River, der die Grenze zwischen Kanada und Amerika bildet, und in Detroit sind wir dann auch wieder in Amerika. Das Zentrum der großen Autoindustriestadt ist modern und völlig neu in den siebziger Jahren erbaut. Der Detroit River umfließt malerisch die neue Skyline, und kleine Schiffe und Boote vollenden das schöne Bild. Detroit zeigt auch viele heruntergekommene Straßen und Arbeiterviertel. Wir übernachten in Dearborn, in einem noblen Hyatt-Hotel. Am nächsten Morgen haben wir die Strecke nach Chicago vor uns. Ich denke daran, dass mein Bruder Reiner hier in Chicago seine fünf Bypässe bekam und hier um sein Leben gerungen wurde. So habe ich einen persönlichen Blickwinkel für diese Stadt. Chicago empfängt uns schwülwarm mit 30 Grad Celsius. Es ist sehr stikkig, aber im tollen Hilton-Hotel erholen wir uns rasch. Nach der Stadtrundfahrt beginnt die abendliche Bootsfahrt auf dem Chicago River. Vom Boot aus sehen wir die Hochhäuser, fast jedes völlig anders, dazwischen alte Häuser im viktorianischen Stil. Beim Herausschleusen aus dem Fluss gelangen wir auf den Michigansee, sehen die sogenannte „goldene Meile" am Strand verlaufen, ein Geschäftsviertel mit besonders edlen Geschäften, wir erleben die wunderschöne, allmählich sich erleuchtende Skyline, sehen den Navy-Pier, an den sich ein großer Vergnügungspark anschließt. Eine Stunde schippern wir auf dem See herum. Dann steigen wir wieder aus bei der „Chicago-Tribüne", dem ersten Zeitungsverlag am Ort und fahren zu einem der höchsten Gebäude der Welt, dem Searstower. Über 400 Meter hoch übertrifft er noch das Empire State Building. Wir haben einen traumhaft schönen Blick über die erleuchtete Stadt. Man sieht von oben, dass das Straßensystem quadratisch geordnet ist, sehr übersichtlich ist dieses planerische Stadtbild. Wir sind alle am Ende unserer Aufnahmefähigkeit. Am nächsten Tag, einem Sonntag, haben wir frei. Wir verbringen den Morgen am Michigansee auf einer Bank. Die Chicagoer radeln, joggen, segeln, treiben Sport am Strand und aus dem nahe gelegenen Stadtpark erklingt heitere Musik. Bei dieser Musik habe ich Assoziationen, ich denke an den Berliner Mozartchor, an Dieter und seine Singscharfreundin Elisabeth, die nach dem Krieg nach Amerika ging und ganz in der Nähe von Chicago wohnt. Sie half Reiner bei seinem hiesigen Krankenhausaufenthalt, und diese „freundschaftliche Verbundenheit" rührt mich an. Grenzen, Kontinente, menschliche Verbundenheit setzen sich darüber hinweg und weisen uns den Weg zum Wesentlichen unseres Menschseins. Am nächsten Tag beginnt die lange Fahrt durch die Maisfelder von Illinois und Iowa, reines Farmerland. Weiter Himmel mit Wolkengebirgen, wie man sie nur über einer großflächigen Landschaft sieht. Die Farmen sind oft eigene Wirtschaftsunternehmen mit Vieh und Weideland, von dem deutsche Kühe nur träumen können. Sie bestehen aus bestelltem Ackerland, Scheunen, Garten und Wohnhaus, oft versteckt hinter Büschen und Bäumen. Die Farmer leben häufig weitab vom Weltgeschehen. Auf ihre Art wahren sie ihre Traditionen, halten zusammen in ihrem Bereich. Die Städte liegen zu weit auseinander, so bilden die vielen Einkaufszentren, die auf der Wiese stehen, ihre Einkaufsmöglichkeit. Hier ist ehemaliges Indianerland. Der Mississippi strömt breit dahin, es ist eine besondere Stimmung über dem weiten Land. Wir kommen erst abends in Sioux-City an und landen im Hotel „Riverboat". Während man von New York bis Chicago viele Schwarze im Dienstbereich tätig sah, sind es hier die Indianer. Am nächsten Tag geht es weiter nach Rapid City. Sterling schichtet mit großer Genauigkeit alle Koffer wieder in den Bus, grinst von einem Ohr zum anderen und gibt wieder einen seiner Urlaute von sich als Zeichen äußersten Wohlbehagens. Zunächst geht die Fahrt noch durch Iova, dann gelangen wir aber nach der Überquerung des Missouri in den Staat South-Dakota. Das ist landschaftlich besonders schön. Die begrünte Hügellandschaft, unendlich weit, hat viele kleine Teich- oder Wasserlöcher, die von der Eiszeit herrühren. So sind viele blau glitzernde Wasser im Vorbeifahren zu sehen. Rinderherden, Schafherden, Pferde, auch viele Antilopen und Büffel haben hier ein Weideparadies. Sehr weit verstreut die einzelnen Farmhäuser. Das Tal dieser Flusslandschaft ist besonders schön. Wir machen Pause und ich setze mich ins Gras, ich denke an Russland, an den Kuban. Ich saß mit Günther im Gras und es war eine ähnliche Stimmung wie hier, die Welt schrumpfte zusammen auf duftendes Gras, rauschendes Wasser und einen unendlichen blauen Himmel. Diesen Moment hätte ich anhalten mögen! Aber es geht weiter. Wir kommen nach Mitchell, einer kleinen Stadt, in der die Indianer einen Kornpalast errichtet haben. Gedacht war es ursprünglich für den Thanksgiving, den Erntedanktag. Die ganze Häuserfront besteht aus Getreidekörnern und Gräsern, die zu Mustern zusammengesetzt sind. In diesen Mustern ist ein Erfindungsreichtum, ein Sinn für Gestaltung erkennbar, der die besonderen Fähigkeiten der Indianer erkennen lässt. Alljährlich muss dieses Haus vielfach ausgebessert werden, weil die Vögel ständig daran knabbern. Bei Westernmusik tuckeln wir dahin. Ab und zu sehen wir Indianerhütten. Darüber las ich folgende Zeilen: Unter der Überschrift: „Bargain home" stand „Air conditioned? When wind blows. Running water? When it rains. No railroad noise? Nearest 132 miles. Plenty of parking? Wide open prairies." Dann tauchen die „Badlands" auf, eine Gebirgsformation aus der Urzeit. Obwohl vielfach als Hölle mit erloschenem Feuer bezeichnet, wurden die Badlands von Wind und Wasser, keineswegs aber vom Feuer geformt. Steile Gipfel und Felsenspitzen bilden ihre Silhouette, die sich mit jedem Windstoß und mit jedem der seltenen Regengüsse verändert. Die Farben dieser unbewohnten Region sind die zarten erdfarbenen Töne aus der Palette eines Aquarellmalers. Adler und Bussarde kreisen darüber. Wir haben nun schon unser Tagesziel Rapid City erreicht und fahren noch in die „black hills" von South Dakota. Rapid City, das 1876 von Goldsuchern besiedelt wurde, bildet das Tor zu den black hills, die sich so abrupt wie die Badlands aus der Prärie erheben. Ein Auszug aus dem Vertrag zwischen der U.S.-Regierung und dem Volk der Sioux von 1868: „Solange Flüsse fließen und das Gras wächst und Bäume Blätter tragen, solange werden die Schwarzen Berge von South Dakota heiliges Land der Sioux-Indianer sein." Ich versuche, meine Cousine Ilse anzurufen, die nach dem Zweiten Weltkrieg nach Amerika ging und jetzt hier in der Gegend eine Farm bewirtschaftet. Ihr ostpreußischer Tonfall ist nach so vielen Jahren noch unverkennbar und ich genieße das heimwehsüchtig. Sie ist leider unabkömmlich. Sie lebt am Missouri, und viele Flusskilometer weiter ist das Grab unseres Urgroßvaters. In diesen Worten kristallisiert sich die tragische Geschichte der black hills. Den Sioux wurden für alle Zeiten die Besitzrechte über das Land gewährt, bis nur wenige Jahre später das Gold entdeckt wurde. Goldsucher und Abenteurer kamen zu Tausenden. Die Rechte blieben den Indianern nur auf dem Papier. In die black hills sind die Köpfe der amerikanischen Präsidenten Roosevelt, Jefferson, Washington und Lincoln eingemeißelt. Der Berg heißt Mount Rushmore. Die schöne kurvenreiche Strecke fahren wir wieder zurück nach Rapid City und übernachten dort im „Day's Inn". Ich bin immer wieder überrascht, wenn uns in den Restaurants die Plätze „zugewiesen" werden. Das erinnert mich an die DDR. Dort stand in jeder Gaststätte am Eingang zum Lokal: „Sie werden eingewiesen". Dort hatte man brav stehen zu bleiben, bis ein distanziert lächelnder Angestellter einem den Platz anwies. Dabei verging einem fast die Vorfreude auf das Essen. Ich hatte nie vermutet, diese Praktiken in Amerika vorzufinden. Nun führte uns die Fahrt durch Wyoming. Was für ein zauberhaftes Land. Ein Name, den man sich, weil er so klangvoll ist, auf der Zunge zergehen lassen kann. Die grünen Berge reihen sich bis ins Unendliche aneinander. Selten sieht man eine Ranch zwischen Büschen und Bäumen. Nur Viehherden, Viehherden. Es ist das Land der Cowboys. In dieser unendlichen Weite teilt sich einem ein Gefühl von großer Freiheit mit. Auf einem Rastplatz sehe ich an einem amerikanischen Wagen folgenden Vermerk auf dem Nummernschild: „You've got a friend in Wyoming." Man kann sich Aussprüche dieser Art auf sein Nummernschild drucken lassen, niemand hat etwas dagegen. Germany ist weit weg und sehr klein. Wir fahren einen ganzen Tag durch diese Landschaft, in der wir am Abend in der Ferne die schneebedeckten Gipfel des Yellowstone-Nationalparks erkennen können. Nach dieser Tagesfahrt kommen wir in Cody, einem kleinen Ort, dem village von Buffalo Bill, an. Wyoming hatte uns als Cowboystaat begrüßt, auf den Nummernschildern sahen wir sahen wir einen Cowboy auf einem halbwilden Pferd. Die vielen Tankstellen und die Drive-in-Lokale haben alle einen Westerntouch. In der Ferne sehen wir den Devils-Tower, einen großen Felsen, der wie ein Turm über die Landschaft ragt und der heute so eine Art Wahrzeichen für den Westen darstellt. In Cody wohnen wir in kleinen Blockhütten, die nicht gerade komfortabel sind. Die Muster der Bettdecken und die Fliesen im Bad weisen indianische Motive auf. Die Hauptstraße von Cody, die zum Buffalo Bill-Museum führt, ist ganz im Westernstil hergerichtet. Kleine Geschäfte und Restaurants in Westernnostalgie reihen sich aneinander und erwecken eher den Eindruck einer Filmkulisse. Im strömenden Regen brechen wir am nächsten Morgen in Cody auf. Als wir in den Yellowstone-Nationalpark einfahren, verwandelt sich der Regen in Schnee. Die Straßen werden kurvenreich und sind vereist und verschneit. Der Schnee ist oft so hoch wie der Bus. Zu beiden Seiten der Straße entdecken wir Büffel, Hirsche, Elche, der Bär bleibt leider verborgen. Wir verlassen den Shonshonriver, der uns die ganze Zeit begleitet hat und lernen nun den Yellowriver kennen. Zu beiden Seiten tauchen dampfende Geysire auf. Den größten, der etwa alle 70 Minuten eine Fontäne ausstößt, erwarten wir im Schneesturm. Gegen Abend kommen wir in das „Mammoth Hot Springs-Hotel u. Cabins". Wir bekommen die Cabins. Jeder erhält seine kleine Hütte. Bei mir ist alles lausig kalt, feucht und klamm. Als nachts Tiere um das Haus rumoren, sehe ich nicht nach, welche Größe sie haben. Am nächsten Morgen strömt der Regen immer noch und wir brechen nach Salt Lake City auf. Sterling beweist seine Fahrkünste, er ist eben „the best busdriver from North-Carolina"! Wir sehen Büffelfamilien, die seelenruhig auf der Fahrbahn einhertrotten. Den Jungen hängt noch die Nabelschnur heraus. Als wir den Yellow verlassen, kommt schon die Sonne heraus. Überall in den auf Westernstil getrimmten Gaststätten können wir das indianische Kunsthandwerk bewundern. Im Yellow waren wir noch im Staate Wyoming, doch nun fahren wir kurz durch Montana, das Cowboyland mit den großen Bergen. Viel hart umkämpftes Indianer- und Goldgräberland. In jedem neu beginnenden Bundesstaat muss Sterling seine Papiere und eine Lizenz vorzeigen, außerdem muss der Bus gewogen werden. Übergewicht kostet! Dann kommen wir in den Staat Idaho, der mehr Verkehr, mehr villages und Menschen zeigt. Es ist ein unglaubliches Gefühl von Freiheit, nach dieser DDR-Zeit durch Amerika zu fahren, Land und Leute wie ein lebendiges Bilderbuch zu erleben, seine jugendlichen Sehnsüchte aus der Sicht des Alters zu erfüllen und sich seine eigene Meinung zu bilden. Ich empfinde Dankbarkeit, dass mir dies vergönnt ist. Hier in Amerika ist die historische Dimension des Mauerfalls erst richtig nachzuempfinden. Von „außen" werden die Ereignisse in neuem Lichte nachvollziehbar. Lothar entgeht entschieden etwas, wenn er sich an den materiellen Unterschieden ereifert und darüber die Großartigkeit dieser Entwicklung vergisst. Am Spätnachmittag erreichen wir den Staat Utah und die Stadt Salt Lake City. Die Luft ist erfüllt von dem Gestank des Salzsees, und es würde schon Überwindung kosten, ein Gesundheitsbad in diesem See zu nehmen. Es ist Freitagnachmittag und vor der Stadt gibt es den üblichen Wochenendstau. Ehe wir hineinkommen, wird es Abend. Trotzdem gehen wir vor dem ersehnten Hotel noch in den Mormonentempel. Das ganze Umfeld dieser Kirchen- und Tempelbauten ist mit wunderschönen Blumenbeeten und Rasenflächen umgeben. Es wird uns der Tempel, das sogenannte „Tabernakel", von einer Schweizerin erklärt, die sich zu diesem Glauben bekehren ließ. Eben jene Schweizerin, Sister Monika, sah ich im Fernsehen einige Wochen zuvor und konnte mir zunächst die Vertrautheit mit ihr gar nicht erklären. Der Tempel ist ähnlich wie das Guggenheim-Museum in New York ohne Treppen, sondern nur mit aufwärts führenden Rundgängen gebaut. An den Wänden sind biblische Geschichten dargestellt und im obersten Raum steht eine überlebensgroße Gestalt von Christus (ähnlich der Statue von Thorwaldsen). Über ein Tonband verkündet die Gestalt christliches Heil. Deutlich spürbar ist an dieser Stelle die Ablehnung der Besucher. Etwas frustriert verlassen wir den Tempel und fahren durch einen äußerst gepflegten Teil der Stadt mit schönen Villen zum Capitol. Es ist ähnlich gebaut wie das in Washington. Wir kommen leider nicht mehr hinein. Das „Quality-Inn", auch ein Cabinenhotel, lässt zu wünschen übrig, es ist einfach eine Aneinanderreihung von Schlafbuchten. Im ländlichen Milieu, wenn es geschickt in die Landschaft integriert ist, geht das gut, aber in der Stadt ist es nicht zum Wohlfühlen. Wir wollen in den „Bryce Canyon" zu „Ruby's-Inn" im Staate Utah. Der Regen strömt wieder einmal und es ist neblig, dunstig, sodass man. nicht viel von der Landschaft sehen kann. Wir durchfahren wieder einen Teil von Idaho. Es geht mir durch den Sinn, dass wir vor 200 Jahren in Deutschland noch die Kleinstaaterei hatten, das hat damals die Denkweise der Menschen geprägt. Hier vollzieht sich das in unvergleichbaren Dimensionen unter einem vereinigenden Dach. Auch hier hat es die Denkweise der Menschen geprägt. Die

Vielgestaltigkeit der Natur trägt dazu bei. Idaho hat etwa zwei Millionen Einwohner, es ist begrenzt von den Rocky Mountains. Die Menschen leben von der Kupfergewinnung, Obstplantagen, Schafzucht, Kohleminen im Tagabbau. Das Landschaftsbild ist völlig anders als bisher, kahle Berge mit Steppengras so weit man blicken kann. In den unteren Regionen Wacholderbüsche, weiter oben die Ponderosakiefern. Im Panguitsch District, einem Indianerreservat, tauchen die ersten roten Berge auf. Der Bryce Canyon besteht aus rotem Sandgestein, eine bizarre Landschaft. Sie wird durchflossen vom Servierriver. Dieser Canyon ist der Dixi-Nationalforest und hat Höhen von fast 3.000 Metern. Ich bekomme hier oben schlecht Luft. Wir übernachten in Ruby's Inn, einem neu errichteten Blockhaus mit modernsten Lodges und einem Rieseneinkaufscenter. Hier ist auch eine „loundry", ein Waschhaus, wo man waschen, trocknen und bügeln kann. Bei uns in Deutschland ist Pfingsten. Hier gibt es kein Pfingstfest. Es ist „Memorial Day". Bei Sonnenschein und etwas milderem Wetter fahren wir durch den Bryce Canyon nach Canab, welches man früher Klein-Hollywood nannte, weil es die Westernfilmstadt war. Es atmet noch den einstigen Ruhm durch die vielen Bilder der vergangenen Leinwandhelden. Ganz in der Nähe liegt der Lake Powell, ein Lieblingssee der Amerikaner. Umgeben von roten Bergen ist er einmalig schön. Wir sind hier in Arizona, einem Staat, in dem Sommer- und Winterzeit nicht wechseln, daher müssen wir die Uhren wieder eine Stunde zurückstellen. Hier leben die Navajos, die Hopis, die Hunis und die Apachen. Geschichtsträchtiger, auch blutgetränkter Boden. Ich denke über den Begriff der Freiheit nach und komme ins Grübeln. Ein Wort von Lessing aus „Nathan dem Weisen" kommt mir in den Sinn: „Es sind nicht alle frei, die ihrer Ketten spotten...". Überall, wo Menschen sind auf dieser Welt, gibt und gab es Revolutionen, Kriege, sogenannte Freiheitskriege, und wie oft musste der Freiheitsbegriff herhalten für etwas, was er gar nicht beinhaltete. Es bewegt mich sehr und trotz aller historischen Bedrängnis fühle ich mich hier frei wie ein Vogel. Ich weiß, dass ich hier auf einem Boden stehe, auf dem es eine Indianerperiode gab, wo ihnen das Land gehörte, dann kam die spanische Periode durch Eroberung und dann folgte die Übernahme durch die Amerikaner. Noch heute stehen die Lehmhütten der Indianer vielfach so, dass ihre Haustüren immer nach dem Osten aufgehen, und die Überlieferung dieser Sitte hat etwas mit „bewahren" zu tun, und ich empfinde Respekt. In der Ferne schimmern die Peaks von San Francisco und ich sehe sogar den Mount Humphries mit seinen 4.300 Metern. Dann fahren wir die historische Route 66 bei Kidman bis zum Hoover-Staudamm, wo der Colorado River gestaut wird. Eine große Brücke überspannt die Anlage und auf der Mitte der Brücke beginnt der Staat Nevada. Es peinigt uns sengend heißer Wüstenwind; das erscheint mir paradox, da Nevada „schneebedeckt" bedeutet. Es ist nicht mehr weit nach Las Vegas und dieses große Ereignis steht uns noch bevor. Las Vegas heißt „die Wiese"; es war in spanischer Hand bis 1868. In den siebziger Jahren wurde Gold entdeckt. Die Silberminen wurden bis 1896 abgebaut und 1907 erfolgte der Bau der Eisenbahn von Los Angeles bis Las Vegas. 1929 begann der Bau des Hooverdamms. Um 19 Uhr kommen wir im Hilton-Hotel in Las Vegas an. 14 Stockwerke mit wunderbarem Ausblick. Gleich nach dem Einchecken beginnt die Fahrt durch das abendliche Las Vegas. Auf dem Freedom Boulevard ist eine große Lasershow. Die Stadt ist zu diesem Zeitpunkt schon voll erleuchtet. Um 20 Uhr gehen alle Lichter aus und dann beginnt mit einem unglaublichen Getöse die Show. Kampfflugzeuge schießen über uns hinweg, dann wird alles ganz grün und bunte Papageien schwirren herum, lustige Mädchen erscheinen tanzend am Laserhimmel. Nach 15 Minuten ist das Spektakel vorbei, da habe ich aber auch schon einen steifen Nacken. Anschließend fahren wir zur neu erbauten „Pyramide", einem Vergnügungspalast im ägyptischen Stil. Im Inneren weiträumige Casinoräume mit einarmigen Banditen, künstliche Flusslandschaften mit „sprechenden Kamelen" am Ufer. Von dort aus fahren wir in das größte Vergnügungspalais „Le Mirage", wo Siegfried und Roy mit ihren Tigern auftreten. Da wir die Show nicht gebucht haben (pro Person 110 Dollar), sehen wir Teile der Show draußen im TV. Das riesengroße Palais bietet neben vielen Geschäften und Bars ein Riesenaquarium und Spielcasinos, wo an allen Plätzen fanatisch spielende Leute sitzen mit ihren Pappbechern voller Münzen in ihrem Schoß. Wir bummeln weiter und kommen zum sogenannten „strip" von Las Vegas: Das ist hier die Hauptstraße. Dort ist wieder ein Riesenverkaufs- und Vergnügungspalast mit einem künstlichen blauen Himmel mit weißen Schäfchenwolken. Dort sind die markantesten Sehenswürdigkeiten Roms nachgebaut. Man geht am Trevi-Brunnen vorbei, man sieht viele Gestalten der römischen Mythologie. Auf dem „strip" soll eine riesige Fontäne losgehen. Mit viel Brimborium geschieht dies auch. Nun kann ich mich wirklich nicht mehr aufrecht halten, sind wir doch den ganzen Tag durch die Wüste von Nevada gefahren. Auf dem „strip" brodelt es von Autolärm und Menschen aus aller Herren Länder. Müde kämpfen wir uns da durch und fallen dann erschöpft in unser Hotelbett. In aller Frühe schaue ich aus dem Fenster auf diese am Morgen trostlos wirkende Stadt. Sie hat keinen tiefer gehenden Eindruck bei mir hinterlassen. Diese tosende Schein- und Vergnügungswelt lasse ich hinter mir mit dem Gefühl: „man muss es halt einmal gesehen haben." Vielmehr genieße ich die erneute Fahrt durch die Wüste von Nevada mit einer Gänsehaut, weil es hier so viele Schlangen gibt. Unser Ziel ist Californien, und bei „Bakers", einem kleinen Ort in der Wüste, beginnt dieser Staat. Seit 1850 ist Californien Staat der USA (the golden state). Von Bakers aus fahren wir auf der historischen Route 66 bis Caliec, der „Geisterstadt" in der Wüste. In Calieo war mal eine Silbermine, aber nach der Ausbeutung wurde das village verlassen. Jetzt sind die Überbleibsel aus jener Zeit eine Touristenattraktion und wir schauen uns gern den alten Krempel an. Es ist recht heiß! Hier stehen alte Wagen und es sind alte Gebrauchsgegenstände aller Art zu besichtigen, Kleidung, Werkzeuge, verschiedene Bauten. Mit etwas Fantasie gewinne ich eine Vorstellung jener Zeit und ich denke mit einem tiefen Aufseufzer: „danke", weil ich das alles erleben darf. Ich sehe es nicht als: „Leistung für Bezahlung", ich sehe es als befreiende Möglichkeit, mich auf der Welt zu bewegen, wo und wie ich es möchte. Ein Festakt für einen ehemaligen DDR-Bürger! Lothar aus Hannover überprüft inzwischen seine diversen Kameras und überlegt laut, ob er das nicht schon seinen Freunden daheim vorgeführt hat nach mehrmaligen Besuchen der USA. Aber er tröstet sich, da ja die Qualität sicher besser ist als in den Vorjahren. Muss ich etwas nachholen? Nein, ich glaube nicht. Immer auf der Route 66 fahren wir weiter gen Los Angeles. Erst als die Los Angeles Mountains kommen, wird es lebhafter auf der Verkehrsstraße, und es geht auf beiden Seiten sechsspurig. Diese weit verzweigte Stadt mit etwa 100.000 Fahrkilometern ist fußgängerarm, weil niemand diese Entfernungen zurücklegen kann. Jede Familie hat zwei bis drei Autos. Im Zentrum halten wir an einem mexikanischen Markt, wo es billig Lederwaren zu kaufen gibt und wo in einem alten Haus ein kleines Museum mit Zimmern im alten spanischen Stil zu sehen ist mit einem zeitgemäßen Hofgärtchen. Die Fahrt wird dann durch die weit verzweigte Stadt fortgesetzt und wir kommen zu der großen Festhalle, in der immer die „Oskars" verliehen werden. Hollywood rückt also schon spürbar näher. Es blühen überall die Oleanderbüsche und die Bougainville. Hollywood ist ein Stadtteil von L.A. und dort besichtigen wir die große „Bowl", die Konzerthalle, die 16.000 Plätze umfasst. Sie ist als eine Art „Amphitheater" im Freien gebaut. Da in L.A. ausnahmslos schönes Wetter ist, nutzen die Besucher ein Konzert auch für ein Picknick. Man ist hier viel lockerer. Wie freimütig man in Amerika mit dem öffentlichen Anhören von Musik umgeht, erlebten wir ja schon im Wintergarten des World Trade Centers in New York. Eine Fahrt durch Beverly Hills, wo die Filmgrößen ihre schönen Häuser haben, bildet den Abschluss. Beverly Hills ist übrigens eine Stadt für sich am Rande von L.A., sie hat einen eigenen Bürgermeister und eine eigenständige Verwaltung. Wir wohnen mitten in Hollywood im „Holiday Inn" im achten Stock. Ich sehe genau auf den bekannten Berg mit der Aufschrift „HOLLYWOOD" und habe den schönsten Ausblick auf die Anlage. Vor dem Hotel steht eine in Stein gemeißelte Bank. Hier setze ich mich nieder und denke über die bisherige Reise nach. Schmunzelnd sage ich mir: „Auf dieser Bank in Hollywood ging manche Illusion kaputt." Ich war auf viele Widersprüchlichkeiten gestoßen, Amerika war nicht nur das Land der unbegrenzten Möglichkeiten, es war auch das Land der größten Gegensätze. Ich empfand dies in landschaftlichen Bereichen, aber auch in menschlichen Verhaltensweisen. Was

Letzteres anbelangt, war auf der einen Seite das ausgeprägte Freiheitsbewusstsein und Demokratieverständnis und auf der anderen Seite eine für uns Europäer schwer nachzuvollziehende Sittenstrenge und Prüderie. Das klaffte für unser Empfinden unnachvollziehbar auseinander. Ich grübelte darüber nach. Lag es daran, dass Einwanderergenerationen aus klerikal streng bestimmten Gesellschaftsordnungen hierher gekommen waren und es sich zum Gebot gemacht hatten, dies zu bewahren? Ich fand keine Erklärung und es berührte mich seltsam. Wir fahren durch Hollywood den Wilshire Boulevard entlang, wieder an Beverly Hills vorbei und sehen das schöne Rathaus. Wir werden am Rodeo Drive abgesetzt. Das ist die schickste und teuerste Einkaufsmeile von Beverly Hills, nach dem Motto: „Über Geld spricht man nicht, man hat es". Es gibt geschmackvolle erstklassige Garderobe, Schmuck, Porzellan, Antiquitäten, aber fast vor jedem Geschäft steht ein bewaffneter Polizist. Dann fahren wir nach Santa Monica. Am dortigen Strand genießen wir zum ersten Mal den Pazifik. Ich laufe begeistert barfuß durch die ankommenden Wellen am Strand entlang und ich habe wieder jenes unglaubliche Gefühl von Freiheit und Dankbarkeit, diese Freiheit zu empfinden. Es ist strahlender Sonnenschein, aber kühler Wind. Sterling fährt uns nach Venice, einem anderen Ortsteil am Pazifik. Die Amerikaner haben nicht, wie bei uns üblich, Strandkörbe oder vermietbare Stühle, alle sitzen auf dem Sand oder mitgebrachten Decken. Das wird allmählich unbequem und wir fahren auf dem Santa Monica Boulevard ins Hotel zurück. Abends gehen wir mexikanisch essen. Bei Gitarrenmusik essen wir rote Bohnen mit Beef und Salat. Dann geht es mit dem Bus die serpentinenreiche Strecke hinauf zu dem Berg mit der Hollywood-Aufschrift. Dort befindet sich ein großes Observatorium. Von dort aus sehen wir auch L.A. bei Nacht. Es ist ein unvergessliches Bild! Einige von uns wollen am nächsten Morgen noch die Universal Studios von Warner Brothers besichtigen, da habe ich Zeit zum Bummeln. Ich gehe den berühmten Hollywood Boulevard entlang, auf dem viele Film- und Theatergrößen oder auch Musiker, mit einem großen Stern und mit Namen versehen, auf dem Gehweg verewigt sind. Aber insgesamt ist das eine Enttäuschung.

Die Straße ist schmuddelig, die Geschäftsanlagen sind dürftig bis primitiv, die vielen Giftshops bringen den ewigen Kitsch, und es laufen viele nicht gerade vertrauenswürdige Gestalten herum. Nachmittags dann die Fahrt nach Santa Barbara. Ein wunderschöner Ort mit blühenden Parks und gepflegten Häusern. Dieser Ort hat Atmosphäre. So etwas haben wir bislang an keinem Ort gefunden. Zuerst besichtigen wir das berühmte alte Kloster, dessen Silhouette weltbekannt ist und das die Verbindung amerikanischer und spanischer Geschichte eindrucksvoll dokumentiert. Ein nach alten Vorbildern angelegter Klostergarten findet unser aller Begeisterung. Die anschließende Fahrt durch die Santa Inez Berge ist ein Genuss. Eine saftiggrüne Hügellandschaft, in der sich ein Gestüt an das andere reiht. Großzügig sind sie angelegt. Wir kommen nach Pismo Beach, einem idyllischen kleinen Ort an der Pazifikküste. Dort wohnen wir „spanisch" in den „Oxford Suites", das sind stilvolle Lodges in einer gepflegten Gartenlandschaft. Am nächsten Tag geht die Fahrt an der pazifischen Küste entlang. Es ist der berühmte Highway number one, die Küstenstraße 101 am Big Sur vorbei. Der Big Sur ist ein großer blühender Naturpark an der Küste mit seltenen Pflanzen, Wasserfällen, Bergen. In den malerischen Buchten sehen wir Seehunde und Kormorane. Ich denke daran, wie viele junge Menschen es sich sehnlich wünschen, einmal über den Highway number one, möglichst mit dem Motorrad, zu fahren in einer Art Freiheitsrausch. Ich genieße es und als wir in Monterey Rast machen in „Fisherman's Wharf", in einem Fischereihafen, habe ich ein Heimatgefühl von Ostseeurlaub. Unser nächster Zielort ist Carmel. Das ist ein Edel-Kurort mit Golfplätzen, sehr noblen Hotels, vielen großen Villen. Ein Ort der Reichen. Clint Eastwood ist hier Bürgermeister und der bekannte Schauspieler Tom Sellek hat hier sein schönes Anwesen. Wir bummeln durch das schön gestaltete Einkaufscenter, welches in eine Gartenlandschaft eingebettet ist. Am Strand liegen die Heuler auf den Felsen in der Sonne und stoßen ihre Schreie aus. Wir fahren weiter auf der 101 immer an der Küste entlang und kommen abends in San Francisco an im „Cathedral Hill". Aber die Ruhepause ist nur kurz und die Nachtfahrt beginnt sogleich. Zuerst bummeln wir durch China-Town und sind begeistert von dem vielfältigen Warenangebot. Dann fahren wir zu dem berühmten „Fairmont-Hotel", in dem ein gläserner Aufzug nach oben geht. In der Lobby entfaltet sich die ganze Pracht und Herrlichkeit eines luxuriösen Hotels. Wir besichtigen eine Fotoausstellung vom Erdbeben 1906, bei dem Frisco zu großen Teilen durch Brände zerstört wurde. Wir fahren in den 23. Stock, wo ein fantastisches Büffet aufgebaut ist. Der Blick auf die Bucht und die erleuchtete Stadt und auf die Gefangeneninsel Alcatraz ist einmalig. Nach dem Dinner fahren wir noch auf die Peaks und sehen Frisco im Nachtlicht funkeln. Am nächsten Morgen machen wir eine sehr aufschlussreiche Stadtrundfahrt und erfahren, dass die Bucht erst 1769 entdeckt wurde, und zwar vom Lande aus. Die Einfahrt ist so klein und liegt fast ständig im Nebel, dass sie vom Meer aus nicht wahrgenommen wurde. Es war ein spanisch-mexikanisch geprägter Ort und erst 1847 wurde daraus San Francisco. Der Union Square bildet das Zentrum der Stadt, drum herum liegen elegante Geschäfte und auch Kaufhäuser. Interessant ist die China Town, die etwa ein Drittel der Gesamtbevölkerung ausmacht. Mehr als 700.000 Einwohner hat die Stadt nicht. Das höchste Gebäude der Stadt mit einem pyramidenförmigen Turm ist das Transamerican Building. Nachbarn von China Town sind die Italiener. Dieser Stadtteil mutet recht europäisch an und Europäer, die Heimweh haben, gehen gern dahin und trinken ihren Kaffee oder Wein. Dieses Viertel hat auch einen Broadway. Am Washington Square ist die Umgebung durch Umbauten am Rathaus beeinträchtigt. Seit dem Erdbeben von 1989 soll es auf Stelzen gestellt werden. Dort im sogenannten Civic Center steht die modernste Bibliothek der Welt. Nicht weit davon dann die „Davies Sinfonie Hall" nach ihrem Spender Davies benannt. Vor dem Rathaus war bis vor zwei Jahren ein Rastplatz der Obdachlosen, das hat man jetzt weitgehend unterbunden. Um den Alamos Square herum in der Downtown stehen die schönsten, im viktorianischen Stil erbauten Häuser. Hier gibt es, durch den Nebel bedingt, zehn Klimazonen. Man sieht viele regenbogenfarbene Fahnen, die das Zeichen der Homosexualität sind: „Somewhere over the rainbow", das Lied aus einem bekannten amerikanischen Film, bezieht sich auf das Castro-Viertel von Frisco, in dem sich viele Homosexuelle heimisch fühlen. Auch Autoplaketten machen auf dieses Viertel aufmerksam. Über den Twinpeak Boulevard kommend wird Fisherman's Wharf sichtbar und die berühmte Lombard Street, die, hoch oben reich mit Blumen verziert, die windungsreichste Street der Welt ist. Von hier aus sehen wir noch einmal die Gefängnisinsel Alcatraz liegen, die von 1934-1963 Gefängnis war. Man überblickt die Bucht, die auch „Goldenes Tor" genannt wird und die von der „Golden Gate Bridge" und „Oaklandbridge" begrenzt wird. An Fisherman's Wharf ist reges Leben. Fischgeruch ist überall und nirgendwo sonst bekommt man so leckere Krabben. Da muss man einfach im Stehen seine Krabben schmausen! Von dort aus fahren wir mit der Fähre über die Bucht nach Sausalito. Das ist ein in Berge gebetteter Kurort, ein besonders teures Pflaster. Dort steht ein kleiner Sonderbus für uns bereit, der uns zu den „Muirwoods" bringen soll. In diesen Wäldern sind die Bäume 70 Meter hoch und manche von ihnen sind 1.000 Jahre alt. Dieser Wald ist ganz düster, aber die Bäume strömen einen wunderbaren Duft aus. Die Heimfahrt erfolgt über die „Golden Gate" und wieder liegt sie im Nebel. Nun haben wir sozusagen unser Amerikaprogramm abgeschlossen und wir verabschieden uns voneinander. Wir reichen uns die Hände und Lothar meint: „Es war wirklich nett mit euch, wir waren so richtig unter uns!" Ich analysiere diesen Satz lieber nicht. Nach einem 13-stündigen Heimflug stehe ich dann müde in der Tiefgarage in Frankfurt, um heimzufahren. Ganz in meiner Nähe steht Lothars Auto. Als ich langsam und kurz hupend an ihm vorbeifahre, sehe ich, wie er auf mein Nummernschild starrt. Ich überlasse ihn seinen Gedanken. Wieder zu Hause! Eingedenk des Wortes meines Großvaters: „Hinter den Bergen wohnen auch Menschen..." empfinde ich sehr stark, wie man uns, ich meine unsere Generation, geprägt hat in den entscheidenden Erziehungsjahren. Obgleich ich davon überzeugt war, dass diese Einflüsse wie Regen an mir abgeglitten waren, entdeckte ich doch Mängel an Toleranz bei mir. Die Begegnung mit anderen Kulturen ist das eine, sie zu respektieren und ihnen eine Gleichberechtigung einzuräumen das andere. Eine lange „Nachbereitung" des

Erlebten lag vor mir. Mir wurde auch klar, wie viel an mir selber lag, wie viel innere Freiheit ich hatte, mir ein wohlbegründetes Urteil zu bilden. „Wie du sie ansiehst, die Welt, so wird sie weinen oder lachen...". Dieses Denken darüber empfand ich als Befreiung von ideologisch versuchten Gehirnwäschen, die man für sich selbst als „unwirksam" abgestreift hatte. Nazi-Zeit, DDR-Zeit wogen schwer und meine Dankbarkeit, dies „von außen" sehen und empfinden zu können, war groß.

Reisterstown

Zurück zur unmittelbaren Umgebung. Für Marlene und mich gibt es eine Welt außerhalb Europas. Towson-University zählt unter seinen etwa 22.000 Studierenden 1.000 Ausländer von etwa 100 Nationen. Die meisten der Gaststudierenden stammen aus dem Fernen Osten, aus Japan, Korea, China, Thailand. Eine besonders starke Bindung bestand zu einem kleinen Frauencollege in Japan. Für einige Jahre kamen jeden Sommer Studierende von diesem College zur Towson University, um Kultur, Sitten und natürlich auch die Sprache des Landes kennenzulernen. Teil dieses Programms ist der sogenannte Homestay, das heißt Studierende werden während der Wochenenden von Gastfamilien betreut. So entstand eine Freundschaft zwischen Maki Murayama aus Chiba/Japan und uns sowie auch unserer Tochter Heidi und ihrer Familie. So wie wir es Maki, „unserer" Japanerin, ermöglichten, Maryland und andere Staaten/Gegenden der USA kennenzulernen, so wurde es uns ermöglicht, ihre Heimat kennen- und schätzen zu lernen. Makis Eltern hatten uns zu einem dreiwöchigen Besuch in Japan eingeladen. Auf dem Fluge nach Narita/Tokio machten wir Stops in San Diego in Kalifornien, wo uns Freunde liebevoll aufnahmen und auf Hawaii, wo wir Gäste eines ehemaligen Studenten, jetzt Vizeadmiral bei der U.S.-Marine, stationiert in Pearl Harbor, sein durften. Mike Ratliff, so heißt der ehemalige Studierende der Towson Universität, empfing uns auf dem Flugplatz in Honolulu auf typische Hawaii-Art mit Blumenketten, die er uns um unseren Hals hängte. Er kam nicht in Uniform, sondern mit Sommerhose und buntem Hemd. In wenigen Tagen lernten wir große Teile der Insel Oahu kennen. Der Besuch des von unserem Quartier nahe gelegenen Hafens von Pearl Harbour versetzte uns zurück in die tragischen Ereignisse des 8. Dezember 1941, als japanische Flieger einen großen Teil der U.S.-Pazifikflotte vernichteten und damit den Eintritt der USA in den Zweiten Weltkrieg verursachten. Ein schlichtes Denkmal mit den Namen der U.S.-Matrosen ruht auf dem Wrack eines Schlacht-

Jeden Sommer weilten Studierende eines japanischen Frauencollege an der Towson University. Oft waren Studentinnen zu Besuch bei uns zu Hause.

schiffes, in dem bis auf den heutigen Tag Hunderte von U.S.-Matrosen ihr nasses Grab gefunden haben. Zur gleichen Zeit, als wir dieses Denkmal aufsuchten, erschien eine Gruppe japanischer Schüler, die der Toten mit roten Rosen gedachten, die sie einfach und bedeutsam ins kühle Wasser warfen. Hier waren die Enkel japanischer Soldaten des Zweiten Weltkrieges, die gefallene U.S.-Matrosen ehrten, die ehemals Feinde ihrer Großväter waren.

In Narita/Tokio empfing uns unsere junge japanische Freundin Maki Murayma. Schnell lernten wir, dass man auf beschränktem Raum gut miteinander auskommen kann und dass man, auf dem Boden und einem Katami schlafend, eine andere Perspektive der Umwelt bekommt. Man sieht sich die Welt einmal von unten an. Diese Art zu schlafen findet man in rein japanischen Hotels, in westlichen Hotels kommt man so gut unter wie in jedem guten europäischen oder amerikanischen Hotel. Von Chiba nach Tokio fährt man etwa eine halbe Stunde mit der U-Bahn. Benutzer der U-Bahn benehmen sich höflich und diszipliniert. Obwohl diese Bahn von Millionen von Menschen täglich benutzt wird, ist sie so sauber, dass man sprichwörtlich vom Fußboden essen könnte. Abfalleimer werden benutzt, Reinmachpersonal ist in ständigem Einsatz. Adrett sind Männer und Frauen gekleidet. Ab und zu findet man Comiczeitschriften, die den uneingeweihten U-Bahnfahrer überraschen. Erotik ist in aller Klarheit dargestellt. Tokio ist eine Riesenstadt mit großen Kontrasten. Da ist das supermoderne Tokio mit seinen Kaufhäusern, in denen man von gut gekleideten hübschen Japanerinnen freundlich begrüßt wird, in denen man eigentlich alles, was ein materiell eingestelltes Herz begehrt, käuflich erwerben kann. In den Kaufhäusern findet man elegante Teestuben zum Ausruhen und Teetrinken. In Restaurants werden die besten Speisen angeboten, die man sich zunächst anschauen kann. Ästhetik scheint hier zum Essen zu gehören. In Lebensmittelabteilungen wird einem Essbares zum Schmecken angeboten. Natürlich kann man schlecht sagen: „Es schmeckt nicht." Das verbietet die Höflichkeit. Aber wenn man sagt: „Danke, es schmeckt", wird einem sofort eine neue Portion angeboten, ein wahres Dilemma! Auch in kleineren Bars kann man vorzüglich speisen, wie zum Beispiel gebackene Shrimps. Dazu kann man auch gut ein deutsch/japanisches Bier „Sapporo" trinken.

Neben Gebieten mit Hochhäusern findet man Teile des alten Tokios mit winzigen Gassen, durch die man nur mit einem Ortskundigen gehen sollte. Hier sind die Häuschen einstöckig. Die Restaurants sind so groß wie ein westliches Zimmer. Es gibt nur eine Toilette. Frische Nahrungsmittel werden auf den Tisch gebracht. In den Tisch ist eine Kochanlage eingebaut, auf welcher man seine eigene Mahlzeit herrichten kann. Alles ist frisch und schmeckt dementsprechend. Museen sind so groß, dass man in ihnen realistisch dargestellte Häuser findet. Hier kann man die alte japanische Kultur anschauen und bewundern. Der Stil des Museums ist modern und doch der japanischen Baukultur entsprechend. Das militärische Museum ist aufschlussreich. Unser japanischer Freund meinte, wir müssten es unbedingt sehen, auch wenn weder Marlene noch ich für das Militärische eingestellt sind. Wir lernten über japanische Militärgeschichte vom späten 19. Jahrhundert bis zum Zweiten Weltkrieg. Wir lernten über japanische militärische Erfolge vom japanisch/russischen Krieg zu Beginn des 20. Jahrhunderts bis zum Kamikazepiloten des Zweiten Weltkriegs. Wir sahen Einmann-U-Boote. Wir sahen Kamikazeflugzeuge. Wir lasen Briefe, die Kamikazepiloten ihren Eltern schrieben, bevor sie in den sicheren Tod flogen. Die Piloten baten ihre Eltern, nicht zu trauern, sondern stolz zu sein, da sie gern ihr Leben für den Tenno, den Gottkaiser, und Japan opferten. Was wir nicht sahen, waren Darstellungen der Ereignisse, in der Japaner nicht Sieger, sondern Besiegte waren. Wir sahen keine Darstellung der Unterzeichnung des Waffenstillstandsvertrags am Ende des Zweiten Weltkriegs. Gerade das war es, was unser japanischer Freund uns zeigen wollte, das heißt, wie man Geschichte nicht bringen darf und soll. Er sagte uns, dass es Japaner gibt, die sich gegen eine solche Geschichtsfälschung wehren, allerdings mit wenig Erfolg. Im Gegensatz zu Deutschland, wo man die eigene Geschichte auch mit ihren negativen Entwicklungen wie zum Beispiel die Zeit des Dritten Reiches und den Holocaust versucht, so ernsthaft und gründlich wie möglich aufzuarbeiten, setzt man sich in Japan weniger mit den negativen Aspekten ihrer Geschichte auseinander. Die grausame Realität des Zweiten Weltkriegs wurde uns bewusst, als wir nach schneller Fahrt von Tokio nach Hiroshima die Apokalypse eines Atombombenangriffs in einem Museum kennenlernten. Nichts war hier der Phantasie überlassen. Von Minute zu Minute erfuhr man, was damals, an einem warmen Augusttag, im Jahre 1945 in Hiroshima geschah. Am frühen Morgen dieses

Tages stand dort eine heile Stadt. Die Menschen bereiteten sich auf den Tag vor. Kinder gingen oder fuhren auf ihren Fahrrädern zur Schule, als die Bombe einschlug und von der Stadt kaum etwas übrig ließ. Tausende von Menschen starben auf der Stelle oder starben nach kurzem und manchmal längerem Leiden. Viele Menschen stürzten sich in den durch die Stadt fließenden Fluss in der Hoffnung, auf diese Weise ihr Leben retten zu können, in den meisten Fällen ohne Erfolg. Im Museum erfuhren wir nicht nur einiges über die Schrecken dieses Angriffs, sondern auch, dass der Bürgermeister von Hiroshima sich jedes Jahr an die Menschen der Welt wendet mit der Bitte und Mahnung, dass sich die Schrecken eines Atomkrieges niemals wiederholen sollten! Ebenso hatten sich viele Staatsoberhäupter, die das Museum besucht hatten, mit dieser Forderung an die Menschheit gewandt. Wo die Bombe explodierte und ihre furchtbare Wirkung erzielte, ist eine große weite Fläche mit einer Ruine, die das vernichtete Hiroshima symbolisiert.

Von dort ging es mit der Bahn in das mittlere Bergland Japans, wo uns die Natur mit ihren Grünflächen und Feldblumen mit der Welt wieder versöhnen wollte. Ein Übriges trug die Unterbringung in einem kleinen alpinen Hotel bei. Alles war aus Holz hergestellt. Lediglich eine Straße führte durch das Dorf. Zum Abendbrot gesellte sich der Wirt des dörflichen Hotels zu uns und sang uns Balladen vor, begleitet von einer Gitarre. Weiter ging es in eine Kurstadt mit schmucken bayerisch ausschauenden mit Blumen geschmückten Häusern. Ich traute meinen Augen nicht, als ich ein Straßenschild entdeckte, auf dem auf Deutsch „Bahnhofstraße" geschrieben war. In der Mitte eines Marktplatzes befanden sich Schwefelquellen, die Heilwirkung versprachen. Und etwas außerhalb der Kurstadt fanden wir Heißquellen und gleich daneben ein Denkmal mit einer deutschen und japanischen Inschrift, die an die Zusammenarbeit eines deutschen Arztes mit Japanern erinnerten. Abendunterhaltung bestand aus einem Trommlerkonzert, wo Menschen in einem Amphitheater in ihren Kurbadkostümen, Yakatas, im Kreise sitzen und diese Musik, die mit viel Energie vorgetragen wird, anhören. Das ebenfalls fast völlig aus Holz erstellte Hotel hatte im

8. Stock eine Badeanlage, wo ständig Wasser heraufgepumpt werden musste. Vor dem Bad, und hier sind Männer und Frauen getrennt, duscht man sich gründlich. Ich beobachtete, mit welcher Liebe und Sorgfalt ein mittelalterlicher Mann seinen alten Vater von Kopf bis Fuß wusch, um ihn dann in das wohltuende Bad zu begleiten: Ehrfurcht vor dem Alter. Unter unseren Reisezielen war Kyoto, die alte Hauptstadt Japans. Alte Tempel auf der Höhe bestimmen das zum Teil moderne Stadtbild. Kyoto ist auch die Stadt, wo Kleidung für Geishas hergestellt wird. In der Kleiderfabrik wird einem die Herstellung dieser Kostüme vorgeführt. Eine Modenschau mit attraktiven Geishas krönte dieses Erlebnis, das ich als eine Symphonie der Farben bezeichnen möchte. An anderem Ort erlebten wir ein Feuerwerk über einem See, für das ich keinen Vergleich finde. Tausende Menschen versammelten sich auf einem relativ kleinen Sandstrandgebiet. Man lag nicht nebeneinander, eher übereinander. Doch das schien den Japanern nichts auszumachen, was erklärlich ist, da sie ja wirklich ein Volk ohne Raum sind. Bei all der Schönheit der Farben des Feuerwerks war es problematisch, dass es für die vielen Menschen nur eine einzige Toilette gab, wo sich Männer, Frauen und Kinder und Greise notgedrungenerweise trafen. Erstaunlich auch hier, wie in der U-Bahn, waren die Disziplin und Ordnung, mit welcher Tausende von Menschen sich von einem engen Raum wieder in alle Winde verstreuten. Der bestehende Kontrast zwischen Tradition und Moderne wird einem deutlich, wenn man in einer Mc Donald's-Raststätte junge, in Kimonos gehüllte Frauen erblickt, die dort ihren „Hamburger" und Coca Cola kaufen und verzehren. Die Bedienung ist schnell und höflich. Auf einer Naturschutzinsel, auf welcher motorisierter Verkehr nicht erlaubt war, tummelten sich inmitten von historischen Stätten Hunderte von Rehen, die so zahm und an Menschen gewöhnt waren, dass sie mit ihren Schnäuzchen an die Taschen der Besucher gingen, um etwas Essbares zu ergattern. Ein besonderes Erlebnis bereitete uns Moki, eine andere japanische Studentin, die wir in Reisterstown beherbergt hatten. In regelmäßigen Abständen besucht Moki, die hübsche junge Studentin, den älteren, leprakranken Tetsu. Moki sagte nur: „Wir treffen uns auf dem Bahn-

hof in Tokio, und dann habe ich eine Überraschung für euch." Und so geschah es. Wir warteten und warteten. Nur wenige Minuten vor Abfahrt des Zuges kam Moki auf den Bahnhof gestürmt. Wir fuhren wieder in die Berge bis zu einer Bushaltestelle und dann weiter gen Himmel, bis wir in einer lagerähnlichen Siedlung anlangten. Wir waren in einer Siedlung für Leprakranke. Die Siedlung bestand aus Wohnheimen und aus Einzelhäusern, aus Wirtschaftsgebäuden, einem Schwimmbad und vielen Wegen. Moki stellte uns ihren Freund Tetsu vor. Tetsu hatte keine Nase, kaum Ohren, beinahe geschlossene Augen, keine Finger, keine Zehen. Doch Tetsu konnte mit Hilfe eines Blindenstockes gehen. Und Tetsu konnte sprechen. Tetsu war Schriftsteller und Dichter. Er wusste gut in der japanischen und deutschen Geschichte Bescheid. Er führte uns durch die Siedlung und stellte uns seinen Freunden und Bekannten vor. Wir lernten ihn kennen und schätzen. Nach einigen Stunden fiel alles äußerliche Befremden von uns ab. Wir standen uns als Menschen gegenüber. Zur Begrüßung hatte er uns einen Scotch Whisky bestellt, den auch er sichtlich genoss. Natürlich mussten wir anstoßen. Wir lernten Leprakranke kennen, die hoch gebildet waren. Einer von ihnen hatte russisch/japanische Eltern. Er sprach Deutsch. Sein Haus war eine Bibliothek, voller Bücher, Magazine und Zeitschriften. Ein anderes Paar lud uns in ihre gut möblierte Wohnung ein mit modernen Audiogeräten. Ihre Lieblingsbeschäftigung war, deutsche klassische Musik anzuhören. Sie besaßen einen Garten mit wertvollen Pflanzen. Vor dem Schlafengehen ging es gemeinsam mit Moki ins Schwimmbad. Vor dem Baden wurde gründlich geduscht. Die Badeanzüge ließ man im Schrank hängen. Für einen Tag hatte Tetsu eine Autofahrt organisiert durch eine wilde Berglandschaft hin zu den Heißquellen, wo er sich als noch gesunder junger Mensch getummelt hatte. Er wollte uns die Genüsse seiner Jugendzeit zeigen, was ihm voll und ganz gelang. Leider war unsere Badezeit in den heißen Wassern nur kurz bemessen, da wir von unzähligen großen Mücken angegriffen wurden. Auch wenn man den Körper bis zum Hals im Wasser hielt, griffen Mücken, die eher wie Bremsen aussahen, einen am Kopf an, den man schlecht ganz ins Wasser tauchen konnte. Als es zum

Abschied kam, fragten wir Tetsu, wie er mit seinem besonderen Schicksal fertig wird, worauf er ohne Zögern antwortete, dass Gott ihm dieses Schicksal auferlegt hätte und er als Mensch sich nicht gegen den Willen Gottes stemmen würde. Er sei mit seinem Schicksal zufrieden. Er sei durch seine Intelligenz, durch sein Schreiben und Dichten, mit dessen Hilfe er mit der übrigen Welt kommunizieren könne, begnadet. Für Moki war Tetsu seit vielen Jahren ein Freund. Als Studentin hatte sie in der Leprastation freiwillig gearbeitet. Bei dieser Gelegenheit hatte sie sich mit Tetsu angefreundet und sie hatte ihn von Zeit zu Zeit besucht. Moki wollte uns die Gelegenheit geben, diesen ungewöhnlichen Menschen kennenzulernen. Unser Abschied von unseren japanischen Freunden war tränenreich. Nicht nur Mokis Großmutter, Eltern und Schwester waren nach Narita zum Flugplatz gekommen, sondern auch andere Studenten/-innen, die am Sonderprogramm der Towson-University teilgenommen hatten und deren Verwandte, Studenten, die wir in Reisterstown beherbergt und bewirtet hatten. Wir wurden beschenkt mit Kostbarkeiten, mit Küssen und Umarmungen. Wir hatten menschliche Brücken gebaut, die heute noch bestehen. Das Leben hat mir, wie vielen, Freud und Leid gebracht. Ich verlor einen jungen, intelligenten und guten Bruder. Ich verlor eine schöne Heimat. Ich verlor Verwandte, Freunde, Bekannte im tragischen Zweiten Weltkrieg. Ich verlor Eltern und Schwiegereltern. Auf der positiven Seite durfte ich an guten Universitäten unter fähigen Professoren studieren, durfte promovieren, durfte eine gute Lebensgefährtin finden und heiraten und mit ihr gemeinsam eine Familie gründen und erziehen. Ich durfte in einem fremden Land Fuß fassen, dort Bürger werden, durfte Tausende von Studierenden in den USA und in Deutschland lehren, durfte Vorträge in Frankreich, Italien, Österreich und Polen halten, durfte Entwicklungen von Diktaturen zu Demokratien miterleben, durfte Brücken zwischen Menschen, Universitäten und Nationen bauen. Gemeinsam mit meiner Lebensgefährtin durfte ich viele Länder mit ihren Menschen kennen und schätzen lernen. Dass Deutsche und Amerikaner da an erster Stelle stehen, erklärt sich aus meinem deutsch-amerikanischen Lebenslauf. Gemeinsam mit meiner Lebensgefährtin durfte ich zahlreiche Brücken zwischen Menschen vieler Nationen bauen, Brücken, die uns helfen, eine bessere, eine friedlichere, eine gerechtere Welt zu schaffen. Das britisch/chinesische Hongkong war der nächste Zielort. Der supermoderne Flughafen machte eine schnelle Erledigung der Formalitäten möglich. Und kaum war dieses erledigt, sprach uns jemand an, ob wir die Mrucks aus den USA wären. Schnell waren wir in einem komfortablen Hotel. Wir waren mitten in der Stadt, umgeben von Riesenwolkenkratzern. Unverkennbar ist der britische Einfluss, wie zum Beispiel im Imperial Hotel mit einem klassischen Teezimmer, wo allerdings der Teeraum so groß und hoch war, dass man dort Wohnhäuser unterbringen könnte. Tee wurde auf britische Art getrunken. Zur Unterhaltung spielte eine kleine Kapelle europäische Kaffeehausmusik. Man konnte sich einbilden, sich im London der zwanziger Jahre zu befinden. Von der Viktoriahöhe hatte man einen herrlichen Blick auf Hafen und Stadt und auf ein quirliges Einkaufsviertel mit unzähligen Geschäften und kleinen Restaurants für solche Besucher wie mich, die nicht gern von einem Geschäft zum anderen laufen. Am Abend verwandelte sich diese britisch/chinesische Stadt in einen beinahe romantisch anmutenden Ort mit seinen tausend künstlichen Neonlichtern, die sich im Wasser spiegeln. In heißen Augusttagen und Nächten, in denen Tausende von Menschen draußen auf Decken schliefen, schätzten wir unser klimatisiertes Hotel und gutes deutsches Bier. Wenn auch der Ferne Osten wesentliche Unterschiede zur westlichen Welt aufweist, so ist doch die starke Tendenz zur Verwestlichung unvermeidbar. Moderne Architektur, Hochhäuser, Wolkenkratzer formen das Stadtbild von Berlin oder London, St. Petersburg oder Tokio, Sumatra, Hongkong, Beijing, Barcelona. Menschen sind beschäftigt in Industrie, Handel, Touristik. Bluejeans sind zur internationalen Uniform geworden. Kaum unterscheiden sich Menschen in ihrem Äußeren in Tokio, Berlin, Beijing, Johannesburg. Wir bewegen uns auf eine globale Kultur zu, wobei die sogenannte westliche Kultur dominiert.

Möser

Ich hatte eine neue Perspektive gewonnen, ich sah unser bisheriges Leben mit anderen Augen. Mein Menschenbild war in meiner Lebensvergangenheit geprägt von großer Solidarität. Wir saßen zu DDR-Zeiten alle im gleichen Boot, viele Probleme des einfachen Lebensalltags hatten wir gemeinsam, die Bewältigung dieser Probleme war ein augenzwinkernder Gemeinschaftssport, der quer durch die Republik ging. Der Geldwert lag an hinterster Stelle, gefragt waren Erfindungsreichtum, Tauschware, Gemeinschaftssinn, Hilfsbereitschaft. Jetzt stand der Geldwert an erster Stelle, und wer hatte schon Geld? Das Leben konnte so angenehm und bequem sein mit all den Errungenschaften der modernen Zivilisation, die uns nun auch zugänglich waren. Meine erste Amtshandlung im Winter war es, nun nicht mehr vermummelt in den Keller zu gehen, den großen Heizungskessel zu reinigen, ihn mit gesammelten Kienäpfeln anzuheizen, um dann stinkige Braunkohle hineinzuschaufeln, nein, das neue Heizungssystem lief einfach so und brauchte nur gewartet zu werden. Es gab nicht mehr den intensiven Plausch mit dem Handwerker über die Möglichkeiten einer anstehenden Reparatur. Der Handwerker kam mit elegantem Koffer, genormten Ersatzteilen und schraubte sie an. Der frühere Plausch reduzierte sich auf die Bezahlung. Der Geldwert ersetzte plötzlich viele menschliche Begegnungen. Mit einer leisen Wehmut sah ich einen Lebenswert dahinschwinden, den dieses Unrechtssystem als Nebeneffekt hinterlassen hatte. Dies wurde zu Unrecht mit dem Begriff DDR-Nostalgie abgeheftet. Durch diese Art zu leben hatte sich eine Denkungsart entwickelt, die eine andere Werteskala zur Folge hatte. Darum wurden nach der Wiedervereinigung viele Menschen total überrollt von den neuen Geldwertvorstellungen. Es kamen einige Idealisten von „drüben", die bei der anstehenden Umwandlung der Gesellschaft helfen wollten. Sie verzichteten auf gewohnte Annehmlichkeiten und stellten sich opferbereit in den rauen östlichen Wind. Es kam aber auch ein Heer von bezahlten Angestellten als „Hilfswillige", die gegen Bezahlung mit Zulage ihren Dienst verrichteten. Diese Zulage wurde im Volksmund schnell als „Buschzulage" deklariert und so bekam das Ganze einen unangenehmen Beigeschmack. Hinzu kamen die vielen Eigentumskonflikte, die auf beiden Seiten oft bei ihrer amtlichen Klärung als blankes Unrecht empfunden wurde. Die Identifizierungsmöglichkeit mit ihrer Arbeit wurde für viele Menschen wegrationalisiert, und so lag das den Machern der Einheit erstrebte Gleichgewicht in den Sternen. Die harte Wirklichkeit erzeugte Bitterkeit, Missverstehen, Demütigung und eine „In-Frage-Stellung" des Persönlichkeitswertes. Die so hoch angesetzten Ziele strandeten oft an einer inneren Mauer, von deren Vorhandensein man nichts geahnt hatte, beziehungsweise deren Bedeutung man völlig unterschätzt hatte. Insbesondere die Angehörigen meiner Generation hatten die durch den Mauerfall ausgelöste Glückswelle mit Erlösung verinnerlicht, die nachfolgenden Generationen waren gefühlsmäßig nicht so beteiligt und für sie gab es geteilte Empfindungen bei der Wiedervereinigung. Die Vielschichtigkeit dieser Problematik unter einen Hut zu bringen, war eine Aufgabe, die eine lange Durststrecke verhieß. Das allmähliche Aufblühen der maroden Umwelt beglückte mich täglich. Da gab es neue Dächer, neue Gartenzäune, Häuser wurden gestrichen, Straßenlaternen wurden angebracht, Straßen und Wege wurden ausgebessert, die Farbe belebte das Bild und stimmte fröhlich. Alle begehrten Dinge des Lebensalltags entstammten nicht mehr einem Westpaket von Freunden oder Verwandten, man konnte sie selber kaufen. Jahrelang hatten die Freunde in Treue und mit großer, nie müde werdender Solidarität an uns gedacht und uns geholfen, jetzt verschob sich plötzlich unsere Beziehung. Als Freunde waren wir unbewusst geteilt in Gebende und Nehmende, nun standen wir uns in Augenhöhe gegenüber und das belastende Ungleichgewicht glich sich aus. Ich machte eine merkwürdige Entdeckung. Die starke Belastung des jahrelangen Ungleichgewichts hatte die Freundschaft getragen, die gleichwertige Gegenüberstellung ertrug sie weniger. Ich finde dafür keine überzeugende Antwort. Als ich aus Amerika zurückkehrte, glaubte ich, dass sie sich mit mir freuen würden und mir ihre Zustimmung signalisieren würden, aber ich bekam die Antwort: „da war ich ja noch nicht mal!" Und dies mit einem leisen Unterton. Ich war ratlos. Für mich war die Beschneidung der Freiheit im umfassenden Sinne das Hauptproblem gewesen. Ich musste einfach erst einmal raus! Sie meinten, dass es doch sicher auf Jahre lokale Probleme gäbe, die gelöst werden müssten und jeden Pfennig erforderten. Musste ich ein „schlechtes Gewissen haben"? Ich ordnete meine Verhältnisse, indem ich Jürgen mein Haus und mein Grundstück schenkte mit der Auflage, mich bis ans Lebensende mietfrei wohnen zu lassen und seine Geschwister auszuzahlen. Nun fühlte ich mich „vogelfrei". Alle meine Kinder waren auf den Zug der neuen Lebensverwirklichung erfolgreich aufgesprungen, sie hatten sofort Anschluss gefunden. Wolfgang erweiterte seine Landpraxis, Renate hatte ihren medizinischen Beruf an den Nagel gehängt und arbeitete in der Firma ihres Mannes mit, der als Architekt Arztpraxen und Apotheken entwarf und herstellte. Jürgen gründete mit einem Geschäftspartner eine Computerfirma. Ich hatte allen Grund, dankbar und froh zu sein. Mein Wunschdenken, gepaart mit einer unstillbaren Sehnsucht nach der Welt außerhalb Deutschlands, beherrschte mich. Ich konnte ja nicht sagen: „Das Bedürfnis stille ich mal, wenn wir alle festen Boden unter den Füßen haben." Mir saß die Zeit im Nacken, ich war über 70 Jahre alt und wusste nicht, wie strapazierfähig meine Gesundheit noch sein würde. Und so fixierte sich mein Denken auf die Worte „jetzt oder nie", und ich schnürte mein Bündel, wider die angesagte Vernunft, kratzte alle Geldreste aus Rente und einer kleinen Erbschaft zusammen und stand eines Tages im Lichte der untergehenden Sonne auf Capri in Axel Muntes Haus. Wie oft hatte ich sehnsuchtsvoll seine „Besonnte Vergangenheit" gelesen und mir seine Schilderungen vorgestellt. Aber das hier übertraf alles, ich sah die Welt meiner Sehnsüchte, konnte sie riechen, fühlen, schmecken und genießen. Meine Sinne waren hellwach und ich entdeckte auch mich neu bei dem bewussten Erfühlen eines Traumes. Die Dankbarkeit war mein Grundgefühl und so wurden alle weiteren Entdeckungsstufen die Krönung eines Hochgefühls. Vom Schiff aus sah ich die spanische Ostküste in der Morgendämmerung und fand mich dann fröhlich bummelnd auf einer der schönsten Flaniermeilen Barcelonas wieder, ich tauchte ein in die tiefgläubige Andacht in der Kathedrale in Malaga an der Costa del Sol und ich fand mich wieder in der phönizischen Epoche auf der Festung Alkazaba. Mit einem Ruf des Entzückens sah ich im Morgengrauen die mit Tausenden von Lichtern erhellte Insel Madeira vor mir liegen und erlebte diese blühende Insel in ihrer ganzen Blütenpracht; Hortensien, Strelizien, Weihnachtssterne, Orchideen. Ganze Schichten tauten ab von meiner Seele. Vielleicht muss man ja im Leben durch ein eindringliches Erlebnis von außen wieder herangeführt werden zu sich selbst bis an seinen Wesenskern. Ich dachte an zu Hause, an die vielfältigen emotionalen Strömungen dieser Zeit und sah mich von außen wie einen Spielball der Ereignisse. Es tat gut, in den Kontinent Afrika einzutauchen, eine völlig andere Welt zu erleben, die Wertigkeit des eigenen Lebens besser zu begreifen. Mit orientalischer Buntheit verlocken mich neue Verkaufswelten. Namen wie Agadir, Taroudant, Casablanca, Rabat, Marrakesch rauschen an meinem Ohr vorbei, das Grün der Eukalyptusbäume säumt den Weg. Ich sehe ständig am Horizont Gebirgszüge. Das ist der dem Atlas vorgelagerte Pillar, der mit dem Atlasgebirge zusammen eine Art Schutzzone gegen den heißen Schirokko bietet, ich erlebe ein Stückweit die Sahara-Wüste und bin hingerissen von der Farbtönung. Die wellenförmigen Hügel schimmern in braun-rot-beige-farbenen Schattierungen und die darüber liegende Stille ist unwirklich. Das emotionale Erfassen dieser Natur ist ein erster Schritt, um die Andersartigkeit der Menschen hier zu begreifen. Ich erlebe, wie sich mein Denken wandelt. Als wir in Israel, in Ashdod, vor Anker gehen, beschleicht mich eine große Beklommenheit. Es heißt, dass alle über 70-jährigen einer besonderen Pass- und Sicherheitskontrolle unterzogen werden. Dieser vorhergehende Abschnitt deutscher Geschichte wirft seine Schatten und obgleich auf mich persönlich nichts zutrifft, fühle ich mich als Deutscher auf diesem Boden in Bedrängnis, ein ungutes Gefühl. Mir wird anhand der Karte und bei der Fahrt erst einmal vorstellig, wie klein dieses Land ist und von allen Seiten bedroht. Es ist erstaunlich, ja bewundernswert, was die Juden aus vielen Wüstenstrichen aus dem

Land gemacht haben. Sie haben eine Agrarstruktur aufgebaut, die sich sehen lassen kann. Obstkulturen, Apfelsinen, Grapefruitplantagen säumen die Straßen. Ich hatte mir unter Israel ein sehr karges, schmuckloses Land vorgestellt und ich bin sehr erstaunt, wie wir in eine wundervolle Berglandschaft kommen und der Bus sich höher und höher in die Judäischen Berge schraubt. Die Berge sind mit Zypressen und Olivenbäumen bestanden. Da die Juden aus allen Teilen der Welt und aus Israel sind, gibt es viele Probleme, hinzu kommen die ansässigen orthodoxen Juden, der Anteil Araber und vor allen Dingen die Ostjuden. Sie kommen mit Kind und Kegel, hatten oft nur eine jüdische Großmutter, aber da jeder Einwanderer laut Gesetz 2.000 Mark bekommt und keiner kontrollieren kann, wie das wirklich mit der jüdischen Großmutter war, wird „auf Deubel komm raus" eingereist. Der Einwandererstrom aus Russland kostet Israel Riesensummen. Als Erstes kaufen die Russen ein Auto, sie bringen nur gekaufte Führerscheine mit, haben keinerlei Fahrpraxis und begeben sich dann in den lebhaften Verkehr. Es gibt Unfallquoten mit astronomischen Summen. Außerdem sind viele reiche Mafiosi aus dem Osten gekommen. Sie haben es geschafft, in der Knesseth schon drei Ministerposten zu ergattern und bilden schon einen stattlichen Volksanteil von 580.000 Menschen. Auf dem Wege nach Bethlehem erzählt uns Doron aus Haifa, dass er gern auf diese Juden verzichten würde. In Bethlehem gehen wir in die Geburtskirche von Jesus. An der Stelle, wo er geboren sein soll, ist eine grottenähnliche Vertiefung in der Kirche, in die ein sechzehnzackiger Davidstern eingelassen ist. Andächtig ziehen Scharen von Menschen aus aller Welt daran vorbei. Es ist erstaunlich, wie viele Häuser aus Kalkstein die Israelis hier in den Bergen errichtet haben, wirklich schöne Häuser! Wir sehen die weitläufige Stadt Jerusalem im gebirgigen Gelände liegen. Die alte Stadtmauer mit der dahinter liegenden Altstadt ist der Kernpunkt. Bei der Fahrt durch Jerusalem fahren wir an der Knesseth vorbei, an Regierungsgebäuden, Schulen und Krankenhäusern. In der Altstadt gehen wir durch das Jaffator in die Altstadt hinein, die große Cardo entlang zur Grabeskirche. Dort sind viele Andächtige verschiedener Nationen, manche knien betend vor der Grabesstätte. Es ist schwer, andächtig zu sein, die touristischen Reiseabläufe erschweren das, aber man kann ja Eindrücke speichern, und das tue ich. Die vielen wechselnden Wallfahrer, Krieger, Besetzer hinterließen ihre Spuren: Säulen mit Elementen aus der Zeit der Kreuzfahrer und wieder Spuren der Byzantiner. Jerusalem war schon immer ein Schmelztiegel vieler Kulturen. In den Basaren der Altstadt ist eine ähnliche Atmosphäre wie in der Chinatown von San Francisco, nur eben „orientalisch". Geschäftigkeit, Buntheit, Geräusche, Gerüche; die Sinne werden unheimlich angesprochen. Zwischen diesem Viertel und dem anschließenden arabischen Viertel liegt eine evangelische Kirche. Ein Gästebuch liegt aus und ich lese: „Hier haben wir das Magnifikat gesungen!" Unterschrift einer Hannoveraner Chorsängerin. Das arabische Händlerviertel ist noch uriger, geräuschintensiver, bunter, das jüdische Geschäftsviertel schließt sich an mit vielen Schmuckläden und Kunstgalerien. Nachdem ich dieses Viertel verlasse, komme ich zur Klagemauer. Viele orthodoxe Juden in ihrer konservativen schwarzen Kleidung mit dem Schabbes und dem Hut, den Peicheles und dem starken Haar- und Bartwuchs stehen dort, verneigen sich ständig und tragen ihre Wünsche und Klagen vor. Eine Seite der Klagemauer haben die Männer besetzt, die andere die Frauen. Doron meint spöttisch, dass sich die Mehrzahl einen Lottogewinn wünscht. Das tief greifendste Erlebnis ist für mich der Besuch des Ölbergs, Garten und Kirche von Gethsemane. Das liegt außerhalb der alten Stadtmauer und genau unter dem „Goldenen Tor". Die Gethsemane-Kirche ist in wunderschönen Farben ausgemalt, innen ist alles düster und erst nach längerem Adaptieren wird es erkennbar. Draußen quirlt die Stadt, hier ist es still und es kommt endlich eine Möglichkeit zur Besinnung auf. Neben der Kirche ist der Garten von Gethsemane, alte Ölbäume stehen dort und die Legende sagt, dass der älteste von diesen Ölbäumen schon zu Christi Zeiten dort gestanden hätte. Doch die Wissenschaftler sagen, dass die Ölbäume höchstens 700 Jahre alt werden können. Hier sprach Jesu die Worte im Gebet: „Herr, ist es möglich, dass dieser Kelch an mir vorüber gehe." – Ein Ort, der Verinnerlichung zulässt. Wir verlassen Jerusalem. SHALOM. Zum Abschied erhalte ich eine Wallfahrts-Urkunde. Auf der steht geschrieben: „Hannelore Grimm ist hinaufgezogen gen Jerusalem, die Heilige Stadt, Hauptstadt Israels, hat damit die biblische Weisung befolgt und wurde so ein Jerusalem-Wallfahrer." Nun mag man darüber denken wie man will, es gar als touristischen Gag belächeln, mir tat es gut. Ich betrachte mein Land von außen, sehe geschichtliche Vergangenheit und Gegenwart, sehe politische Verhaltensweisen, bemühe mich um menschliches Verstehen. Ich befinde mich in einem Lernprozess und gerade aus dieser Perspektive bekomme ich klarere Vorstellungen. Lieber Armin, ich war als Kind ein leidenschaftlicher Zuhörer im Geschichtsunterricht, fantastische Bilder hatte ich mir bei den Schilderungen zusammengeträumt und nun erlebte ich die Wirklichkeit. Ich konnte es kaum begreifen, über eine sehr befahrene Straße in Ägypten unterwegs zu sein nach Kairo, unwirklich erschienen mir die Pyramiden, und als ein Sandsturm in der Wüste losbrach und die malerisch drapierten Kamelreiter wild gestikulierend, in scharfem Ritt ihre Tiere in Sicherheit brachten, fühlte ich mich jung, voller Wissensdurst und Erlebnishunger. Im Stadtbild Kairos, im brausenden Verkehr, den Eselsreiter seelenruhig hoppeln zu sehen, Lärm und Geruch dieser Stadt zu inhalieren, am Wegesrand ein Hinweisschild mit der Aufschrift zu lesen: nach El Alamein, vermitteln mir das Gefühl, sehr lebendig in einem Zeitstrom zu schwimmen. Bei El Alamein denke ich an den Wüstenfuchs Rommel, der im Zweiten Weltkrieg viele meiner Schulkameraden „verheizte", wie es damals im Volksmund zynisch hieß. Ich musste an sie denken und unwillkürlich füllten sich meine Augen mit Tränen. Was für Eindrücke und Bilder! Als wir mit einem beschützenden Militärkonvoi aus der Stadt herausgelotst werden müssen, wird mir die bleigeladene Gegenwart voll bewusst. Wie mühsam rechts und links des Nils Grünland der Wüste abgerungen worden ist, dringt nachhaltig bei der Fahrt ins Bewusstsein. Aufgebrochen war ich als ehemaliger DDR-Bürger mit dem Bedürfnis: „Trinkt, O Augen, was die Wimper hält von dem goldnen Überfluss der Welt", heim kehrte ich mit einem zurechtgerückten Deutschlandgefühl, mit Demut und Dankbarkeit. Vorher hatte ich noch, wie Abschied nehmend, auf der Akropolis in Athen

Gemeinsam mit Armin war ich Gast im MDR-Fernsehen in der Sendung „Unter uns". Wir führten ein angeregtes Gespräch mit der Moderatorin Ulrike Nitschke (links).

gestanden und beim Herunterblicken auf Athen an jenes Wort vom ersten Bürgermeister Berlins, Ernst Reuter, gedacht, der die nun schon historisch gewordenen Worte sprach: „Schaut auf diese Stadt!" Ich schaute auf Athen und fühlte mich in einem Zeitkarussell. Wieder nach Hause zu kommen in ein vereinigtes Deutschland ist ein herrliches Gefühl, aber es bereitet Schmerzen, dass die eigentliche Vereinigung noch nicht stattgefunden hat. Trotz vieler beglückender Ansätze in der äußeren Entwicklung erstarrt das innere Zusammenwachsen an vielen menschlichen Unzulänglichkeiten und letztlich an der Tatsache, dass die Trennung viel zu lange gewährt hat. Diese schmerzliche Erkenntnis dringt erst langsam ins Bewusstsein. Während dieser Phase des allmählichen Begreifens erkranke ich an Krebs, muss operiert werden und mich anschließend einer Therapie unterziehen. Das ändert mein Leben schlagartig. Nichts geht mehr wie früher. Ich hadere aber keinen Augenblick mit meinem Schicksal, ereilt es mich doch zu einem Zeitpunkt reicher geistiger und seelischer Lebensernte. Du, lieber Armin, bist immer noch mit nicht enden wollendem Einsatz bei deinem Lebenswerk, dem Studentenaustausch zwischen Deutschland und Amerika.

Reisterstown / Möser

Das Schicksal hat zwei Menschen an Schnittpunkten ihres Lebens zusammengeführt. Das erste Mal am Ende des Zweiten Weltkriegs in einem Lazarett in Lübeck, das zweite Mal nach Jahrzehnten durch das Medium des 20. Jahrhunderts, das Internet. Zwei Leben entwickelten sich in zwei grundverschiedenen Ländern, in der sogenannten DDR, der Deutschen Demokratischen Republik, und in den USA. Ein Leben entwickelte sich in einer sozialistischen Diktatur, das andere in einer freiheitlichen, kapitalistischen Republik. Doch gleich, unter welchem System wir aufwuchsen, erfüllten sich die Leben in menschlichen, familiären, ehelichen und beruflichen Bahnen. Die zwei Leben, die zunächst einmal auf die eigene, gemeinsame deutsche Geschichte und Kultur eingestellt waren, weiteten sich aus auf Europa, die USA, den Mittleren und Fernen Osten.

Zwei Leben spiegeln die Entwicklungen ihrer Zeit wider: vom heimatbezogenen Lokalismus/Nationalismus zum weltbezogenen Globalismus. Zwei Leben, Teil der Menschheit, bauten Brücken zwischen Menschen in eigenen und zunächst fremden Ländern. Beide Leben nutzten die Gelegenheit, menschliche Brücken zu bauen, das eine als Musiklehrerin in der DDR, das andere als Historiker und Lehrer an Hochschulen in den USA und der Bundesrepublik. Zwei Leben, die jahrzehntelang keinerlei Verbindung zueinander als die Erinnerung aneinander hatten, begegneten sich durch das Medium PC/Internet, was sie dazu motivierte, diese Doppelbiographie zu schreiben. Möge sie dazu beitragen, den Wert menschlicher Brücken zu erkennen, um auch in der Zukunft weiter Brücken von Mensch zu Mensch, von Nation zu Nation zu bauen. *(Armin Mruck)*

Du hast diesen Kontinent nie richtig verlassen, du hast dich ein Leben lang um die geistige Zusammenführung beider Kontinente bemüht, und darum ist dir die Heimat geblieben, eine Heimat, von der du am Ende sagen kannst: „Und meine Seele spannte weit ihre Flügel aus, flog durch die stillen Lande, als flöge sie nach Haus." *(Hannelore Grimm)*

Biografien

Hannelore Grimm wurde 1924 in Magdeburg geboren. Nach dem Abitur und anschließender Ausbildung als Krankenschwester ging sie in den Kriegseinsatz. 1945 begann sie ihre pädagogische Ausbildung, legte die erste und zweite Lehrerprüfung sowie die Fachlehrerprüfung für Musik ab. Sie arbeitete in Schulen als Musiklehrerin. Mit 80 Jahren entdeckte sie ihre Leidenschaft für das Schreiben. Nach 60 Jahren fand sie ihren letzten Patienten in den USA wieder und schrieb mit ihm gemeinsam dieses Buch. Bisher von ihr erschienen: Aus meinem Kriegstagebuch „Wie sie starben", „Seelischer Kahlschlag", ein Buch über die Stiefmutter-Stiefkind-Beziehung und „Jetzt nicht", ein Dauerthema zwischen Liebenden. Zurzeit arbeitet sie an einem Märchenbuch für ihre Urenkelin.

Prof. Dr. Armin Mruck wurde 1925 in Osterode, im ehemaligen deutschen Ostpreußen geboren. Nach dem Abitur 1943 diente er in der Wehrmacht bis zum Ende des Zweiten Weltkrieges. Er wurde mehrfach an der Ostfront verwundet und erlebte das Kriegsende in einem Reservelazarett in Lübeck, wo er von Schwester Hannelore Lange, der jetzigen Hannelore Grimm, gesund gepflegt wurde. Nach dem Krieg studierte er Geschichte, Englische Philologie und Geographie in Marburg und Göttingen. Seit 1953 lehrte er an der New York University, dann an der Morgan State University in Baltimore und seit 1967 an der Towson University, Maryland. Sein Hauptforschungsgebiet ist der deutsche Anti-Hitler-Widerstand. Seit 1987 ist er maßgeblich an der Gründung und Entwicklung der Partnerschaft der Towson University und der Carl von Ossietzky Universität beteiligt. Für sein wissenschaftlich-historisches Engagement und für seine Bemühungen zur Vertiefung des deutsch-amerikanischen Verständnisses wurde er 1997 von Bundespräsident Roman Herzog mit dem Bundesverdienstkreuz und im Jahre 2000 mit der Universitätsmedaille der Carl von Ossietzky Universität Oldenburg ausgezeichnet. Armin Mruck lebt seit 1967 mit seiner Frau Marlene in Reiserstown (Maryland), USA.

Zeitzeugen-Erinnerungen gesucht

REIHE

ZEITGUT ist eine zeitgeschichtliche Buchreihe besonderer Prägung. Jeder Band beleuchtet einen markanten Zeitraum des 20. Jahrhunderts in Deutschland aus der persönlichen Sicht von 35 bis 40 Zeitzeugen. ZEITGUT ergänzt die klassische Geschichtsschreibung durch Momentaufnahmen aus dem Leben der betroffenen Menschen.
Die Reihe ist als lebendiges und wachsendes Projekt angelegt. Herausgeber und Verlag wählen die Beiträge unabhängig und überparteilich aus. Die Manuskripte werden sensibel bearbeitet, ohne den Schreibstil der Verfasser zu verändern. Die Reihe wird fortgesetzt und thematisch erweitert.

Sammlung der Zeitzeugen

In der **Sammlung der Zeitzeugen** fassen wir autobiografische Einzelbücher zusammen, die ebenfalls das Leben in Deutschland im 20. Jahrhundert beschreiben. Die Bände ermöglichen einen tieferen Einblick in das Schicksal der Verfasser und gestatten es, deren Leben über längere Strecken zu verfolgen.

Manuskript-Einsendungen sind jederzeit erwünscht.

www.zeitgut.de

Zeitgut Verlag GmbH
Klausenpaß 14, D-12107 Berlin
Tel. 030 - 70 20 93 0
Fax 030 - 70 20 93 22
E-Mail: info@zeitgut.de